RUDÁ RICCI

FASCISMO BRASILEIRO
E O BRASIL GEROU O SEU OVO DA SERPENTE

KOTTER
EDITORIAL

Copyright ©Rudá Ricci, 2022

Direitos reservados e protegidos pela lei 9.610 de 19.02.1998.
É proibida a reprodução total ou parcial sem autorização, por escrito, da editora.

Coordenação editorial: Sálvio Nienkötter
Editor-executivo: Daniel Osiecki
Capa: Jussara Salazar
Desing editorial: Carlos Garcia Fernandes
Produção: Cristiane Nienkötter
Preparação de originais e revisão: o Autor

Dados Internacionais de Catalogação na Publicação (CIP)
Angelica Ilacqua CRB-8/7057

Ricci, Rudá
  Fascismo brasileiro: e o Brasil gerou seu ovo da serpente / Rudá Ricci. — Curitiba : Kotter Editorial, 2022.
  200 p.

ISBN 978-65-5361-075-0

1. Política e governo - Brasil I. Título

20-3448

CDD 322

Kotter Editorial Ltda.
Rua das Cerejeiras, 194
CEP: 82700-510 - Curitiba - PR
Tel. + 55(41) 3585-5161
www.kotter.com.br | contato@kotter.com.br

Feito o depósito legal
1ª Edição
2022

RUDÁ RICCI

FASCISMO BRASILEIRO
E O BRASIL GEROU O SEU OVO DA SERPENTE

SUMÁRIO

FASCISMO VIGENDO OU EM CONSOLIDAÇÃO — 15

O espectro do nazismo ronda o Brasil — 15
- Liberdade, disciplina e... dissimulação — 17
- O Nazismo como modelo a ser imitado — 18
- Bolsonaro nos grupos neonazistas — 19
- Ideologia, Família e Armas — 20
- Gênese da extrema-direita brasileira — 23

AS TRÊS ONDAS — 25

A primeira onda: a articulação dos empresários na Constituinte de 1987 — 31
- Ativismo político-ideológico — 32
    - Momento 1: Organizações empresariais para intervenção na Constituinte de 1987 — 32
    - Momento 2: articulações para elaboração de projetos estruturais objetivando a reconfiguração do Estado brasileiro (1980-1990) — 34
    - Momento 3: criação de aparelhos de difusão doutrinária liberal-conservador e fomento às organizações de agitação política (1990-2000) — 38
    - 2013 e o papel dos Comitês da Copa — 46

A segunda onda: a Operação Lava jato cria a ofensiva discursiva — 55
- Tudo começa com o julgamento do Mensalão — 55
- Uma operação sob o signo do interesse dos EUA — 58
- Da onda ao tsunami Lava Jato — 63
- O alvo que faltava ao discurso de extrema-direita — 69
- A aliança entre a Operação Lava Jato e a Rede Globo — 74
- A Operação Lava Jato cria o ambiente político para a mobilização social de extrema-direita — 77

A terceira onda: o bolsonarismo — 85
- A campanha eleitoral de 2018 e os preparativos para a tomada do poder — 87
- As Forças Armadas brasileiras como ponto de tensão com o mundo civil — 91
- Do empresariado de médio porte à conversão do alto empresariado nacional — 97

Os evangélicos vão ao Paraíso	102
A redenção do baixo clero	110
O perfil fascista do bolsonarismo	114

O QUE É FASCISMO? — 121

A diferença entre direita e extrema-direita	121
O bolsonarismo como um mosaico multifacetado	125
O conceito de fascismo	135
A insegurança, o ressentimento e a angústia como elementos manipulados pelo fascismo contemporâneo	143
O fascismo italiano e brasileiro no século XX	147
O discurso centrípeta do fascismo italiano e a projeção de um futuro glorioso	148
A ascensão do fascismo em meio à guerra e o furor nacionalista	152
Mussolini	155
O fascismo italiano como ideário inclusivo e de massas	159
A primeira experiência fascista do Brasil: o integralismo	163
O ardil Getulista	169

POR QUE O FASCISMO ATRAI MASSAS? — 177

A Histeria Coletiva	177
Dos estímulos virtuais à histeria coletiva neste início de século	187
O Tradicionalismo como ideário exótico de extrema-direita	193

PREFÁCIO

Por Luís Carlos Petry[1]

Há inúmeras maneiras de percorrer um mesmo caminho, e este *O ovo da serpente*, de Rudá Ricci, entre muitas outras coisas, demonstra o quanto é impossível chegar a um lugar sem se passar por outro. O outro, e os outros, eis a questão! - o outro, o semelhante, na simples alteridade ou no encontro com os outros na coletividade se constitui em *nó górdio* que anela as ciências sociais com a psicanálise. E nessa travessia de passagem pelo outro, o qual para Sartre se constitui em um inferno, muitas vezes se efetiva o inferno, não somente para o sujeito individual, mas igualmente para a coletividade de um povo, de uma nação.

No início do 18º Brumário, Marx refere que Hegel, na *Filosofia da história*, de 1837, havia proposto que todos os grandes fatos ou todos os grandes homens se repetem, ao menos duas vezes na história. E Marx acrescenta que o filósofo havia se esquecido "de acrescentar: a primeira vez como *tragédia*, a segunda como *farsa*". Na continuação, Marx traz algo surpreendente:

> Os homens fazem a sua própria história; contudo, não a fazem de livre e espontânea vontade, pois não são eles quem escolhem as circunstâncias sob as quais ela é feita, mas estas lhes foram transmitidas assim como se encontram. A tradição de todas as gerações passadas é como um pesadelo que comprime o cérebro dos vivos. E justamente quando parecem estar empenhados em transformar a si mesmos e as coisas, em criar algo nunca antes visto, exatamente nessas épocas de crise revolucionária, eles conjuram temerosamente a ajuda dos espíritos do passado, tomam emprestados os seus nomes, as suas palavras de ordem, o seu figurino, a fim de representar, com essa venerável roupagem tradicional e essa linguagem tomada de empréstimo, as novas cenas da história mundial.

Marx não somente ensinou que a história se repete em um ciclo contínuo, seja como tragédia ou farsa, mas mostra algo muito interessante nessa estrutura. A repetição é realizada com o retorno de *algo*, o qual Freud (1900), anos mais tarde, descreveu como o *retorno do recalcado*. É o recalcado por todos nós, individualmente e socialmente, que se repete. É o que aprendemos com esta leitura conjunta: na história enfrentamos momentos de repetição,

---
[1] Filósofo, psicanalista e topólogo. Luís Carlos Petry é professor emérito da Pontifícia Universidade Católica de São Paulo.

esses momentos estão situados nas condições históricas que vivemos e todo o nosso passado vivido nos pressiona e nos oprime no sentido da repetição.

Mas há algo mais indicado por Marx nesse texto, algo que muitas vezes deixamos escapar, que foi assim fixado por Freud: a repetição histórica se alimenta e se repete, ainda que com outras roupagens, de algo que ficou recalcado, ou seja, irremediavelmente esquecido na nossa própria história, mas soterrado em nossa psiquê coletiva.

É nessa direção de Marx, que Freud mostra que os sintomas psíquicos repetem de modo diverso os nossos ideários recalcados, os quais vivemos inconscientemente em meio a uma profunda e visceral ambivalência. Uma ambivalência que nasce de experiências e tendências que vivem no mais profundo e tenro de nossas vidas, de nossa história, ou como disse o psicanalista vienense, de nossa própria ontogênese como sujeitos.

Pois são essas tenras experiências do sujeito humano que realizam o seu ciclo de passagem do estado de sujeito em posição puramente anaclítica[2] para a vivência em uma coletividade social, inicialmente a família, posteriormente os amigos, a escola, o trabalho, enfim, a coletividade social. Nesse caminho que trilha o humano é que se forma a vida em sociedade, sua participação e os vários modos de alienação nos quais está inserido. Nesse caminho encontramos a interação e conexão do que descobre a psicanálise com os estudos das ciências sociais.

A interação entre a psicanálise e as ciências sociais é um tema que possui inúmeras vicissitudes e nuances. O que liga os sujeitos humanos entre si? O que os torna uma coletividade? O que os faz viver em sociedade e construir a história, assaz conturbada, mas consistente, que delineamos no Ocidente, dos gregos até hoje, em cerca de mais de três mil anos? Estas são algumas questões que todos nos fazemos, pelo menos uma vez na vida, ainda que a maioria das pessoas as vem a esquecer muito rapidamente no decorrer de sua existência.

No centro dessa feliz conjunção se encontram as ciências sociais, como um lugar de chegada, digamos, seguindo Adorno, em uma filosofia que é uma teoria crítica do social, uma profunda filosofia. A possibilidade de troca e mútua influência entre a psicanálise e as ciências sociais foi amplamente pensada pelo filósofo e sociólogo Theodor Adorno em seus *Ensaios sobre psicologia social e psicanálise*[3]. Ao estudar a obra de Freud, Adorno chega à conclusão de que a

---

[2] A posição anaclítica é um termo utilizado por Freud para descrever a dependência absoluta do bebê frente aos seus pais e, fundamentalmente, em relação à mãe. A espécie humana, sabemos hoje pelos estudos da antropologia comparada, é a que possui o maior período de dependência para com os seus genitores, o que chamamos de infância.

[3] Adorno, Theodor W. (2015). *Ensaios sobre psicologia social e psicanálise*. São Paulo. UNESP.

abordagem freudiana sobre o humano pode ser considerada consistente do ponto de vista da sociologia.

Ora, Freud dedicou-se extensamente a pensar o desenvolvimento do sujeito humano, considerado individualmente, tanto em seus sucessos e alegrias quanto em suas tristezas e sofrimentos. Nesse caminho ele descobre que todo ser humano constrói seu ser por meio da relação com os seus semelhantes, inicialmente os pais, seguido dos irmãos, a família proximal, os colegas e professores na escola, os companheiros de trabalho e de lazer, os amores e, finalmente todos dentro de uma contínua e abrangente interação social, durante toda a vida do sujeito.

Nesse processo dois poderosos e basilares motores psíquicos se fazem presentes o tempo todo. Em primeiro lugar, o que Freud[4] chamou de escolha de objeto amoroso-afetivo-erótico, o qual tem na Mãe o seu primeiro lugar de parada de um longo percurso para todos nós humanos. Em segundo, o que ele designou como identificação, a qual possui uma estrutura tríplice. Inicialmente, junto com o apego amoroso à Mãe, a *identificação com o Pai*, como um modelo a ser seguido e como uma possibilidade de ser como ele e, no futuro, substituí-lo. Em segundo, a *identificação com um traço*, uma identificação que faz com que venhamos a recolher das pessoas amadas, os pais, tios, avós, irmãos, inclusas nos laços microssociais da família, daqueles que admiramos e idealizamos, como amigos, professores, chefes e líderes, a partir dos quais desenvolvemos pequenos, leves ou grandes e severos traços de nossa complexa e fragmentária personalidade.

As duas primeiras formas de identificação são responsáveis pela formação da subjetividade individual do humano e, entendidas como atuantes na formação dos aspectos particulares do humano, frequentemente designados como estilo de ser de cada um de nós. Muitos aspectos dessas duas identificações são conscientes para o sujeito humano, mas nem todos. Os mais profundos permanecem inconscientes para a maior parte das pessoas pela vida toda.

Freud vislumbra um terceiro tipo de identificação, a qual transcende o universo individual e particular, a qual joga o humano na cena do processo coletivo, social, o qual ele designa como o grupo e, finalmente a massa. Essa identificação que funciona como um contágio e tem, em muitos momentos um comportamento viral, pode ser entendida como uma identificação solidária, a qual é realizada entre os sujeitos de um grupo ou no interior de uma massa. Ela é sempre e o tempo todo inconsciente e sobre seus processos e

---

[4] O trabalho mestre de Freud sobre os pontos que estamos a discutir é: Freud, Sigmund. (2020). *A psicologia das massas e análise do eu*. In. Cultura, Sociedade, Religião. O mal-estar na cultura e outros ensaios. Belo Horizonte. Autêntica.

consequências o sujeito individual não tem controle. Ela está fundada nos desejos e moções inconscientes dos sujeitos de um grupo ou massa.

Quando estamos em nosso convívio em sociedade, fora de nossos circuitos familiares, estamos suscetíveis a estímulos e processos que possuem uma base e força inconscientes, que são formadas por pulsões, moções e desejos. Em dados momentos, podemos deixar de agir como indivíduos isolados e podemos passar a agir coordenadamente em grupo, como se fôssemos uma entidade única. Na passagem dos comportamentos individuais para as ações, aparentemente aleatórias e espontâneas dentro de uma massa, temos o funcionamento do mecanismo da identificação solidária.

Este fenômeno se manifesta em situações trágicas, por exemplo, quando automaticamente um grupo de pessoas se reúne e desenvolve comportamentos solidários, com grande intensidade humanitária. É o caso das recentes enchentes e catástrofes no Brasil, que mostraram na grande mídia a força benfazeja desse tipo de identificação, no qual as pessoas agiam conjuntas em solidariedade aos atingidos pelas tragédias, e se condoíam pelas vítimas soterradas pelos escombros dos deslizamentos.

Mas este fenômeno também se manifesta em outras situações, que nada têm de humanitárias, que revelam o que temos de pior e mais nefasto na estrutura do gênero humano. Ela pode ser facilmente identificada quando pessoas aparentemente pacatas e tranquilas, vêm a desempenhar comportamentos agressivos e hostis em situações de agrupamento social, como manifestações, passeatas e outras. Ocorre quando uma manifestação, até então pacífica, muda de rumo e termina em pancadaria generalizada, por exemplo.

Com Freud começamos a entender que os sujeitos em uma massa podem vir a desempenhar, em determinadas situações, comportamentos pareados com seus desejos e moções inconscientes compartilhados. É com base nestas moções e desejos inconscientes que é realizada a identificação solidária, a qual possui uma estrutura horizontal do ponto de vista social e estrutura a massa como um organismo vivo e coordenado.

A situação se complexifica quando entra em cena a personagem do líder carismático das massas. Freud diz que os sujeitos das massas se identificam, cada um deles, com determinados traços presentes no líder, o que permite que a sua influência ultrapasse o Eu de cada sujeito e se instale no Supereu, dominando os processos psíquicos, momentânea ou permanentemente.

É justamente aqui que o pensamento psicanalítico de Freud se encontra com a pesquisa em ciências sociais de Adorno. Sobre isso ele escreve nos seus *Ensaios sobre psicologia social e psicanálise*:

> Não é exagero se dissermos que Freud, apesar de seu pouco interesse pela dimensão política do problema, claramente antecipou o surgimento e a natureza dos movimentos de massa fascistas em categorias puramente psicológicas.

Dito desse modo, o que trouxe Freud parece ter os ares de uma psicologia social que situa a organização das relações humanas em sociedade. Será a partir de Freud que Adorno irá enfatizar o papel desempenhado pelo vínculo libidinal na formação do sujeito adulto e sua participação nos fenômenos (identificação e moções) de massa. É nesse sentido que as configurações das modalidades dos vínculos eróticos sublimados na identificação com o líder e as correspondentes identificações solidárias entre os membros da massa formam a base sob a qual, cada um de nós se identificará com este ou aquele modelo de interação social, valores e as correspondentes escolhas de seus companheiros e de representantes (líderes).

Assim como todos os seres humanos se diferenciam, os sujeitos humanos que se tornam líderes se diferenciam uns dos outros. É nesse sentido que o olhar, tanto de Freud como de Adorno se voltou para aqueles líderes que tendem a manipular as massas para seus objetivos egoístas, aqueles que carecem de empatia pelo semelhante e que têm o seu narcisismo fixado na pulsão de poder, como uma defesa contra a sua impotência.

Esses líderes nascem das personalidades autoritárias. Aos olhos do senso comum, estes indivíduos podem não parecer mais neuróticos que os seus semelhantes, entretanto, eles possuem características que são peculiares, como o narcisismo exacerbado, a vontade de poder e controle extremamente acentuadas, uma posição sexista, machista e homofóbica, bem como uma tendência à eugenia... isto no sentido de considerar a si e aos seus como superiores dos demais humanos, principalmente os diferentes, os exóticos e os adversários. Estes sujeitos configuram uma modalidade opressora, que foi situada por Paulo Freire, em seu livro *Pedagogia do Oprimido*[5].

Para atingir o controle sobre os membros de um grupo ou massa, contudo, o líder precisa poder agir sobre o vínculo erótico sublimado entre os membros de uma massa. Adorno identifica isso nos estudos freudianos e diz que: "se os indivíduos no grupo se combinam em uma unidade (massa), certamente deve haver algo que os une, e este vínculo poderia ser precisamente o que é característico de um grupo" (Freud apud Adorno, 1951: 159). O vínculo entre os membros do grupo, em sua identificação solidária produz uma

---
[5] Freire, Paulo. (1974). *Pedagogia do Oprimido*. Rio de Janeiro. Editora Paz e Terra.

ligação de caráter afetivo erótico sublimado, tanto horizontalmente, entre si, como verticalmente, para com o líder.

Trata-se aqui de um problema fundamental: o líder fascista precisa apresentar este *algo* para cada um dos indivíduos (isoladamente), a fim de que possa arregimentar milhões para seus objetivos incompatíveis com seus próprios autointeresses racionais. E dentro da conjuntura do capitalismo, que se estruturou como uma sociedade de pensamento neoliberal, esta perspectiva assume aspectos multifacetados e fragmentários. O sistema de fundo que alimenta o solo no qual germina a personalidade autoritária fascista é disperso, fragmentário e tende à formação de células ideológicas que não possuem comunicação entre si. São, em tese, autocentradas e autoreferenciais em seus modelos de ação, mas que se projetam em espelho com a liderança[6].

Nelas, os processos são desenvolvidos a partir de insatisfações e ressentimentos inicialmente difusos, vividos pelos sujeitos humanos que encobrem ou solapam as lutas de classe, e mesmo os campos de atividades laborais não presentes na época de Marx, ou mesmo da primeira metade do século XX. Eles depositam no sujeito individual a absoluta responsabilidade por sua vida, seu destino e a possibilidade da quimera de uma felicidade lucrativa que poderia ser quantificada em uma constante e randômica capacidade de reinventar a si mesmo. Como diz Adorno, o homem contemporâneo tem de ser resiliente ao limite. E é o que nos mostra Richard Sennett, em seus livros, *A corrosão do caráter: o desaparecimento das virtudes com o novo capitalismo*, e *Autoridade*[7]. O homem ordinário é, ao mesmo tempo empurrado para fora da organização de classe que vigorou até o final da metade do século XX e jogado na perspectiva de se converter em um empreendedor de si mesmo, uma espécie de *uberista* de seu próprio ser de sujeito, capaz de se refazer a cada nova estação do ano ou crise da sociedade ou econômica, seja ela local ou global.

Esse processo descrito, que recebe o verniz multimidiático de modernização autonomista, inicialmente (anos 1990 a 2010) e, mais recentemente, de digitalização da vida, animado pelas redes sociais (2013 em diante), fomenta o desamparo do ressentimento difuso que é transformado em algoritmos operando nas redes sociais que, de acordo com Manovich (2001), transformam a própria cultura da qual vieram, pois os aplicativos digitais, os

---

[6] Como dissemos, para atingir esta meta ele precisa produzir artificialmente o vínculo entre cada um e ele, e os indivíduos entre si. A estrutura do vínculo de um a um dentro de uma massa possui características e uma natureza libidinais. Verticalmente, na identificação com um ou mais traços apresentados pelo líder, e horizontalmente, de forma solidária (ainda que na base competitiva), entre os membros da massa, no trânsito deslocado de seus desejos.

[7] Sennett, Richard. (2012). A corrosão do caráter: o desaparecimento das virtudes com o novo capitalismo. Rio de Janeiro. Edições BestBolso; (2012). Autoridade. Rio de Janeiro. Record.

Apps dos *smartphones*, nascem em uma dada cultura e retroagem sobre ela as modificando[8].

O profundo estudo realizado por Ricci mostra as diversas faces desse espectro, como quando indica *as três ondas* que produziram o campo pútrido que alimentou o fenômeno da repetição do fascismo brasileiro, quando em instituições ditas de pesquisa, mas que nada mais fazem que difusão de supostos conhecimentos marcados ideologicamente e usados no interesse dos empresários que os sustentam. Formam um conjunto de institutos dedicados à propaganda neoliberal como, por exemplo, o *Instituto Millenium*. Não somente se colocam como uma nova e descolada via de acesso a um futuro melhor, mas também invadem o mundo acadêmico e substituem a pesquisa e a reflexão pela tendência, a opinião pública e as regras do mercado. Este arrazoado é, claro, apenas um pálido exemplo do estruturado levantamento realizado pelo pesquisador das ciências sociais, a ponta o *iceberg*, que mostra que o *Titanic* da cultura e da sociedade brasileira ora ruma ao caos e à fragmentação de seus coletivos, parafraseando o lema fixado por Werner Herzog, em seu filme *Coração de cristal: cada um por si e Deus contra todos*[9].

Se, como dissemos anteriormente, e exploramos em parceria com Ricci em um outro lugar[10], apesar do caráter caótico e fragmentário com o qual nos defrontamos, seja *nas ruas*, seja nas *instituições*, juntos com Adorno consideramos que na abordagem freudiana igualmente se encontra fértil no campo da sociologia. As massas não são um fenômeno biológico instintivo, mas sim uma formação psíquica volátil e fragmentária que necessita da participação de cada um dos indivíduos, a fim de formar um todo dinâmico e mutável. Uma formação psíquica que flutua de uma perspectiva autoritária para outra, sempre cerzindo sua teia entre o ressentimento inconsciente e a vontade de poder na ânsia de superar o outro, em virtude de sua falência fálica e humana.

Essas foram algumas das reflexões entrecruzadas entre a psicanálise e as ciências sociais, as quais nasceram no contexto do desenvolvimento do livro, *Fascismo brasileiro: e o Brasil gerou o seu ovo da serpente* e o acompanhamento do trabalho do cientista social Rudá Ricci nestes últimos três anos e meio.

Existem duas observações do psicanalista francês Jacques Lacan muito pertinentes ao que aqui abordamos. A primeira é que não podemos dizer toda a verdade. Por isso sempre utilizamos a palavra, a linguagem e a poesia, as quais sempre dizem parte de algo que nos toca e nos interessa, como a

---

[8] Manovich, Lev. (2001). *The Language of New Media*. Cambridge, Massachusetts: MIT Press.
[9] Herzog, Werner. (1976). *Herz aus Glas*. Alemanha.
[10] Na publicação, Petry, Luís Carlos & Ricci, Rudá. (2022). *O fascismo de massa*. Curitiba. Editora Kotter.

democracia, a solidariedade e o amor partilhado com o próximo. A segunda, diz que da nossa condição de sujeitos somos todos responsáveis, o que nos indica que fazemos escolhas sempre guiados pelos nossos mais secretos e inconfessados desejos.

Nesse sentido, *a geração do seu ovo da serpente*, neste Brasil que era pintado como um paraíso das não diferenças, mostra verdadeiramente a sua cara. A cara que tem pintada em seu rosto não os símbolos da democracia, da solidariedade, mas sim os mais de 350 anos de escravidão, de diferença social, de repressão, de machismo, de homofobia, de horror aos pobres e quejandos.

A nossa condição atual tem uma história e uma historicidade que lhe são peculiares. Acreditamos *uberisticamente* fazer a nossa própria história com nossas próprias mãos e esforço empreendedores, mas parece que, ao final do percurso inicial dessa vaga fascista, muitos estão a perceber que não controlavam as tais circunstâncias do fazimento de sua história e por ela eram engolidos. É nesse sentido que a "tradição de todas as gerações passadas", que assentiu com os processos opressivos em nosso país entintado de alma escravocrata, talvez agora venha a realmente oprimir o cérebro dos viventes!

Mas não temamos. A história se repete no que tem de ruim, mas também no que tem de bom, e a psicanálise de Freud mostra que não é somente como tragédia e farsa que ela se reedita, mas fundamentalmente como sintoma social de uma sociedade que não conseguiu analisar os seus mais temerosos fantasmas e reparar os seus débitos.

Boa leitura.

FASCISMO VIGENDO OU EM CONSOLIDAÇÃO

O espectro do nazismo ronda o Brasil

Na manhã do dia 22 de novembro de 2021, durante uma conversa com apoiadores no espaço que jocosamente se convencionou chamar de "cercadinho", em frente ao Palácio da Alvorada, o então presidente Jair Bolsonaro comentou, como se fosse um tema de consenso, que é difícil adotar o modelo educacional de Hitler no Brasil[1].

O comentário respondia a uma pergunta aparentemente despretensiosa de um apoiador, mas que também pode ter sido uma combinação entre presidente e apoiador:

> "A gente via que Hitler trabalhava muito com as crianças. Nosso Ministério da Educação já poderia estar fazendo também um trabalho com as crianças de conscientização?"

A conversa procurava entabular uma divagação sobre a doutrinação nazista que se havia iniciado na década de 1920, buscando recrutar para o Partido Nazista os jovens alemães. Procurava, assim, transmitir a mensagem de que o partido era um espaço jovem, marcado pela energia de transformação e afirmação da juventude. E o êxito foi enorme: Em 1930, quando o partido comemorava uma década de existência, a Juventude Hitlerista contava com 50 mil membros, no final de 1933, já passou a contar com 2 milhões de participantes e, em 1937, saltou para 5,4 milhões. Em 1939 a associação de jovens à Juventude Hitlerista passou a ser obrigatória.

No Terceiro Reich, a educação serviu para doutrinar os alunos quanto à supremacia dos povos nórdicos e das raças arianas, em contraposição às "raças bastardas".

---

[1] Ver "Bolsonaro reclama da dificuldade em adotar modelo educacional de Hitler no Brasil", Catraca Livre, 22/11/2021. Disponível em https://catracalivre.com.br/cidadania/bolsonaro-reclama-dificil-adotar-modelo-educacional-hitler-brasil/ (visualizado em 27/11/2021).

Em 1936, 97% dos professores das escolas públicas (300 mil educadores) já haviam se filiado à Liga de Professores Nacional-Socialistas.

Nas salas de aula, o currículo era focado na formação racista e no fanatismo a ser devotado à liderança nazista, que incluía a disposição do sacrifício pelo Führer e pela nação alemã[2].

Era a este modelo de educação que a aparentemente ingênua troca de palavras entre Jair Bolsonaro e seu apoiador se referia.

Bolsonaro reclamou da letargia do Ministério da Educação brasileiro, classificado por ele como "transatlântico" que não serviria "para dar um cavalo de pau".

E, emendou: "Eu gostaria de imediatamente botar educação moral e cívica, um montão de coisas lá, coisas que são boas. Eu ouvi outro dia, tive o saco de ouvir, uns 10 minutos, duas mulheres... podia ser dois homens... mas que não sabiam nada. Elas não sabiam nem o que era Poder Executivo... coisas absurdas que são comuns"[3].

Não foi, evidentemente, uma conversa sem intencionalidade ou mera prosa entre amigos na sala de estar. Ali ouviu-se uma das expressões mais nítidas do ideário do presidente da República, que transita entre elementos nazistas (de exaltação da eliminação das forças oposicionistas e desqualificação das instituições de controle democrático do país ou até mesmo da divisão de poderes sugerida como estrutura de instituições independes que se constituía em freios e contrapesos para evitar a instalação de tiranias), elementos fascistas (de intimidação de pensamentos e ideários distintos do bloco no poder que assume o controle político do Estado) e elementos de valorização da agenda de costumes tradicionais (em especial, valorização da família como elemento básico de ordem, respeito e dignidade humana)[4].

E aquele não foi um ato isolado.

---

[2] Ver "Doutrinando a Juventude" publicada no Dicionário do Holocausto. Disponível em https://encyclopedia.ushmm.org/content/pt-br/article/indoctrinating-youth (visualizado em 21/11/2021). O culto à personalidade era um elemento central na doutrinação nazista junto aos jovens o que incluía comemorações no dia 20 de abril, aniversário de Hitler. Não se tratava apenas de doutrinação, mas de recrutamento e organização juvenil, tendo a "Juventude Hitlerista" (porta de entrada para a formação paramilitar) e a "Liga das Meninas Alemãs" como entidades de referência. Até 1939, 765.000 jovens ocuparam cargos de liderança nas organizações de jovens nazistas.

[3] Jair Bolsonaro se referia, possivelmente, à conversa pública entre a cantora Anitta e a advogada e comentarista Gabriela Prioli que, numa sequência de lives, discutiram a dinâmica política. Nessas lives, Anitta apresentava suas dúvidas de maneira aberta e franca, muitas vezes, demonstrando certa confusão entre os cargos públicos e estrutura federativa da organização política-administrativa do país. As lives ganharam o título de "aulas de política". A quem desejar assistir uma dessas "aulas de política", basta acessar: <https://www.youtube.com/watch?v=V0rIr8Bdz3g>.

[4] O tradicionalismo no ideário político conservador contemporâneo transita entre os conceitos formulados por Edmund Burke - para quem seria necessário preservar as normas já testadas pelo mundo - René Guénon - ex-católico, ex-maçom, convertido ao islamismo sufista e opunha à modernidade Ocidental e à ciência - e o italiano Julius Evola - racista, misógino e ligado ao fascismo de Mussolini. Gerald Brant, executivo do mercado financeiro e diretor de uma empresa de investimentos nos

Liberdade, disciplina e... dissimulação

Na década de 1990, Jair Bolsonaro defendeu os 84 alunos do Colégio Militar de Porto Alegre que haviam escolhido, em 1995, Adolf Hitler como o personagem histórico mais admirado, isso de um total de 158 formandos desta turma. Seu argumento era que se tratava de liberdade de expressão. Nota-se que este é um argumento recorrente – a defesa da liberdade de expressão – que mais se alinha aos princípios libertários de alguns segmentos hiperindividualistas dos EUA, se comparado ao que define as normas institucionais brasileiras sobre o tema.

O então deputado federal sustentou que os alunos votaram em Hitler por entenderem que "de uma forma ou de outra", teria imposto ordem e disciplina. Bolsonaro aproveitou para criticar a imprensa: "Quero deixar patente minha revolta com a grande mídia, um tanto quanto servil, que criticou duramente o Colégio Militar de Porto Alegre apenas porque nove entre 84 alunos resolveram eleger entre Conde Drácula, Hércules, Nostradamus, Rainha Catarina, Átila – só faltou FHC -, Hitler como personalidade histórica mais admirada", afirmou Bolsonaro em discurso realizado na Câmara dos Deputados. Sugeriu que os estudantes estavam "carentes de ordem e de disciplina". E elogiou a disciplina de Hitler.

Este é outro vértice do discurso defensivo de Bolsonaro: além da liberdade de expressão, a necessidade de ordem e disciplina como marcas da conduta social. Uma interpretação muito peculiar, seletiva, que não se relaciona, mais uma vez, com a ordem democrática ou as regras constitucionais adotadas pelo país. A lógica discursiva propõe uma noção de disciplina como imperativo moral.

Estados Unidos fez parte do staff informal do então ministro das Relações Exteriores, Ernesto Araújo e manteve fortes ligações com Trump e a linhagem tradicionalista. O tradicionalismo contemporâneo envolve, ainda, extremistas da AltRight, nacionalistas brancos (White Nationalists), membros da Ku Klux Klan e neonazistas, expoentes como Daniel Friberg (Suécia) e Richard Spencer (EUA); Michael Bagley, Jason Reza Jorjani e John B. Morgan (EUA); Tibor Baranyi e Gabor Vona (Hungria) e personalidades como o armênio George Gurdjieff (1866-1949), o filósofo esotérico sufista suíço Frithjof Schouon (1907-1998) e a francesa defensora do nazismo Savitri Devi (1905-1982). Há quem cite o russo Aleksandr Dugin e o brasileiro Olavo de Carvalho como membros desta vertente política (ambos protagonizaram um debate público em 2011 e que Carvalho valorizou os valores cristãos, Israel e nacionalistas conservadores americanos, em especial, algo da cultura country ou tradicionalismo rural dos EUA Profundo). Ver LIMA, Venício. "Tradicionalismo", 16/6/2020. Disponível em https://aterraeredonda.com.br/tradicionalismo/ (visualizado em 27/11/2021). Luís Carlos Petry, a quem agradeço a leitura cuidadosa das diversas versões deste livro, propõe a relativização da família como valor no discurso de Jair Bolsonaro, dado que durante a pandemia do Coronavírus não revelou qualquer empatia às famílias das vítimas. Petry relembra o Manuscrito inédito de 1931 escrito por Freud para analisar as relações pouco afetivas que estabelece com as mulheres, quase sempre assumindo uma posição de chefe e ressentido, algo trabalhado por Freud na série de textos da psicologia do Amor, quando fala de um tipo particular de escolha de objeto nos homens, o caso do homem que tem na esposa a Mãe, com a qual se mostra impotente. Ver FREUD, S. Manuscrito inédito de 1931. São Paulo: Blucher, 2017.

Ao final da sua fala, Bolsonaro ressalvou que não concorda com as atrocidades cometidas por Adolf Hitler[5]. Um terceiro vértice da estrutura discursiva de Bolsonaro, a dissimulação. Um recurso defensivo que é apresentado fora do contexto da fala anterior, ofensiva e que procura criar um fato político de grande repercussão.

O Nazismo como modelo a ser imitado

Outro elemento que mostra que a conversa entre Jair Bolsonaro e um apoiador, a poucos metros do Palácio do Planalto, não foi um ato isolado, se concretizava quando o então secretário especial da Cultura, Roberto Alvim, chegou a citar trechos de uma fala do ministro da Propaganda de Hitler, Joseph Goebbels, em pronunciamento realizado em 16 de janeiro de 2020. Nas palavras de Alvim:

> "A arte brasileira da próxima década será heroica e será nacional, será dotada de grande capacidade de envolvimento emocional, e será igualmente imperativa, posto que profundamente vinculada às aspirações urgentes do nosso povo – ou então não será nada".

---

[5] A íntegra o discurso que o então deputado Jair Bolsonaro fez sobre o assunto em 21 de janeiro de 1998: "Sr. Presidente. A verdade é essa: o povo sofre, e sofre muito, com essa mídia que prática a desinformação. Não informa das verdades que acontecem nesta Casa. Nós só levamos paulada o tempo todo, mas quem vem aqui corromper alguns parlamentares é o Executivo. Isso, através da televisão, nós mostraremos aos poucos para todo o Brasil. Já que se fala em privatização, acredito que é preciso privatizar, em primeiro lugar, a grande imprensa, porque 500 milhões de reais saem do contribuinte para comprar a consciência do povo brasileiro por meio da desinformação que parte da grande mídia. É uma grande covardia para com o nosso povo. O Alexandre Garcia, por sua vez, não está nem um pouco preocupado com a sua previdência. Quem ganha a fortuna que ele ganha do contribuinte durante a sua vida útil – que, para mim, é uma inutilidade- não tem de se preocupar com o seu futuro. Ele tem bens mais do que suficientes para levar uma boa vida. Em tempo, quero deixar patente minha revolta com a grande mídia, um tanto quanto servil, que criticou duramente o Colégio Militar de Porto Alegre apenas porque 9 entre 84, alunos resolveram, eleger entre Conde Drácula, Hércules, Nostradamus, Rainha Catarina, Átila – só faltou FHC -, Hitler como personalidade histórica mais admirada. Se eles tivessem eleito FHC, logicamente estariam elegendo o pai do Governo mais corrupto da História do Brasil, porque ele não admite que nenhuma denúncia de corrupção seja apurada por esta Casa. Ele não é exemplo para a juventude. Um colégio sério, com o Colégio Militar de Porto Alegre, para que tenha qualidade, tem de ter liberdade de expressão. Reitere-se que os alunos – a maioria é formada por menores – pagam por esta revista, portanto têm liberdade de escrever o que bem entenderem. Devemos respeitar esta juventude que começa, a partir destes debates e desta matéria na imprensa, a se preparar para ser, no futuro. Ao mesmo tempo, gostaria de criticar o Centro de Comunicação Social do Exército, que anunciou que vai acompanhar a revista. Esses garotos, entre tantos outros, são filhos de militares e estão realmente carentes de ordem e de disciplina neste país. Enquanto o nosso presidente da República não dá exemplo disso, eles têm que eleger aqueles que souberam, de uma forma ou de outra, impor ordem e disciplina, se bem que, como o jovem aluno do Colégio Militar que não foi para a Escola preparatória de Cadetes do Exército, de nome Roberto dias torres júnior, nós também não concordamos com as atrocidades cometidas por Adolf Hitler.
Sr. Presidente, esta é a minha manifestação."

Esta passagem guarda semelhança com o discurso de Goebbels, realizado em 8 de maio de 1933 no hotel Kaiserhof, em Berlim, para diretores de teatro[6].

O próprio presidente tem um histórico de relacionamentos com forças neonazistas espalhadas pelo mundo. Este é o caso do seu encontro com Beatrix von Storch, neta do ministro das Finanças de Adolf Hitler, Lutz Graf Schwerin von Krosigk. Beatrix é líder do partido nacionalista-conservador Alternativa para a Alemanha (AfD, na sigla em alemão) e chegou a propor, em 2016, que a polícia alemã abrisse fogo contra imigrantes, incluindo mulheres e crianças, que tentassem entrar ilegalmente na Alemanha. Na entrevista que se seguiu ao excêntrico convescote, Beatrix sustentou: "Para enfrentar com êxito a esquerda, os conservadores também precisam se conectar melhor internacionalmente. O Brasil é uma potência emergente e, além dos Estados Unidos e da Rússia, pode ser um parceiro estratégico global que nos permita construir o futuro juntos".

Às críticas que se multiplicaram após a reunião, Beatrix comentou, se referindo a Jair bolsonaro: "Ao contrário do que diz a imprensa, ele é humilde, amável e bem humorado no trato pessoal."

Bolsonaro nos grupos neonazistas

A antropóloga da UNICAMP Adriana Dias localizou provas do envolvimento antigo de Jair Bolsonaro com forças neonazistas, desde quando era um desconhecido deputado federal pelo Rio de Janeiro. Três sites neonazistas estamparam a foto de Bolsonaro – com link que leva diretamente ao site que o político mantinha na época – e uma carta em que o então deputado federal afirmava: "Ao término de mais um ano de trabalho, dirijo-me aos prezados internautas com o propósito de desejar-lhes felicidades por ocasião das datas festivas que se aproximam, votos ostensivos aos familiares". E, completava: "Todo retorno que tenho dos comunicados se transforma em estímulo ao meu trabalho. Vocês são a razão da existência do meu mandato."[7]

Não foi uma mera coincidência que em 2011 Bolsonaro, ainda deputado federal, recebeu apoio de grupos neonazistas liderados pelo militante de extrema-direita Eduardo Thomaz que, dez anos depois, liderou carreatas e motociatas em apoio ao já Presidente da República. A manifestação de 2011

---

[6] A passagem dita por Joseph Goebbels foi: "a arte alemã da próxima década será heroica, será ferreamente romântica, será objetiva e livre de sentimentalismo, será nacional com grande páthos e igualmente imperativa e vinculante ou não será nada".

[7] Ver "Pesquisadora encontra carta de Bolsonaro publicada em sites neonazista em 2004", The Intercept, 28 de Julho de 2021. Disponível em https://theintercept.com/2021/07/28/carta-bolsonaro-neonazismo/. Visualizado em 27/11/2021.

foi uma primeira reação pública dos neonazistas brasileiros em apoio a Jair Bolsonaro, após esse ser criticado por suas declarações homofóbicas feitas durante entrevista ao programa CQC, exibido pela TV Bandeirantes. Na versão brasileira, o neonazismo articulava os valores de extrema-direita à defesa da família brasileira[8].

Ideologia, Família e Armas

Vários conteúdos do ideário de extrema-direita povoaram governos brasileiros, mas nunca de maneira tão nítida. O inusitado é que esteja agora expresso na cultura de massas, envolvendo, segundo algumas pesquisas recentes, ao redor de 20 milhões de brasileiros.

A série histórica produzida pelo Instituto Vox Populi indica que o percentual de brasileiros que se autodefinem como de esquerda caiu durante o início da gestão Lula, mas elevou-se gradativamente durante todo período 2008-2020. Já os contingentes que se consideram de direita aumentam durante a gestão Bolsonaro, assim como os que se dizem de centro. Mas, o mais importante, e que dá consistência para constatação da polarização ideológica no Brasil, é a queda vertiginosa dos que se apresentavam como "sem posição ideológica". A partir da vitória eleitoral de Jair Bolsonaro (2018), os isentos despencam de um total de 38% (agosto de 2019) para 14% (novembro de 2020).

Fonte: Instituto Vox Populi, agosto de 2021. [Dados cedidos pela direção do Instituto para o autor deste livro].

---

[8] A declaração do então deputado federal Jair Bolsonaro teria ofendido a cantora Preta Gil que não correria o risco, segundo a sua declaração racista, de ver seus filhos apaixonados por uma negra porque teriam sido bem-educados. Em reação, grupos neonazistas convocaram manifestação de apoio ao congressista no Museu de Arte de São Paulo (Masp). Em entrevista à TV Gazeta durante a manifestação, Eduardo Thomaz se identificou como integrante do grupo Ultra Defesa. Em seu site, o Ultra Defesa afirma que seus princípios fundamentais são "Deus, Brasil e Família". Os integrantes do grupo também são adeptos da "Saudação Romana", que é o ato de estender o braço para a frente com a palma da mão para baixo. Ver MOTORYN, Paulo. "Líder de ato neonazista pró-Bolsonaro em 2011 organiza carreatas em apoio ao presidente em SP", Brasil de Fato, 26 de julho de 2021. Disponível em https://www.brasildefato.com.br/2021/07/26/lider-de-ato-neonazista-pro-bolsonaro-em-2011-organiza-carreatas-em-apoio-ao-presidente-em-sp (visualizado em 28/11/2021).

Os dados sugerem um arrefecimento do embate ideológico entre esquerda-direita que marcou as décadas de 1980 e 1990. A elevação da renda média nacional, em especial, dos trabalhadores e brasileiros mais pobres ao longo dos primeiros quinze anos do século XXI criou, ainda, um processo de individualização desses segmentos sociais, capturada em diversas pesquisas realizadas pelo Data Favela, que demonstram a crença na capacidade pessoal de ascender socialmente via negócio próprio e a valorização do empreendedorismo.

Já a pesquisa "Bolsonarismo no Brasil: pesquisa qualitativa nacional", realizada em junho de 2021[9], apresenta um cenário muito complexo, embora tenham adotado como referência o perfil do apoiador de Jair Bolsonaro, denominado na investigação, por analogia, de "bolsonarista". Os bolsonaristas que apoiam irrestritamente o presidente são, em particular, aqueles "não arrependidos do voto", "evangélicos" e "acima de 25 anos", e que creem na retomada do crescimento econômico. A convicção inabalável que transita para uma crença fincada em valores e engajamento político-social (o bolsonarista evangélico é envolvido com redes sociais militantes, como grupos de WhatsApp, que o motiva e informa diariamente), orienta a relativização da tragédia nacional provocada pela pandemia ao longo dos anos 2020-2021, momento de queda acentuada de apoio ao governo federal. A culpa da crise econômica no período pandêmico seria resultado da ação de governadores e prefeitos, assim como de empresários e comerciantes "gananciosos". Os bolsonaristas mais enfáticos sustentam que os problemas econômicos seriam causados pela pandemia, que por seu turno é uma fatalidade.

No segmento mais engajado e alinhado à figura de Jair Bolsonaro, a defesa da família tradicional (família nuclear) e aos cânones bíblicos criam uma carapaça ideológica, uma visão de mundo estruturada e circular.

O tema família desperta uma forte ojeriza a respeito do que seria o ideário de oposição ao bolsonarismo: a fixação nas práticas sexuais e a intenção de ensiná-las em aulas sobre sexualidade.

O porte de armas ingressa nesta lógica circular em virtude da degradação social generalizada se configurando como um direito individual, como a aquisição – citam como analogia – da carteira de habilitação. A percepção da degradação nacional projeta uma valorização do estilo de vida dos

---

[9] Ver FERES Jr., João; WARDE Jr., Walfrido Jorge; VALIM, Rafael; PAULA, Carolina. Bolsonarismo no Brasil: pesquisa qualitativa nacional", Rio de Janeiro: LEMEP/IREE, junho de 2021. Foram organizados 24 grupos focais online, tendo, em média, 8 participantes por grupo, realizados entre os dias 14 e 29 de maio de 2021

estadunidenses, país de referência para este segmento que ilustra a conformidade do porte de arma como direito individual.

Embora o apoio aos militares seja enérgico, é uma minoria que apoia o retorno ao regime militar. Percebe-se uma certa influência dos valores clássicos conservadores que não sustenta mudanças bruscas, como atos revolucionários ou reacionários. Não se trata exatamente de um alinhamento exato, dado que o bolsonarismo se alimenta de múltiplas influências e orientações políticas. O bolsonarismo é tomado por um discurso "fuzzi", difuso, multifacetado, muitas vezes confuso e contraditório onde Jair Bolsonaro figura como um arquétipo de uma leitura autoritária, conservadora e elitista[10].

É significativo que a maioria dos entrevistados não conhecia Jair Bolsonaro antes das eleições de 2018. Trata-se, assim, não de uma identificação histórica, construída pela experiência e pelo conteúdo, mas uma identificação pela imagem, pela forma.

Esta é uma pista de compreensão deste segmento que destila valores de extrema-direita (mas, também, valores conservadores, num discurso pendular permanente) do que se revela um forte viés de confirmação na busca de informações sobre política e realidade nacional.

O hábito de seguir influenciadores nas redes sociais não é muito forte entre os entrevistados, mesmo entre os críticos ao chamado "jornalismo tendencioso da Globo". Dos nomes citados como preferidos por participantes tivemos Jovem Pan, Alexandre Garcia, Caio Copolla, Gabriel Monteiro, Arthur do Val, Nando Moura, MBL (com ressalvas atualmente)[11].

Parece existir uma bricolagem de valores e informações na conformação de um ideário deste segmento de extrema-direita que articula valores e intenções que transitam entre o conservadorismo, o tradicionalismo e o reacionarismo.

---

[10] Recordemos que o discurso difuso e multifacetado é uma característica do fascismo, analisado por Umberto Eco. Trata-se de um discurso, que ao contrário do discurso nazista, permite permutas, além de ser conversivo, ou seja, investir na conversão dos indivíduos ao seu ideário. Ver ECO, Umberto. O fascismo eterno. Rio de Janeiro: Record, 2018. Há outro elemento do discurso fascista: o racismo. Sustenta Eco: "O fascismo cresce e busca consenso explorando e exacerbando o medo natural de diferença. O primeiro apelo de um movimento fascista ou prematuramente fascista é contra os intrusos. Todo fascismo, portanto, é racista por definição".

[11] FERES Jr., João; WARDE Jr., Walfrido Jorge; VALIM, Rafael; PAULA, Carolina. Bolsonarismo no Brasil: pesquisa qualitativa nacional", op. cit., p. 30.

Gênese da extrema-direita brasileira

A definição da gênese da extrema-direita brasileira é matéria controversa no debate político e é ainda uma nebulosa nos ensaios acadêmicos.

Não se trata de uma mera herança dos traços autoritários da cultura política nacional ou mesmo da cultura estamental que povoa as mentes das elites nacionais. É possivelmente caudatária dos traços desumanos dos 350 anos de *escravagismo* sádico revestido como base do sistema econômico pré-republicano que se expressou em vários momentos da história republicana, como em vários traços do *Estado Novo* e certamente na caça sanguinária à esquerda e lideranças populares progressistas durante o *regime militar* advindo do golpe militar de 1964.

Entretanto, a extrema-direita como força política organizada e pública, que se estabelece nas praças públicas e em todo território nacional como movimento de massas, cujos apelos histriônicos e fanáticos reverberaram até mesmo em segmentos sociais marginalizados e desprestigiados - embora tenhamos tido, na segunda metade da década de 1930, a ascensão de forças de extrema-direita corporificadas no Partido Integralista e no Partido Nazista brasileiro - somente aparece nitidamente neste século XXI no Brasil[12].

---

[12] O integralismo foi oficialmente criado a partir do Manifesto de Outubro, de 7 de outubro de 1932, que definia as suas diretrizes ideológicas baseadas no fascismo italiano. O CPDOC/FGV afirma ter sido "o primeiro partido nacional com uma organização de massa implantada em todo o país, cuja força política foi estimada, em 1936, entre seiscentos mil e um milhão de adeptos". Ver http://www.fgv.br/cpdoc/acervo/dicionarios/verbete-tematico/integralismo. Há organizações neointegralistas no Brasil como a Frente Integralista Brasileira (FIB), mais ativo e organizado dos três grupos neointegralistas surgidos na década de 2000. Os outros dois agrupamentos são a Ação Integralista Revolucionária (AIR) e o Movimento Integralista e Linearista Brasileiro (MIL-B).
Já o Partido Nazista brasileiro, que se apoiou na população alemã migrante, foi a maior filial formal do grupo de apoio a Hitler fora da Alemanha, com sucursais em 17 Estados brasileiros. Ver https://super.abril.com.br/historia/nazistas-entre-nos/. O primeiro registro de um Partido Nazista em solo brasileiro é de 1928, no município de Timbó, em Santa Catarina.

AS TRÊS ONDAS

O debate político no campo progressista brasileiro sobre o ressurgimento e o crescimento da ultradireita envolve os campos de esquerda, centro--esquerda e forças democráticas e/ou humanistas, que têm cravado como ponto de inflexão as manifestações juvenis de junho de 2013. Isto é compreensível, pelo grande susto que causou, mas, ao contrário, a extrema-direita brasileira tem origem muito anterior, e é fruto de três ondas que se sobrepõem. A articulação começa a se mostrar a partir dos embates travados na Assembleia Nacional Constituinte de 1987, como reação empresarial e militar ao processo de redemocratização brasileira que poderia fugir dos parâmetros restritos formulados pelo pacto de elites forjado durante o governo Ernesto Geisel[13].

As três ondas foram:

- A articulação empresarial (tendo como eixo os estados de São Paulo, Rio de Janeiro e Rio Grande do Sul) que vai se constituindo a partir de 1987, e que nos anos seguintes transitará da agenda neoliberal calcada no Consenso de Washington – e no propalado Estado Mínimo – para uma agenda mais ofensiva de captura do Estado e dos fundos públicos. Nessa passagem, são criados vários *think tanks* e estruturas organizacionais de articulação política do alto empresariado brasileiro (como o Instituto Atlântico, Institutos Liberais e Instituto Millenium, dentre outros); financiamento de grupos juvenis (como o Movimento Brasil Livre), recrutamento de estudantes

---

[13] A formulação da estratégia de redemocratização, que alguns autores, como Leonel Itaussu Almeida Mello, sugeriram ser mais "liberalização" que de fato redemocratização – dado o grau de controle e inúmeros salvaguardas à tutela militar de toda ordem política nacional -, foi creditada, entre outros, ao general Golbery do Couto e Silva e à consultoria do cientista político norte-americano Samuel Huntington. Com efeito, tal formulação teve início em 1974, envolvendo apenas a cúpula militar e as elites orgânicas do regime empresarial-militar. Sobre as incertezas no processo de redemocratização, ver MOISÉS, José Álvaro, Os Brasileiros e a Democracia: bases sociopolíticas da legitimidade democrática. São Paulo: Editora Ática, 2006. Sobre o papel de Samuel Huntington na formulação do processo de redemocratização brasileira, ver SKIDMORE, Thomas. Brasil: de Castelo a Tancredo. 8ª edição. Rio de Janeiro: Paz e Terra, 1988; KUSINSKI, Bernardo. Abertura, a história de uma crise. São Paulo: Brasil debates, 1982. Samuel Huntington formulou o documento "Abordagens da descompressão política", em 1973, que está disponível no Arquivo do CPDOC, Arquivo Paulo Nogueira Batista, Fundo Hebert José de Souza.(http://cpdoc.fgv.br/). Geisel era luterano da ICLB, a Igreja de Confissão Luterana no Brasil, de inspiração estadunidense, do Sínodo Mississipi-Missouri. Na época da gestão Geisel, adotavam norma interna que estabelecia que todos os luteranos deveriam ser anticomunistas.

universitários e financiamento e promoção de mobilizações de rua com o claro objetivo de desestabilizar a ordem democrática. A captura do Estado envolveu a combinação de financiamento de candidaturas ao Congresso Nacional, definição de agenda de reformas estruturais a ser adotada pelas bancadas financiadas e eleitas por eles e uma obstinada militância na indicação de ministros (em especial, na área econômica) e secretários estaduais de governo (em especial, na área educacional)[14];

- A articulação jurídico-midiática que alcançou seu apogeu ao redor da Operação Lava Jato, mas que já se desenhava desde 2004, ainda que seu ponto culminante foi em 2015. Um processo seletivo de agentes do judiciário e Ministério Público Federal à semelhança do macartismo norte-americano da década de 1950. Essa ofensiva institucional foi desarticulada a partir de 8 de março de 2021, por inciativas do Supremo Tribunal Federal[15], mas já havia deitado raízes sobre parte da opinião pública e criado uma motivação aos setores de extrema-esquerda ainda atomizados;
- A campanha eleitoral de Jair Bolsonaro à Presidência da República, em 2018, e suas articulações políticas com igrejas e setores das forças repressivas e militarizadas do país após sua posse, no período 2019-2021. Este foi o momento de constituição de uma força político-eleitoral de extrema-direita declaradamente portadora de valores que rejeitam a ordem democrática.

---

[14] A antropóloga Adriana Dias, ao comentar o primeiro esboço deste capítulo, sugeriu que haveria uma quarta onda composta pelos movimentos violentos do agronegócio brasileiro. Minha hipótese é que esta fração do empresariado nacional compõe a primeira onda que proponho na periodização que apresento. A União Democrática Ruralista (UDR) foi, talvez, a primeira expressão política nacional deste segmento empresarial violento que se articulou com diversas frentes compostas pelo alto empresariado industrial e financeiro, como veremos mais adiante.

[15] Nesta data, o ministro do Supremo Tribunal Federal (STF), Edson Fachin, considerou a 13ª Vara Federal de Curitiba, comandada pelo então juiz Sérgio Moro, incompetente para julgar os processos envolvendo o ex-presidente Luís Inácio Lula da Silva e, em seguida, o ministro do STF Gilmar Mendes declara o juiz Moro suspeito nos julgamentos desses casos. As decisões eram resultado das publicações do noticioso The Intercept Brasil, entre junho de 2019 e março de 2021, de parte da troca de mensagens, pelo Telegram, entre o juiz Sérgio Moro e o procurador Deltan Dallagnol, chefe da força-tarefa da Operação Lava Jato. O acesso às trocas de mensagem, realizadas por Walter Delgatti Neto, revelando conluio entre o juiz e uma das partes no processo, no caso, o Ministério Público Federal (MPF), afetando todo processo em curso, envolveu sete terabytes (sugerida por Fernando Morais como algo próximo de 45 milhões de páginas de documentos) e se tornou a base para a criação da Operação Spoofing, da Polícia Federal e tomada de decisões dos ministros do STF. Ver MORAIS, Fernando. Lula: biografia. Vol. 1, São Paulo: Companhia das Letras, 2021, pp. 156-159. Antes, em 8 de novembro de 2019, Lula já havia ganhado liberdade, após 580 dias preso na carceragem da Polícia Federal em Curitiba. A libertação de Lula ocorreu um dia após o STF ter considerado a prisão em segunda instância inconstitucional.

As três ondas mudaram, ainda que lentamente, o ideário e a cultura política do Brasil, mudança que alcançou setores populares do país.

Relatório do Instituto internacional pela democracia e assistência eleitoral (Idea) - The Global State of Democracy Report 2021 – revelou que o Brasil apresentou o maior número de "indicadores democráticos" em queda em 2020, entre as nações analisadas[16].

O relatório sustenta que no início do século XXI, o Brasil apresentou evolução nos indicadores democráticos, mas a partir de 2013, houve forte inflexão, quando começou "a tomar forma no país como resultado de uma queda constante e prolongada de quase todos os indicadores, que se exacerbou especialmente nos últimos dois anos", contextualiza o relatório. Em 2016, o Brasil começou a "transitar por um processo de retrocesso democrático que ainda não foi concluído".

O documento apresenta, ainda, uma perspectiva alarmante: a possível irreversibilidade desta inflexão: "os constantes ataques contra os meios de comunicação e a independência da Justiça mostram a recrudescência do retrocesso democrático"[17].

O Brasil apresentou recuo, em especial, nos indicadores relativos aos direitos fundamentais (acesso à justiça, liberdades civis – expressão, associação e reunião, religião, movimento, integridade e segurança pessoal -, igualdade social e igualdade de gênero) e administração imparcial (ausência de corrupção e aplicação de recursos).

O cenário de decadência democrática repercutiu sobre os valores políticos da sociedade como um todo.

Pesquisa realizada em agosto de 2021 pelo instituto Genial/Quaest indicava que o eleitorado brasileiro que apresentava inclinação a apoiar o presidente Jair Bolsonaro (oscilando entre 20% a 25% do eleitorado nacional) adotava valores comportamentais mais conservadores (porte de arma individual, certa rejeição ao movimento feminista e ao aborto, rejeição ao

---

[16] Ver The Global State of Democracy Report 2021, disponível em https://www.idea.int/gsod/. O relatório sugere que mais da metade das democracias na América Latina e Caribe sofrem erosão democrática, sendo que o Brasil se encontra numa situação de retrocesso democrático. Ver IDEA Internacional. "El Estado de la democracia en las Américas (2021): Democracia en tiempos de crisis, Estocolmo: Suécia, 2021.

[17] O Idea adota cinco grandes blocos de indicadores no seu estudo, a saber: a) Governos Representativos (eleições limpas, sufrágio inclusivo, partidos políticos livres e governo eleito); b) Direitos Fundamentais (acesso à justiça, liberdades civis – expressão, associação e reunião, religião, movimento, integridade e segurança pessoal -, igualdade social e igualdade de gênero); c) Engajamento Participativo (participação da sociedade civil, participação eleitoral, democracia direta e democracia local); d) Administração Imparcial (ausência de corrupção e aplicação de recursos); e) Bases Institucionais (parlamento eficaz, independência do judiciário e integridade da mídia). Além do Brasil, a Índia, os Estados Unidos, a Hungria, a Polônia e Eslovênia estão na lista de democracias que observaram recuo desses indicadores nos últimos dois anos.

currículo escolar que inclua debates sobre sexualidade, incômodo com demonstrações de afeto homoafetivo), embora valorize a intervenção estatal para garantir serviços básicos e condições sociais de vida.

Como pensa o eleitor
% de concordância de cada grupo com as afirmações

	Lula	3ª Via	Bolsonaro
Compra e posse de armas deve ser facilitado	11	19	44
Movimento feminista é exagerado	22	19	38
Deve-se aceitar o racismo e acabar com as tentativas de erradicá-lo	23	20	28
Regulamentação do comércio da maconha	28	25	19
Legalização do aborto	22	26	17
Privatização de empresas públicas	35	37	53
Governo deveria explicitar posição contrária aos governos autoritários de Cuba e Venezuela	32	38	57
Cotas raciais são injustas	34	40	48
Escolas não deveriam debater sexualidade	38	43	60
Demonstrações de afeto de gays/lésbicas incomodam	38	46	60
É normal que pais batam nos filhos	62	66	75
Necessidade do patriotismo para o resgate da ideia de Brasil grande	65	68	79
Governos deveriam cobrar impostos progressivos para promover justiça social	82	73	62
Reajuste anual do salário mínimo acima da inflação imposto pelo governo	92	86	80
A maioridade penal aos 16 anos	89	93	95
Saúde universal de qualidade é resposabilidade do governo	98	97	98

Fonte: Pesquisa Quaest/Genial Investimentos (agosto/2021).

Com efeito, estudos e pesquisas recentes indicam uma tendência da população média brasileira em valorizar a família e os círculos sociais mais próximos, no que Richard Sennett denominou de "ideologia da intimidade"[18].

Num livro publicado em 2010, os cientistas políticos Bolivar Lamounier e Amaury de Souza se debruçaram sobre uma ampla pesquisa nacional encomendada ao Instituto IBOPE e mostram que, àquela altura já se percebia um processo de quebra de confiança social – ou societal – e valorização dos agrupamentos mais íntimos. Com efeito, observam que 85% da população brasileira confia na sua família e apenas 43% nos amigos, sendo que a confiança

---

[18] Ver SENNETT, Richard. O Declínio do Homem Público: as tiranias da intimidade. São Paulo: Companha das Letras, 2014.

nos amigos cai para 38% no caso dos brasileiros mais pobres (classificados como Classe E neste estudo)[19].

A série histórica de pesquisas realizadas pelo instituto Data Favela corrobora o estudo de Lamounier e Souza. Na primeira versão da série que resultou num livro de 2014[20], percebeu-se que 80% dos moradores das favelas brasileiras sustentavam que sua vida melhorou durante a última década – 2004-2014 – em função da graça divina, do esforço próprio e da ajuda de sua família. Apenas 4% citavam políticas públicas.

O antropólogo Juliano Spyer, em sua pesquisa realizada junto à população evangélica parece apresentar uma possível explicação a respeito da centralidade da família como elemento agregador e orientador da ação social das populações mais pobres do país[21].

Spyer sustenta que há um descompasso recente entre as lideranças políticas do país e as visões do povo brasileiro – não necessariamente do povo evangélico – e que se relaciona com o peso da família no seu ideário social e político[22]. Em suas palavras o valor familiar:

> "(...) está muito associado à imensa quantidade de brasileiros de origem rural que transformaram o Brasil de um país 70% rural para 80% urbano, ao migrarem em massa para as cidades no século 20. A maior parte das pessoas vem desse fenômeno e traz consigo uma visão familiar com valores muito tradicionais de respeito e de obediência."

Respeito e obediência se relacionam diretamente à segurança e apoio familiar, em especial, objetivado na figura da mãe. Aqui parece haver um caminho interpretativo para entendermos a redenção – ou atalho para a expiação de culpas ou erros cometidos ao longo da vida – que deságua na valorização da ordem e do comportamento social marcado pela não-transgressão. Não se trata exatamente da inexistência de transgressões na vida dessa população, mas da subjetividade marcada pela imagem da ordem-família que possibilita a expiação e o retorno ao caminho do reconhecimento e da estabilidade. Afinal, mesmo sob o pecado ou erro comportamental, a família se apresentou como esteio.

---

[19] Ver LAMOUNIER, Bolivar & SOUZA, Amaury. A classe média brasileira: ambições, valores e projetos de sociedade. Rio de Janeiro/Brasília: Elsevier/CNI, 2010, pp. 106-107.
[20] Ver MEIRELLES, Renato; ATHAYDE, Celso. Um país chamado favela: a maior pesquisa já feita sobre a favela brasileira. São Paulo: Gente, 2014.
[21] SPYER, Juliano. Povo de Deus: quem são os evangélicos e por que eles importam, São Paulo: Geração Editorial, 2020.
[22] Ver entrevista de Juliano Spyer no jornal Folha de S.Paulo, edição de 30 de outubro de 2021, "Bolsonaro envergonha evangélico, mas o atrai pela defesa da família, diz antropólogo". Disponível em https://www1.folha.uol.com.br/poder/2021/10/bolsonaro-envergonha-evangelico-mas-o-atrai-pela-defesa-da-familia-diz-antropologo.shtml (visualizado em 28/11/2021).

Os valores conservadores em termos comportamentais e a defesa dos serviços estatais que garantem direitos sociais se articulam nesta passagem de Spyer:

> "(...) se eu pensar no mundo evangélico como uma plateia de mil pessoas e perguntar "quem aqui é a favor do aborto?", três pessoas levantarão a mão. Se eu perguntar quem é a favor das drogas, umas quatro ou cinco. Mas se eu perguntar "quem é a favor de uma escola de melhor qualidade?", deverei ter 60%. "Quem é a favor da proteção das florestas?", umas 30% ou 40%. (...) Isso não tem a ver com evangélico. Isso tem a ver com o preconceito de classe que as camadas médias e altas têm em relação ao pobre.(...) Na conversão, ele ganha a oportunidade de começar do zero: ele pode ser quem ele quiser e entende que não é melhor nem pior do que ninguém. Não quer ser comandado nem aceita ser paternalizado."

A ascensão da extrema-direita brasileira soube navegar sobre essas águas turvas, sobre esse chão da cultura popular que se forjou nos últimos anos como um mosaico de influências e valores.

Vejamos a gênese dessa organização de extrema-direita e como ela se articulou, ao longo do século XXI, com tais valores populares.

A primeira onda: a articulação dos empresários na Constituinte de 1987

A primeira onda se esboçou quando da reação do alto empresariado, notadamente o paulista, carioca e gaúcho, quando dos preparativos para a Assembleia Nacional Constituinte de 1987. Houve, inclusive, alianças pontuais com militares da linha dura que consideravam estar ameaçados por uma ofensiva contra o papel moderador das Forças Armadas na manutenção da ordem interna do país. Uma reação e movimento político que objetivava a manutenção do comando político das forças dominantes da condução política brasileira. Um movimento de conservação.

René Dreifuss abriu uma linha de investigação sobre tais articulações quando da publicação de sua ampla pesquisa que recebeu o título de "1964: A Conquista do Estado"[23]. Dreifuss sugere uma aliança estratégica com a criação do IPES que possibilitou não apenas a tomada do Estado, mas a construção de um projeto de ações e políticas públicas que favorecessem os interesses deste bloco no poder. Segundo o autor:

> "Com a formação do IPES (Instituto de Pesquisas e Estudos Sociais), como uma organização político-militar, a elite orgânica dos interesses multinacionais e associados alcançava o que Gramsci chamava de 'a fase mais genuinamente política', quando 'ideologias previamente desenvolvidas se tornavam partido'. (...) Quando os canais político-partidários e administrativos não obtiveram (total) êxito em atingir as reformas necessárias prenunciadas pelo bloco modernizante-conservador, e quando os interesses multinacionais e associados notaram as dificuldades crescentes em se conseguir conter a massa popular dentro do sistema populista, o bloco de poder emergente teve de recorrer a outros meios"[24].

---

[23] Ver DREIFUSS René. 1964: A Conquista do Estado, Petrópolis: Vozes, 1981.
[24] Idem, ibidem, p. 105. Fernando Henrique Cardoso formulou o conceito de "anéis burocráticos" que se revelou, nas palavras de Luiz Carlos Bresser Pereira, como um insulamento burocrático estratégico que possibilitava às elites a superação da arena política controlada pelos partidos. Fernando Henrique Cardoso utiliza o conceito de anéis burocráticos para analisar a construção de órgãos com fortes prerrogativas burocráticas e de insulamento, que possuíam estreita articulação com setores específicos da sociedade da época, sobretudo da emergente burguesia industrial. Ver CARDOSO, F. H. A questão do Estado no Brasil, In CARDOSO, F. H. Autoritarismo e democratização. Rio de Janeiro:

Seguindo a trilha aberta por Dreifuss, a tese de doutoramento de Flávio Henrique Calheiros Casimiro, intitulada "A nova direita: aparelhos de ação política e ideológica no Brasil Contemporâneo" atualiza as reações e articulações do alto empresariado brasileiro na formação do que Paulo Rabello de Castro denominaria de tomada de "consciência de classe"[25].

Casimiro constrói uma periodização por décadas – 1980, 1990, anos 2000 – que demonstra uma importante inflexão do alto empresariado paulista, carioca e gaúcho na direção da tomada do Estado brasileiro e recrutamento de jovens universitários para a defesa de uma pauta ultraliberal – e, não raro, reacionária – que incensará o país na direção de um nítido discurso fascista a partir de 2015.

A proposta de periodização sugerida pelo autor enseja uma leitura de um processo de gradativo ativismo político-ideológico que identifica como diferentes momentos.

Ativismo político-ideológico

Momento 1: Organizações empresariais para intervenção na Constituinte de 1987

Este é um período particularmente importante para o empresariado nacional porque reage ao que entende ser uma ameaça ao livre-mercado. Um período em que as clivagens ideológicas são explicitadas. Além da criação de organizações mais nitidamente de direita – e até mesmo apresentando uma face violenta na defesa da propriedade -, caso da União Democrática Ruralista (UDR) e da União Brasileira de Empresários (UB), surgem articulações cívico-militares que sinalizam uma ofensiva contra avanços nos direitos sociais que, para eles, se apresentavam como retomada da pauta comunista. Este é o caso da Associação Brasileira de Defesa da Democracia (ABDD) e o Movimento Cívico de Recuperação Nacional (MCRN).

Há inúmeras outras organizações criadas neste período para preparação dos lobbies no processo constituinte, casos da Câmara de Estudos

---

Paz e Terra, 1974. Do mesmo autor, ver A construção da democracia: estudos sobre política. São Paulo: Siciliano, 1993. Ver, ainda, BRESSER-PEREIRA, L. C. Prefácio à primeira edição, in NUNES, E. D. O. A gramática política do Brasil: clientelismo, corporativismo e insulamento burocrático. Rio de Janeiro: Garamond, 1997; e CAVALCANTE, Pedro et all, "Do insulamento burocrático à governança democrática: as transformações institucionais e a burocracia no Brasil", disponível em http://repositorio.ipea.gov.br/bitstream/11058/8561/1/Do%20Insulamento.pdf.

[25] Ver CASIMIRO, Flávio Henrique Calheiros. A nova direita: aparelhos de ação política e ideológica no Brasil Contemporâneo, São Paulo: Expressão Popular, 2018.

e Debates Econômicos e Sociais (CEDES, que seria substituído pelo Instituto Atlântico), do Grupo de Mobilização Permanente (GMP), das ações da Confederação Nacional das Instituições Financeiras (CNF), do Movimento Democrático Urbano (MDU) e da Frente Nacional pela Livre Iniciativa (FNLI).

Deste período destacam-se as atuações de Paulo Rabello de Castro e Jorge Gerdau.

Rabello de Castro foi o animador e articulador de diversos encontros empresariais como o que ocorreu em outubro de 1986, no Hotel Nacional do Rio de Janeiro, onde cem produtores rurais discutiram o tema "Governo, Classe Política e Empresário" tendo como mote teses "desestatizantes, mobilizadoras da classe, e de discussões sobre a conjuntura, calcadas numa percepção do processo econômico determinado, na década de 1980, pela monstruosa dívida externa"[26].

Jorge Gerdau, por seu turno, foi figura atuante nas reuniões organizadas pelo Cedes. O empresário discursou em um desses eventos sobre o potencial do empresariado nacional em eleger cem representantes do empresariado urbano, e outros quarenta com a força da área rural que se somariam aos outros vinte deputados apoiados pela Associação Comercial do Rio de Janeiro[27].

Em outra frente de organização política, empresários que se apresentavam como novas lideranças empresariais, diferenciando-se do que denominavam de "lideranças arcaicas" (dirigentes de federações e confederações empresariais), procuravam se aproximar para criar um polo ofensivo e mais agressivo do empresariado rural e urbano do país. Este era o caso do presidente da Bolsa de Valores de São Paulo e fundador do Movimento Democrático Urbano (MDU) Eduardo Rocha Azevedo, e o dirigente da UDR Ronaldo Caiado.

Já a articulação militar, além da constituição da Associação Brasileira de Defesa da Democracia (ABDD) e do Movimento Cívico de Recuperação Nacional (MCRN), investiu no processo constituinte diretamente, contando com uma postura ofensiva e agressiva do general Leônidas Pires. Em entrevista à Luiz Maklouf Carvalho, o general Leônidas revela sua arremetida para garantir o papel de garantidor da ordem política do país:

> "Eu me envolvi pessoalmente nesse debate. Não há Constituição no mundo que, de maneira direta ou indireta, não atribua a garantia da lei e da ordem

---
[26] CASIMIRO, Flávio Henrique Calheiros, A nova direita, op. cit., p. 48.
[27] CASIMIRO, Flávio Henrique Calheiros, A nova direita, op. cit., pp. 49 e 50.

do país às Forças Armadas. O exemplo máximo é a democracia americana. O juramento do militar americano é: "juro solenemente defender a Constituição dos Estados Unidos *against foreign and domestic enemies* (contra inimigos estrangeiros e domésticos)". Então, como diz com muito acerto o jurista Ives Gandra, "o artigo 142 coloca as Forças Armadas como um poder moderador da nação". (...) Eu não deixaria passar [a posição radicalmente contrária à intervenção na ordem interna]. Um dia toca o telefone. Era o senador Fernando Henrique Cardoso: "eu gostaria de ir daqui a uma hora na sua casa, para levar uma proposta de redação do artigo sobre a missão das Forças Armadas". Aí ele chegou com um papel datilografado – hoje ele diz que escreveu para mim, não é verdade -, onde estava escrito aquele acréscimo que eu achei muito bom [o da autorização de um dos três poderes, para poder intervir na ordem interna]. (...) Tem um episódio jocoso. Naquela confusão em que [as galerias] jogaram moedas nos constituintes, foi um escândalo, eu liguei pro dr. Ulysses: "estou vendo que o senhor está meio apertado aí. Precisa que eu mande a Força? [risos]. Eu fiz de brincadeira, de gozação. "Não, general, não precisa, não. Por enquanto está tudo bem. "Mas estava na hora de mandar as Forças Armadas, porque eles não estavam contendo aquele negócio lá."[28]

O que se notará mais nitidamente nos anos da ascensão da extrema-direita brasileira na segunda década do século XXI já se esboçava, então, nas movimentações para preparar lobbies e intimidações na Assembleia Nacional Constituinte: uma ofensiva militar para garantir seu papel de garantidor da ordem nacional e articulações discretas com o alto empresariado brasileiro.

Momento 2: articulações para elaboração de projetos estruturais objetivando a reconfiguração do Estado brasileiro (1980-1990)

Na década seguinte o alto empresariado paulista, carioca e gaúcho direcionaram seus esforços para a formulação de uma agenda de desenvolvimento a partir do Estado. Não deixa de ser curioso que este movimento ocorra em meio à forte propagação de valores ultraliberais que, alimentados pela Nova Gestão Pública[29] empreendida por Margareth Thatcher e

---

[28] Ver CARVALHO, Luiz Maklouf. 1988: segredos da Constituinte. Rio de Janeiro: Record, 2017, pp. 64-66. General Leônidas Pires ingressou na Escola Militar do Realengo no dia 1º de abril de 1939 e serviu o Exército por 51 anos, até o início do ano de 1990. Participou do movimento que levou à queda de Getúlio Vargas, em 1945, quando era ajudante-de-ordens do General Álcio Souto, liderança militar radicalmente anticomunista. Serviu nos gabinetes militares de Jânio Quadros e Castelo Branco. Participou das articulações que sustentaram a posse de José Sarney, após a morte de Tancredo Neves. Era Comandante do 3º Exército quando foi consultado pelo então governador mineiro Tancredo Neves sobre sua possível candidatura indireta à Presidência da República. Tancredo fez curso na Escola Superior de Guerra e já conhecia o general Leônidas. Foi indicado por José Richa e José Sarney para compor o ministério de Tancredo Neves.

[29] Sobre a Nova Gestão Pública, ver FERLIE et AL. A Nova Administração Pública em Ação. Brasília: ENAP/ UnB, 1999; ABRUCIO, Fernando. O impacto do modelo gerencial na Administração

pelo Consenso de Washington[30], sugeriam a redução drástica do papel e estrutura estatal.

O Instituto de Estudos para o Desenvolvimento Industrial (Iedi) projetou-se neste período na articulação para a construção de propostas de políticas públicas e formatação das diretrizes para um projeto de desenvolvimento industrial. A partir de 1998, segundo a tese de Casimiro, "o Iedi investe fortemente na elaboração de "estudos técnicos" (...). Os estudos publicados pelo Iedi desde 1998 em quase que sua totalidade demonstra sua estratégia de ação voltada essencialmente para o Estado."[31]

Neste período se proliferam institutos desta natureza que se envolvem diretamente na formulação e implantação de modelos gerenciais empresariais na gestão pública, normalmente gerando uma forte intimidade de interesses. Este é o caso emblemático do modelo cunhado como Choque de Gestão durante os governos estaduais de Aécio Neves em Minas Gerais (2003-2010) que contou com a participação direta do Instituto de Desenvolvimento Industrial (INDI) e do Instituto de Desenvolvimento Gerencial (INDG)[32].

Pública: um breve estudo sobre a experiência internacional recente. CADERNOS ENAP, Brasília, n. 10, 1997; OSBORNE, David. Reinventing Government. Reading: Adisson-Wesley, 1992; PEREIRA, Luiz Carlos Bresser. A Reforma do Estado nos anos 90: lógica e mecanismos de controle. LUA NOVA, São Paulo, n. 45, 1998. Trata-se da adaptação da estrutura de Estado à lógica concorrencial do mercado. Assim, as agências reguladoras (uma adaptação dos paramercados ingleses), o spin off, a avaliação de desempenho a partir da obtenção de metas e não da lógica de melhoria real de vida ou qualidade e respeito no atendimento ao cidadão e a terceirização de serviços públicos fazem parte deste rol ultraliberal de desmontagem do aparelho de Estado. Em meu livro sobre o conservadorismo mineiro, no capítulo dedicado ao Choque de Gestão adotado pelo então governador Aécio Neves, discorro sobre esta concepção gerencial e sua versão mineira. Ver RICCI, Rudá. Conservadorismo Político em Minas Gerais. Belo Horizonte: Letramento, 2018, pp. 77 a 112.

[30] O Consenso de Washington foi uma recomendação internacional elaborada em 1989, que formalizava medidas econômicas inspiradas nas teorias neoliberais difundidas por Milton Friedman, Friedrich August von Hayek e Robert Nozick, dentre outros. Sua elaboração ficou a cargo do economista norte-americano John Williamson. As recomendações do Consenso de Washington eram baseadas na proposta de desregulamentação da economia nacional, tendo como programa básico a reforma fiscal (diminuindo tributos), abertura comercial (redução das tarifas alfandegárias), um amplo programa de privatização das empresas estatais e a redução do Estado (redução de gastos públicos, corte de servidores públicos, adoção da terceirização dos serviços).

[31] CASIMIRO, Flávio Henrique Calheiros. A nova direita: aparelhos de ação política e ideológica no Brasil Contemporâneo, op. cit., p. 155.

[32] O Choque consistia em um modelo de planejamento que envolvia horizontes de curto, médio e longo prazo, baseado no Plano Mineiro de Desenvolvimento Integrado (PMDI), no Plano Plurianual (PPAG) e na Lei de Diretrizes Orçamentárias (LDO). O Planejamento de Longo Prazo foi administrado pelo modelo da Gestão Estratégica de Recursos e Ações do Estado, que ficou conhecido como GERAES. Foi criado um conselho gestor formado por representantes do governo e da sociedade, diretamente ligado ao governador, incluindo a participação do Presidente do Instituto de Desenvolvimento Industrial – INDI. Já o Instituto de Desenvolvimento Gerencial (INDG) assumiu um papel estratégico ainda mais relevante. Dirigida por Vicente Falconi e José Godoy, atuava com o objetivo de buscar o saneamento das finanças, cumprimento da Lei de Responsabilidade Fiscal e ampliação dos resultados nas políticas sociais e de infraestrutura. O INDG foi contratado pelo governo para apoiar diversas secretarias, principalmente a Secretaria de Estado da Fazenda (SEF/MG), com ferramentas de racionalização de gastos e de otimização de receitas. Deu suporte às medidas de curto prazo, mais emergenciais, objetivando recuperar a saúde financeira do Estado. O contrato entre o Instituto de Desenvolvimento Gerencial (INDG) e o governo de Minas Gerais

Já o Instituto Atlântico (que sucedeu o Cedes), criado em 1993, foi fundado com o objetivo explícito de atuar no campo político e ideológico, caudatário dos embates ocorridos na Assembleia Constituinte. Tratou-se de uma ação liderada por Paulo Rabello de Castro, um importante expoente das articulações políticas do alto empresariado nacional. Sugeria traçar caminhos para acesso ao Estado sob o slogan da busca de maior eficiência estatal. Iniciava ali a disseminação de palavras-chave que repercutiriam ao longo das próximas décadas: meritocracia, produtividade, eficiência e competitividade. Para tanto, formataram um programa de estabilização do crescimento orientado para a defesa do livre mercado a partir da transformação da "aparelhagem estatal"[33]. O Instituto apresentou algumas diretrizes que repercutiriam em gestões estaduais já na segunda década do século XXI, como reestruturação dos fundos sociais, serviços de saúde administrados por médicos, cheque-saúde e cheque-educação (*voucher* proposto pelos teóricos neoliberais para transferência de recursos públicos para famílias que passariam a adquirir serviços privados de sua livre escolha[34]), autonomia do Banco Central e financiamento dos Estados e Governo Federal através de emissão de bônus de reconhecimento da dívida (que, em alguns municípios, se tornou um imbrincado sistema de securitização da dívida que alimentou bancos privados).

Na busca de difusão de sua agenda e orientação ideológica, o Instituto Atlântico chegou a estabelecer convênio com a Força Sindical, central sindical orientada pelo "sindicalismo de resultados", discutidos em "almoços de negócios".

Em 1994, este instituto entregou ao deputado Nelson Jobim (PMDB), relator da Revisão Constitucional, uma proposta completa de reorganização das normas constitucionais, sustentado o fim do monopólio e defesa da concorrência, abertura da economia, redução do número de partidos políticos, adoção do sistema de voto distrital combinado com voto proporcional. A proposição foi transformada em cartilha, expediente recorrentemente

---

foi assinado em agosto de 2003. Ver RICCI, Rudá. Conservadorismo Político em Minas Gerais, op. cit., pp. 91 a 101.

[33] CASIMIRO, Flávio Henrique Calheiros. A nova direita: aparelhos de ação política e ideológica no Brasil Contemporâneo, op. cit., p. 172.

[34] Não se trata de uma simples liberdade de escolha do contribuinte, mas de transferência de impostos pagos por pobres (segundo o Instituto Brasileiro de Planejamento e Tributação – IBPT, mais de 79% da população brasileira, que recebe até três salários-mínimos por mês, contribui com 53% da arrecadação tributária total no país, totalizando R$1 trilhão). Já o Banco Mundial revelou que o Brasil é o segundo país do planeta em sonegação de impostos. Ver IBPT, "População que recebe até três salários mínimos é a que mais gera arrecadação de tributos no país", disponível em https://ibpt.com.br/populacao-que-recebe-ate-tres-salarios-minimos-e-a-que-mais-gera-arrecadacao-de-tributos-no-pais/ e; Valor Econômico, "No mundo, Brasil só perde para Rússia em sonegação fiscal, diz estudo", disponível em https://valor.globo.com/brasil/noticia/2013/11/09/no-mundo-brasil-so-perde-para-russia-em-sonegacao-fiscal-diz-estudo.ghtml.

empregado pelo Instituto Atlântico. O conceito que passaram a disseminar era o do "sociocapitalismo" em que o trabalhador participa de fundos mútuos de privatização e previdência associativa (com capitalização de contas individuais, sugestão que passou a ser defendida, anos adiante, pelo ministro Paulo Guedes, já na gestão Jair Bolsonaro).

Também avançou sobre programas de segurança e parcerias para garantia da segurança das favelas, como na proposição de um projeto na favela do Cantagalo, no Rio de Janeiro, em parceria com o bairro de Ipanema, visando conceder títulos de propriedade aos moradores da favela e ações de "intervenção comunitária". Algo que, mais adiante, orientaria as intervenções da empresa Brasil Paralelo (Brasil Paralelo Entretenimento e Educação S/A), fundada em 2016, em Porto Alegre, que produz material audiovisual com viés da direita conservadora sobre política, história e temas da atualidade. Na visão idílica do Instituto Atlântico, o objetivo seria transformar a favela em bairro para "se incorporar à cidade formal"[35].

O Instituto publicou quinze livros e enviou propostas de políticas para programas de governo de Tancredo Neves, Paulo Maluf, Fernando Collor de Mello, Fernando Henrique Cardoso e Lula. E aparece como mantenedor de outro instituto de militância política empresarial, o Instituto Millenium. Foi formulador da Agenda Brasil que o senador Renan Calheiros apresentou à Dilma Rousseff como base de acordo para mantê-la no poder no final do primeiro semestre de 2015. Em agosto desse ano, a presidente aceita adotar a agenda[36], o que não lhe garantiu a permanência no cargo como esperava.

Tivemos outras articulações empresariais no período com objetivos similares de organizar uma intervenção pública do alto empresariado nacional na captura do Estado e difusão do ideário ultraliberal. Este foi o caso do Grupo de Líderes Empresariais (Lide), criado por João Dória e do Movimento Brasil Competitivo (MBC), liderado pelo onipresente Jorge Gerdau. Gerdau envolveu inicialmente 73 grandes corporações empresariais e conseguiu ter grande influência nas diretrizes organizacionais das estatais brasileiras nas gestões lulistas, em especial, na gestão Dilma Rousseff, quando presidiu o Conselho de Administração da Petrobras e o Conselho de Desenvolvimento Econômico e Social[37]. Por sua vez, o Conselho Superior do MBC contou com a participação

---

[35] CASIMIRO, Flávio Henrique Calheiros. A nova direita: aparelhos de ação política e ideológica no Brasil Contemporâneo, op. cit., p. 195.

[36] Ver BENITES, Áfonso. "Dilma fecha com Renan para isolar Cunha e abraça plano polêmico", El País, edição de 11/08/2015, disponível em https://brasil.elpais.com/brasil/2015/08/12/politica/1439337354_182479.html (visualizado em 03/12/2021).

[37] Jorge Gerdau foi, ainda, membro dirigente do Cedes, da União Brasileira de Empresários, do Instituto Liberal, do Instituto de Estudos Empresariais, do Movimento Cívico de Recuperação Nacional, conselheiro do Instituto de Desenvolvimento Industrial, membro do Grupo de Líderes Empresariais e do Conselho de Governança do Instituto Millenium.

de Dilma Rousseff e os ministros Sérgio Rezende, Luiz Fernando Furlan e Paulo Bernardo.

Momento 3: criação de aparelhos de difusão doutrinária liberal-conservador e fomento às organizações de agitação política (1990-2000)

Este é o momento de maior militância política do alto empresariado nacional, em especial, o paulista, o carioca e o gaúcho. Uma militância de disseminação de valores, recrutamento de militantes juvenis e organização de mobilizações de massa. Forjava a partir daí uma nítida ação política de condução política que desfecharia em protestos sequenciais que ameaçaram as bases institucionais da democracia brasileira.

De todas as organizações e *think tanks* criados para disseminar valores ultraliberais e recrutar jovens universitários para uma agenda política das mais agressivas, o Instituto Liberal (IL) se destaca pela longevidade e determinação. Criado em 1983, o foco inicial eram os "formadores de opinião". Votorantim, Sharp, Gradiente, Nestlé, Banco de Boston, Philco, Banco Itaú e Unibanco foram alguns dos financiadores nos primeiros dez anos do IL e contou com a liderança de empresas que se desenvolveram durante o regime militar, como a Engenharia Comércio e Indústria S.A. (Erisa). O IL é mais uma das organizações que nasce sob a égide da disputa na Assembleia Constituinte e contou com a atuação militante de Og Francisco Leme, ex-professor de economia da Escola de Sociologia e Política, da FGV e da UFRJ. Leme tinha sido diretor do Centro de Treinamento e Pesquisa para o Desenvolvimento Econômico do ministério do Planejamento, na gestão de Roberto Campos, durante o regime militar.

O IL criou vários institutos estaduais que formaram uma rede e, para garantir unidade, instituiu um Conselho Nacional dos Institutos Liberais, presidido por Jorge Gerdau. Em 1986 foi criado o Instituto Liberal do Rio Grande do Sul[38] e no ano seguinte, a sua versão paulista. Mais adiante, foram criados os IL do Paraná e de Minas Gerais (sob a liderança de Sallim Matar,

---

[38] O Rio Grande do Sul será um celeiro de organizações ultraliberais que assumem a ofensiva política empresarial neste período 1980-2010. Além do atuante Instituto Liberal gaúcho, o Estado foi palco da criação do Instituto de Estudos Empresariais (IEE), criado em 1984. Adota o mesmo discurso do Instituto Liberal, de liberdade para empreender, tendo o lucro como premiação, pelo sacrifício da poupança e risco. Assim como outras organizações com o mesmo fim, contou com investimentos da Localiza, da Gerdau e do Itaú. O IEE foi reconhecido pela Forbes como a think tank que organizava o maior evento empresarial da América Latina, o Fórum da Liberdade. O Fórum da Liberdade é um evento anual que reúne cinco mil pessoas e conta com mais de 200 mil acessos no site deste simpósio. Atuou na difusão ideológica junto à PUC-RS e gerou uma série de livros

ex-secretário de Desestatização e Privatização do Ministério da Economia no governo Jair Bolsonaro e consultor do governo estadual mineiro de Romeu Zema), Pernambuco, Bahia e Brasília. Logo se alinhariam às organizações internacionais Center for International Private Enterprise (Cipe) e Liberty Fund (com quem desenvolveu o programa de quadros e consenso intraclasse).

O IL também manteve relações muito próximas com a Tinker Foundation e a Atlas Economic Research Foudation, esta última, financiadora do Movimento Brasil Livre (MBL). A atuação, como definido anteriormente, foi nitidamente militante, buscando recrutamento e mobilização política entre empresários e intelectuais acadêmicos liberais[39]. O alinhamento ideológico dos Institutos Liberais ficou mais nítido com a Declaração dos Princípios dos Institutos Liberais, elaborado em 1988. Neles são expressos os princípios da "liberdade econômica", cabendo ao "mercado harmonizar as ambições e premiar, pelo lucro, o desempenho", e a "propriedade privada como condição fundamental para que os indivíduos possam exercer plenamente o seu direito à vida, à liberdade política e econômica e à busca da felicidade"[40]. Pressupostos declaradamente orientados pela Escola Austríaca de economia.

Em 2012, o IL passa por uma reformulação que reforça seu caráter organizador e mobilizador, agregando aos seus quadros dirigentes o economista e colunista da revista Veja, Rodrigo Constantino. Constantino foi membro fundador do Instituto Millenium em 2005 e trouxe o modelo midiático desta instituição para o IL. A partir de então, aumenta sua intervenção política e suas ações de recrutamento focalizando sua atuação em blogs e redes sociais, produção e postagem de vídeos nas redes que alimentarão uma rede de jovens ultraliberais que se forjava no início do século[41]. Cria, ainda, espaços

---

("Pensamentos Liberais") que deu publicidade a artigos de jovens associados à entidade com forte cunha liberal.

Outra organização gaúcha que assumirá o papel de think tank ultraliberal, oriunda do Instituto Liberal do RS, foi o Instituto Liberdade, criado para difundir os valores da Escola Austríaca de Economia e oferecer cursos de líderes. Seu público central era formado por estudantes universitários tendo, novamente, a PUC-RS como principal parceiro nesta empreitada (a participação estudantil nesses eventos era certificada e validada como atividade extracurricular). O Instituto Liberdade celebrou parcerias com a Red Liberal de América Latina e o Instituto Friedrich Naumann para a Liberdade, além da Atlas Economic Research Foundation, Liberty Fund, Mont Pelerin Society, Libertarian International Organization, dentre outros.

[39] CASIMIRO, Flávio Henrique Calheiros. A nova direita: aparelhos de ação política e ideológica no Brasil Contemporâneo, op. cit., p.296.

[40] CASIMIRO, Flávio Henrique Calheiros. A nova direita: aparelhos de ação política e ideológica no Brasil Contemporâneo, op. cit., p.300.

[41] Há, nesse sentido, uma convergência e busca de jovens que já se envolviam com blogs que disseminavam as ideias e ideários do Instituto Von Mises e do Estudantes pela Liberdade (EPL). Este tema será retomado mais adiante, ainda neste capítulo, mas é importante citar o papel aglutinador e difusor das comunidades de Orkut que envolvium no início dos anos 2000 estudantes universitários que haviam tido um contato inicial com o liberalismo econômico por meio de cursos oferecidos em suas respectivas universidades. Jovens que desejavam participar do movimento estudantil universitário, mas que não encontravam espaço na miríade de organizações vinculadas às correntes de esquerda.

para publicação de artigos, incluindo a figura de colunista para estudantes universitários e recém-formados.

A economista Patrícia Carlos de Andrade, que sustentava a necessidade de uma corrente político-cultural de direita moderna no Brasil[42], funda, em 2005, o Instituto Realidade Nacional, que logo em seguida ganha o nome definitivo de Instituto Millenium, lançado durante o XIX Fórum da Liberdade, assim como o Instituto Von Mises Brasil (IMB[43]) e o Estudantes pela Liberdade (EPL), lançados nas edições do Fórum da Liberdade de 2010 e 2012. Apresenta-se como um *think tank* que promove os valores da liberdade individual, do direito à propriedade, da economia de mercado e da democracia representativa. Dentre seus fundadores, destacam-se Hélio Beltrão – expoente da ofensiva da direita brasileira –, Guilherme Fiuza – jornalista do jornal O Globo e colunista da revista Época –, Henrique Meirelles, Pedro Bial e Rodrigo Constantino. Vários desses personagens se destacariam como propagadores dos valores de direita e alguns até mesmo da escalada de extrema-direita que mobilizaria as ruas a partir de 2015. Na Câmara de Mantenedores do instituto figuraria, mais uma vez, Jorge Gerdau, ao lado de João Roberto Marinho (então vice-presidente das Organizações Globo, Salim Mattar (Localiza), Armínio Fraga e Giancarlo Civita (então vice-presidente do Conselho de Administração da Abril). No seu conselho editorial estava presente o então diretor editorial da revista Veja. Como se percebe, há uma importante convergência, neste período, de *think tanks* e organizações militantes do alto empresariado do centro-sul brasileiro, em inúmeras instâncias de administração e coordenação, que passam a se aliar com expoentes do jornalismo e intelectuais de direita e extrema-direita. Tal aliança se projeta na tarefa de aliciar jovens para seu ideário e organizar uma ofensiva militante na difusão de seus valores e promoção de ações de massa para a intimidação e

---

Lourival de Souza, na época estudante da Universidade Federal do Maranhão, relata esta movimentação juvenil: "o Orkut começou a crescer, nessa época você começa a conhecer a turminha das antigas, as comunidades de Olavo de Carvalho, comunidade Liberalismo (...)" Ver ROCHA, Camila. "Imposto é roubo!". A formação de um contrapúblico ultraliberal e os protestos pró-impeachment de Dilma Rousseff; In SOLANO, Esther & ROCHA, Camila (orgs.). As direitas nas redes e nas ruas: a crise política no Brasil. São Paulo: Expressão Popular, 2019, pp. 139-140.

[42] CASIMIRO, Flávio Henrique Calheiros. A nova direita: aparelhos de ação política e ideológica no Brasil Contemporâneo, op. cit., pp. 346-347.

[43] O Instituto Von Mises Brasil foi a principal organização do final da primeira década do século XXI na difusão das doutrinas da Escola Austríaca de Economia e conservadorismo cultural, tendo à frente Hélio Beltrão (filho do ex-ministro do regime militar e irmão da jornalista Maria Beltrão, da Globonews). Envolveu muitos professores de universidades brasileiras (incluindo universidades públicas, como a USP e universidades federais) nos eventos e seminários que promoveu. Difundiu valores libertários, de defesa extremada da liberdade individual, como a defesa do mercado de órgãos humanos, como o proposto pelo economista Walter Block ou a total privatização da educação brasileira, como propagada pela professora da Universidade Estadual de Maringá, Andrea Faggion (ver CASIMIRO, Flávio Henrique Calheiros. A nova direita: aparelhos de ação política e ideológica no Brasil Contemporâneo, op. cit., pp. 382-385 e p. 391).

perseguição de lideranças sociais e políticas que não se alinhavam à sua ideologia. A virada do século XX para o XXI indicava uma importante articulação política que além de buscar a captura do Estado brasileiro, buscava alterar as bases do imaginário nacional a respeito dos seus valores políticos.

A partir de 2005, o Instituto Millenium promove eventos e seminários como "Rumos do Brasil Contemporâneo" (2005), "Brasil +20" (2008) e "Meritocracia & Empreendedorismo: caminhos para a democracia" (2009), voltados, em especial, para o público universitário. Também participou da produção do material didático intitulado "Farol da Democracia", aliando-se à organização Farol da Democracia Representativa (FDR), entidade que propaga os "valores tradicionais da família e dos bons costumes".

Adotando o mesmo expediente que outros institutos com o mesmo perfil ideológico, cria um quadro de 202 intelectuais e 82 articulistas, estabelecendo forte conexão com universidades públicas brasileiras, como UNICAMP e as federais do Rio Grande do Sul, Rio de Janeiro, Minas Gerais, Paraná, Pernambuco, São Carlos, Juiz de Fora, dentre outras, além da Associação Nacional dos Centros de Pós-Graduação em Economia (Anpec) e Associação Nacional dos Dirigentes das Instituições Federais de Ensino Superior (Andifes).

Os braços ofensivos, de massas, dessas articulações foram, contudo, o Estudantes para a Liberdade (EPL) e o Movimento Brasil Livre (MBL).

O EPL foi o principal recrutador, no meio estudantil, das massas e lideranças de novo tipo, à direita e extrema-direita, arrivistas, debochados e ressentidos. Uma organização ultraliberal focada no público jovem e universitário. Um dos seus fundadores, Fábio Ostermann acumulou a direção no Instituto Liberal, o que revela a íntima relação entre os dois organismos com agressividade política similar, além de manter colaborações com o Instituto Millenium e com o Instituto Ordem Livre. Também se destacou como membro do EPL o mineiro Juliano Torres, como diretor-executivo, alinhado com a doutrina da escola econômica austríaca.

O ultraliberalismo dessas organizações juvenis se articulou com o ideário de extrema-direita a partir do movimento libertário, de inspiração estadunidense. Uma das pontes entre o Brasil e o pensamento libertário dos EUA foi o Students for Liberty, que mantém uma versão brasileira. O formulador da doutrina do Students for Liberty, Alejandro Chafuen, preside o Atlas Network que financiou várias dessas organizações de mobilização de massas juvenis, incluindo o MBL[44].

---

[44] Ver BAGGIO, Katia Gerab. "Conexões ultraliberais nas américas: o think tank norte-americano Atlas Network e suas vinculações com organizações latinoamericanas", In SOUZA, Robson Sávio Reis;

Alguns desses personagens se cruzam em diversas organizações e eventos de massa que darão lugar às mobilizações de extrema-direita que têm seu ápice no ano de 2015. Este é o caso de Bernardo Santoro que, juntamente com Rodrigo Constantino (os dois foram responsáveis pela reestruturação do Instituto Liberal do Rio de Janeiro) e Fábio Ostermann (responsável pela organização e vínculos do Instituto Ordem Livre e o Estudantes para a Liberdade), articularam o surgimento da militância ultraliberal e reacionária no século XXI.

Em seu relato, Bernardo Santoro desenha os relacionamentos institucionais que se forjam neste início de século XXI: "eu conhecia todo mundo do Instituto de Estudos Empresariais, do Instituto de Formação de Líderes, da Fundação Friedrich Naumann, das tentativas de partidos liberais em formação, Partido Novo, Partido Federalista, Líber, eu era presidente do Líber na época. (...)"[45]

Já Fábio Ostermann indica um dos percursos mais comuns no engajamento dessas lideranças juvenis ultraliberais e libertárias:

> "Eu sempre ficava na internet procurando coisas, e em 2007, surgiu o site do Ordem Livre, que era o programa de difusão das ideias liberais em língua portuguesa da Cato. Daí eu fui, na metade do ano 2008, para dois seminários, um do Cato e outro da FEE, Foundation for Economic Education, e conheci um pessoal que tava começando a se organizar lá nos EUA que se intitulavam Students for Liberty. Na minha volta, eu tive um contato mais aprofundado com o Students for Liberty e fui estagiário do Ordem Livre por dois meses e meio num programa de estágio chamado Koch Summer Fellow Program. No final de 2009, foram criadas duas organizações, umas mais ideológicas, que seria o Estudantes pela Liberdade (EPL), e outra mais acadêmica, que seria o núcleo em extensão de Economia, Direito e Políticas Públicas (Nedep), que existe até hoje (na Universidade Federal do Rio Grande do Sul)."[46]

O Instituto Ordem Livre, criado em 2009, mantinha um programa denominado "Liberdade na Estrada", financiado pelo Grupo Localiza, que organizava palestras com intelectuais em universidades espalhadas por diversas localidades do Brasil, que chegou a envolver 50 universidades distribuídas em mais de 30 cidades diferentes.

PENZIM, Adriana Maria Brandão; ALVES, Claudemir Francisco (orgs.). Democracia em Crise: o Brasil contemporâneo, Belo Horizonte: Editora PUC Minas, 2017 (Coleção Cadernos Temáticos do NESP, 7).

[45] ROCHA, Camila. "Imposto é roubo!". A formação de um contrapúblico ultraliberal e os protestos pró-impeachment de Dilma Rousseff, In SOLANO, Esther & ROCHA, Camila (orgs.). As direitas nas redes e nas ruas: a crise política no Brasil. São Paulo: Expressão Popular, 2019, p. 149.

[46] ROCHA, Camila. "Imposto é roubo!". A formação de um contrapúblico ultraliberal e os protestos pró-impeachment de Dilma Rousseff, op. cit., pp. 149-150.

Foi o Estudantes pela Liberdade que financiou e estabeleceu diretrizes para diversos coletivos de atuação política de massas, como foi o caso do MBL.

***

As manifestações de 2013 passaram a ser consideradas, numa dada narrativa político-partidária e mesmo acadêmica[47], como momento fundante do projeto de extrema-direita no Brasil que teria se insinuado sobre a frustração em relação à velocidade das mudanças que se esperavam em relação aos governos lulistas. Em suma, seria um movimento oportunista utilizado por certa orquestração de forças de direita e extrema-direita do país na disputa da liderança dos protestos ocorridos em junho daquele ano e que desaguariam na escalada reacionária.

A tese, a despeito da força de convencimento que revelou ter, não corresponde ao que de fato ocorreu. Com exceção do município de São Paulo e de Brasília, todas manifestações ocorridas em junho de 2013, que envolveram 600 municípios e que somaram, segundo avaliações da grande imprensa, 4 milhões de manifestantes, foram lideradas por agrupamentos à esquerda, sejam anarquistas (caso mais evidente de Belo Horizonte, Porto Alegre e Rio de Janeiro), autonomistas (espalhados pelo país a partir dos Comitês da Copa), organizações sindicais (incluindo carros de som de sindicatos de professores, como no caso mineiro), centrais sindicais (notas públicas de apoio assinadas pela CUT e Conlutas), juventudes partidárias (incluindo a do PT) e muitas organizações de esquerda (lideranças jovens do PSTU, Liga Estratégica Revolucionária – LER-QI, Brigadas Populares, União da Juventude Comunista, PCR, PCB, PSOL)[48].

Mesmo em São Paulo, epicentro da tentativa de extrema-direita juvenil embarcar nos protestos de massa que ocorreram em 2013, tinha como lastro uma série de outras iniciativas políticas que proliferavam desde 2004. As manifestações de 2013 armaram poucas conexões políticas ou discursiva com o que viria a ocorrer em 2015. As forças de extrema-direita que apareceram em um ou outro palco dos protestos de 2013 não catalisaram a direção política

---

[47] Dentre tantos ensaios que sustentam esta tese, destaco Ricardo Musse que sugere que o caminho que pavimentou a ascensão de Jair Bolsonaro teve início com as manifestações de 2013. Ver MUSSI, Ricardo, "Governo Bolsonaro: a calamidade triunfal", In AVRITZER, Leonardo et all (orgs.). Governo Bolsonaro: retrocesso democrático e degradação política. Belo Horizonte: Autêntica, 2021, p. 51.

[48] Ver RICCI, Rudá & ARLEY, Patrick. Nas Ruas: a outra política que emergiu em junho de 2013. Belo Horizonte: Letramento, 2014, em especial, o capítulo 3, intitulado "As redes e as novas formas de apropriação do espaço público", pp. 129-192.

daqueles atos, dado que a fragmentação de pautas e a cultura assembleística permaneceram meses depois dos eventos de junho. Em 2014, durante a Copa do Mundo de Futebol, a reação e mobilização contra o evento esportivo foi nitidamente liderado pelos doze Comitês da Copa, formados por estudantes universitários de esquerda que, mais adiante, ingressariam no PT e PSOL[49].

A configuração e papel dos Comitês da Copa será objeto de análise apresentada mais adiante.

Vale registrar, contudo, que as tentativas de mobilização de massa pela extrema-direita juvenil, já apareciam em São Paulo desde 2011. Depoimentos de Felipe Celletti e Joel Fonseca sobre a Marcha da Maconha revelam que no momento que esta manifestação foi proibida pelos órgãos públicos, houve alteração do tema para Macha da Liberdade e atraiu a atenção dos libertários paulistanos. Nas palavras de Felipe Celleti:

> "A militância que eu tive foi Líber[50]. Foi participar de manifestação aqui, a gente fez bastante barulho em São Paulo. A gente participou quando proibiu a Marcha da Maconha e mudaram o nome pra Marcha pela Liberdade, a gente foi lá com os nossos cartazes. A gente fazia muita manifestação no impostômetro também, quando ia bater os recordes a gente estava sempre. A gente sempre apoiou aquele dia da Liberdade dos impostos, a gente fazia (protesto) no posto de gasolina, que vende gasolina com o preço que seria se não fossem os impostos."[51]

Joel Fonseca sugere como em 2013, a articulação não tinha ainda o volume político para liderar uma cadeia de manifestações de massa, mesmo em São

---

[49] Quando da articulação de direita para derrubada do governo de Dilma Rousseff, parte expressiva das lideranças dos Comitês da Copa se aproximaram do PSOL e das campanhas parlamentares deste partido, principalmente no Rio de Janeiro, Belo Horizonte e Recife. Anarquistas e autonomistas participavam dos Comitês e tinham agendas comuns. Contudo, com a agenda de extrema-direita que ganhou visibilidade a partir de 2015, os autonomistas desapareceram da arena política.

[50] O Partido Libertários (LIBER) foi fundada em 20 de junho de 2009, em Belo Horizonte e teve como liderança de referência Bernardo Santoro, ao lado de Fernando Chiocca e Juliano Torres. A despeito da oficialização do partido não ter prosperado, o Líber acabou sendo uma das sementes do reflorescimento da direita brasileira sob novas bases. Os jovens reunidos em torno deste projeto, além de terem uma atuação muito ativa na internet via canais de YouTube, redes sociais e páginas dedicadas à divulgação de suas ideias (como a Spotniks, mantida por crowdfunding), começaram a se organizar em grupos de estudo e chapas para centros acadêmicos nas suas respectivas universidades e a fazer protestos de rua, atuando em moldes similares ao de mobilizações contemporâneas que se alimentam do formato das redes sociais. A ideia da sua formação surgiu pela primeira vez em 2005 entre os usuários do serviço de rede social do Orkut. Mais tarde, vinculou-se à eventos como o Seminário Austríaco de Economia e o Fórum da Liberdade e Democracia, em Belo Horizonte. São filiados aos Interlibertários, associação internacional de partidos e organizações libertários. O partido inspira-se na escritora e filósofa russo-americana Ayn Rand, no economista americano Murray Rothbard e no filósofo americano Robert Nozick. Apoia o livre mercado, adotando como referências as teses de Friedrich Hayek e Ludwig von Mises. Ver https://stringfixer.com/pt/Libertarian_Party_(Brazil) (visualizado em 12/12/2021).

[51] Depoimento de Felipe Celleti em ROCHA, Camila. "Imposto é roubo!". A formação de um contrapúblico ultraliberal e os protestos pró-impeachment de Dilma Rousseff, op. cit., p. 158.

Paulo, onde estavam instalados. Joel afirma que " enquanto a passeata estava passando pela Paulista, a gente estava concentrado no vão do MASP."[52]

Já Fábio Ostermann relata que foi durante as manifestações de junho de 2013 que surgiu a ideia de reunir a militância liberal (...), adotando o nome de Movimento Brasil Livre (MBL):

> "Eu estava discutindo com o Juliano (Torres) a seguinte ideia, criar um movimento focado exclusivamente em ativismo e juntar pessoas que apoiam a causa da liberdade para mobilizar, para fazer protesto, petições, manifestações, esse tipo de coisa que a mídia gosta e que teria uma possibilidade de alavancar as ideias liberais. (...) O Ordem Livre e o Estudantes Pela Liberdade (EPL) não poderiam fazer isso, pois não era seu foco, nem de outras instituições liberais como o Líber, que era um partido em formação na época e não devia se meter também para evitar acusações de partidarização. (...) Daí, a partir daí a gente passou a tocar isso em 16 e 17 de junho de 2013."[53]

Como fica evidenciado, 2013 não foi a gênese, nem mesmo o ápice das articulações de extrema-direita libertária no Brasil. Antes, a gênese ocorreu nas articulações empresariais para orientarem os embates na Assembleia Nacional Constituinte de 1987. Ali se forjou uma potente articulação de classe que foi se transmutando ao longo das duas próximas décadas até desaguar numa nítida ação ativista, de fomento às organizações juvenis e recrutamento de jovens e professores universitários, além de expoentes do jornalismo político.

2013 foi uma passagem neste percurso, mas que somente se consolidaria como organização articulada e capacidade de liderança de massas dois anos depois, após a derrota de Aécio Neves para Dilma Rousseff, quando das eleições presidenciais de 2014.

Antes de prosseguirmos na análise da segunda onda deste movimento extremista – a desencadeada pela Operação Lava Jato -, vejamos, ainda que pontualmente, qual organização galvanizou as manifestações de 2013. Desta análise deriva a compreensão de como as mobilizações daquele ano tiveram um foco nas políticas públicas sob o viés das demandas populares e pareciam se insinuar como uma outra esquerda que expressava uma crítica às formas clássicas de organização (mais verticalizadas e monolíticas) e com pautas mais estruturadas. As mobilizações de junho de 2013 se articularam em estruturas organizativas lacunares ("structural holes", na sugestão de alguns autores[54]) e

---
[52] Idem, ibidem, p., 158.
[53] Idem, ibidem, p. 159.
[54] David Ugarte desenvolveu o conceito de "enxameamento" como manifestações de massa que se formam em questão de minutos, através das redes sociais. Embora sejam fenômenos típicos das redes sociais, o autor entende que não dependem exclusivamente das tecnologias. Ver UGARTE, David.

apresentaram uma miríade de pautas, pouco articuladas entre si, o que possibilitou inúmeras interpretações de lideranças políticas e grande imprensa, transitando entra as agendas de demandas materiais e pós-materiais.

2013 e o papel dos Comitês da Copa

Certamente, 2013 não começou neste ano. Nem foi gerado por organizações e intenções da direita ou extrema-direita brasileiras. Surgiu de forte debate acadêmico e reação política ao que se identificou como violação de vários direitos sociais durante o ciclo de megaeventos esportivos iniciado com os Jogos Panamericanos de 2007, no Rio de Janeiro.

O primeiro grupo de pesquisa universitária no Brasil que trabalhou sobre megaeventos esportivos no Brasil foi coordenado por Carlos Vainer, na Universidade Federal do Rio de Janeiro (UFRJ). Neste momento, outro pesquisador carioca, da Universidade do Estado do Rio de Janeiro (UERJ), o geógrafo Gilmar Mascarenhas de Jesus, professor do Departamento de Geografia da (UERJ), também se dedicava ao tema. O Rio de Janeiro tinha sido palco dos jogos Panamericanos que ocorreram em 2007 e que se tornaram objeto de muitas investigações que levaram o Ministério Público daquele Estado a apresentar à Justiça pedido de ressarcimento aos cofres públicos da ordem de R$ 21,9 milhões. O valor envolvia irregularidades em contratos de serviços de transporte, para o Pan e o Parapan. Antes mesmo dos jogos panamericanos serem realizados, se constituiu no Rio de Janeiro o Fórum Social do Pan[55], em 2005. Segundo Vainer:

> "Durante o Fórum Social Urbano, evento paralelo ao Fórum Urbano Mundial, promovido pela agência UN-Habitat, em 2010, começaram as articulações que

---

"Swarming civil espanhol", in UGARTE, David. 11M: redespara ganhar uma guerra. Barcelona: Icaria, 2006. Sobre o conceito de estruturas lacunares, ver Adams, M., Makramalla, M., & Miron, W. Down the rabbit hole: How structural holes in entrepreneurs' social networks impact early venture growth. Technology Innovation Management Review, 4(9), 19–27, 2014; Burt, R.. Structural holes: The social structure of competition. Boston, MA: Harvard Press, 1992; Burt, R.. Structural holes and good ideas. American Journal of Sociology, 110(2), 349–399. doi:10.1086/421787, 2004; Rodan, S. Structural holes and managerial performance: Identifying the underlying mechanisms. Social Networks, 32(3), 168–179, 2010.

[55] Ver OLIVEIRA, Nelma Gusmão. O poder dos jogos e os jogos de poder: os interesses em campo na produção de uma cidade para o espetáculo esportivo. Tese de doutoramento do Programa de Pós-Graduação em Planejamento Urbano e Regional da Universidade Federal do Rio de Janeiro – UFRJ, 2012. Disponível em http://objdig.ufrj.br/42/teses/789442.pdf (visualizado em 12/12/2021). Ver, também, VAINER, Carlos; BROUDEHOOUX, Anne Marie; SÁNCHEZ, Fernanda; OLIVEIRA, Fabrício Leal (orgs.) Os megaeventos e a cidade – Perspectivas e críticas. Rio de Janeiro: Letra Capital, 2016; MOLINA, Fábio Silveira. Megaeventos e produção do espaço urbano, São Paulo: Annablume, 2015.

iriam originar os Comitês Populares da Copa e a Articulação Nacional dos Comitês Populares da Copa (Ancop).⁵⁶"

Este foi o caldo de cultura que gerou a criação do Comitê da Copa e das Olimpíadas, inspirado no Fórum Social do Pan e da Articulação Nacional dos Comitês da Copa e das Olimpíadas, com primeiro encontro realizado em Brasília⁵⁷. Esta articulação nacional gerou um dossiê sobre violação dos direitos humanos pela Copa e Olimpíadas.

Carlos Vainer se pergunta sobre o que teria levado à unidade de coletivos na explosão que ocorreria em 2013. Sua resposta é:

> "Em termos imediatos e conjunturais, a resposta provavelmente está na arrogância e na brutalidade dos detentores do poder. Seu autismo social e político, sua incapacidade de perceber a velha toupeira que trabalhava no subsolo do tecido social, promoveu, em poucos dias, aquilo que militantes, organizações populares e setores do movimento social urbano vinham tentando há algum tempo: unificar descontentamentos, lutas, reivindicações, anseios"⁵⁸.

Ermínia Maricato vai mais longe e sob um título declaradamente assertivo ("É a questão urbana, estúpido!"), sustentou que "quem acompanha de perto a realidade das cidades brasileiras não estranhou as manifestações que impactaram o país em meados de junho de 2013"⁵⁹. Nas suas palavras

> "Essa mesma cidade que é ignorada por uma esquerda que não consegue ver ali a luta de classes e por uma direita que aposta tudo na especulação imobiliária e no assalto ao orçamento público".⁶⁰

Este era o clima que envolvia diversas universidades públicas brasileiras, em especial, os pesquisadores e núcleos de pesquisa relacionados à questão urbana nacional.

---

⁵⁶ VAINER, Carlos. "Quando a cidade vai às ruas", In MARICATO, Ermínia et all. Cidades Rebeldes: Passe Livre e as manifestações que tomaram as ruas do Brasil. São Paulo: Boitempo/Carta Maior, 2013, p. 39.
⁵⁷ Agradeço o depoimento de Carlos Vainer ao autor em 12/12/2021.
⁵⁸ VAINER, Carlos. "Quando a cidade vai às ruas", op. cit., p. 36.
⁵⁹ MARICATO, Ermínia. "É a questão urbana, estúpido!", In MARICATO, Ermínia et all. Cidades Rebeldes: Passe Livre e as manifestações que tomaram as ruas do Brasil. São Paulo: Boitempo/Carta Maior, 2013, p. 19.
⁶⁰ Idem, ibidem, p. 19. A autora descreve, neste artigo, o boom imobiliário que veio na esteira do Programa de Aceleração do Crescimento (PAC) a partir de 2007, levando ao esquecimento a agenda de reformas urbanas, fundiária e imobiliária. Sugere, ainda, que os movimentos sociais urbanos clássicos se acomodaram no espaço institucional "onde muitas lideranças foram alocadas". Este cenário sugere uma ruptura dos canais de comunicação entre o campo institucional e os segmentos sociais que se encontravam em situação de abandono social e enfrentavam as consequências do modelo desenvolvimentista adotado naquele momento.

Um dos líderes jovens que se envolveu com a formação dos Comitês da Copa, Rafael Reis Bittencourt, relata o processo de construção da rede de comitês instalados em cada capital que sediaria a Copa das Confederações[61], realizada em 2013, e Copa do Mundo de Futebol, realizada em 2014, ambas sediadas no Brasil.

Bittencourt afirma que não havia divisão entre os Comitês da Copa, embora existisse distinção de nomenclatura – Comitês da Copa, Comitês Populares da Copa ou Comitês de Atingidos pela Copa -, mas nada que os distinguisse em termos de conteúdo e concepção política.

O alerta é de fundamental importância porque há pesquisadores que não se atentaram para este fato. Este é o caso de um ensaio de Céli Jardim Pinto[62] em que afirma que "os organizadores formaram pelo menos três grupos bem delimitados: os `não vai ter Copa´, o `Comitê Popular da Copa´ e o `Comitê Popular dos Atingidos pela Copa´". Na verdade, os três títulos se relacionavam ao mesmo conjunto de organizações, os Comitês da Copa que, em Belo Horizonte ganhou o título de Comitê dos Atingidos pela Copa.

Segundo Rafael Bittencourt:

> "O surgimento dos comitês se deu em 2011, a partir de um grande seminário puxado pela Raquel Rolnik. Foi um seminário para antever os impactos dos megaeventos que já estavam programados para serem realizados no Brasil: a Copa das Confederações, a Copa do Mundo de Futebol e as Olimpíadas. Outros autores e intelectuais também se envolveram em atividades de reflexão sobre o impacto social desses megaeventos e seu plano de obras, como Carlos Vainer e Ermínia Maricato. A USP se destacava, mas também o IPPUR (Instituto de Pesquisa e Planejamento Urbano e Regional da Universidade Federal do Rio de Janeiro). Foram realizados vários seminários tendo os megaeventos e seus impactos sociais como tema central. O seminário com Raquel Rolnik teve convocatória aberta a partir da universidade e envolveu setores da área urbanística críticos aos grandes projetos de investimento do período e gentrificação, setores críticos à financeirização das cidades a partir do título de Cidades Globais, a agenda das grandes construtoras. Tínhamos como referência as intervenções urbanísticas ocorridas no Chile e a proliferação de assentamentos urbanos precários que surgiram a partir do PACFavelas.[63]"

---

[61] A Copa das Confederações ou Taça das Confederações FIFA de 2013 foi a nona edição da competição de futebol realizada a cada quatro anos pela Federação Internacional de Futebol. Foi realizada no Brasil entre 15 a 30 de junho e serviu como teste para realização da Copa do Mundo de 2014.

[62] PINTO, Céli Regina Jardim. ROCHA, Camila. "A trajetória discursiva das manifestações de rua no Brasil (2013-2015)"; In SOLANO, Esther & ROCHA, Camila (orgs.). As direitas nas redes e nas ruas: a crise política no Brasil. São Paulo: Expressão Popular, 2019, p. 36.

[63] Depoimento concedido ao autor em 9/7/2021. Raquel Rolnik é arquiteta e urbanista brasileira, graduada pela Universidade de São Paulo - SP em 1978. Mestra em Arquitetura e Urbanismo pela Universidade de São Paulo em 1981, doutora pela Graduate School Of Arts And Science History Department da New York University em 1995 e livre-docente pela FAUUSP em 2015. Foi relatora especial do Conselho de Direitos Humanos da ONU para o Direito à Moradia Adequada, por dois mandatos (2008-2011, 2011-2014). Foi diretora de Planejamento da Cidade de São Paulo

Vale destacar que todos os intelectuais citados como referência por Bittencourt possuem laços históricos com a esquerda brasileira, sendo que Raquel Rolnik e Ermínia Maricato participaram diretamente de governos petistas.

Havia, naquele momento, além do impacto social da experiência dos Jogos Panamericanos de 2007 no Rio de Janeiro, informações documentadas dos impactos negativos da Copa do Mundo de Futebol realizada na África do Sul, em 2010[64].

Por esses motivos, houve o que os organizadores dos Comitês da Copa denominam de "resposta organizativa rápida": entre 2011 e 2012 já tinham se instalado Comitês da Copa nas 12 capitais que sediariam a Copa de 2014.

Belo Horizonte decidiu demarcar politicamente seu perfil incluindo o termo "Atingidos" no seu nome. Já o Rio de Janeiro decidiu se debruçar sobre a organização das Olimpíadas.

A composição de todos os Comitês da Copa foi semelhante: setores da esquerda urbana – como Brigadas Populares e organizações de esquerda -, segmento de trabalhadores ambulantes que não tinham sindicato, vilas e favelas atingidas pelas obras relacionadas aos megaeventos. Todos esses segmentos e organizações reivindicavam direitos e denunciavam violações de direitos com as obras em andamento.

Foram esses comitês que lideraram as discussões em grande parte das doze capitais que desfechariam manifestações contra o conceito de desenvolvimento e gestão pública que conformaria a lógica dos megaeventos esportivos de 2013-2014.

Do ponto de vista organizativo, embora cada comitê adotasse uma dinâmica própria, havia algo em comum:

(1989-1992), gestão petista de Luiza Erundina, coordenadora de Urbanismo do Instituto Pólis (1997-2002) e secretária nacional de Programas Urbanos do Ministério das Cidades (2003-2007), gestão Luiz Inácio Lula da Silva.

[64] Em julho de 2009, trabalhadores da construção civil que trabalham nos estádios de futebol do torneio desfecharam uma greve reivindicando aumento salarial de 13%. As mazelas sociais causadas pela Copa da África do Sul começaram a vir à tona. A África do Sul gastou no total US$ 4,9 bilhões (R$ 8,8 bilhões) em estádios e infraestruturas para que a Copa do Mundo fosse realizada em 2010, gerando um faturamento para a FIFA da ordem de 7 bilhões de reais. A organização alemã Henrich Böll Foundation publicou em livro ("Copa para quem e para quê") estudo sobre promessas e realidade dos dois países que sediaram a Copa do Mundo (Alemanha em 2006 e África do Sul em 2010). Relata a criação de postos de trabalho efêmeros e não estruturais que envolveram mais de 24 mil trabalhadores na organização do evento na África do Sul. Destacam, ainda, as remoções de pessoas para as obras exigidas pela Fifa, principalmente de bairros pobres ou favelas, vulneráveis, uma série de desrespeito aos direitos humanos, a normas e legislações, denúncia de formação de cartéis. Há muitos relatos sobre os processos de remoção de populações advindos das obras para preparação dos megaeventos esportivos no Brasil neste período. Ver, dentre outros, http://www.canalibase.org.br/dimensao-humana-das-remocoes-no-rio/ (visualizado em 13/12/2021). Ver, ainda, SANTOS Jr., Orlando Alves et all (orgs.). Brasil: os impactos da copa do mundo 2014 e das Olimpíadas 2016. Observatórios das Metrópoles. Disponível em https://pt.scribd.com/document/386034078/livro-megaeventos-2015-pdf.

1. Valorização das estruturas mais horizontalizadas de organização;
2. Um forte cansaço em relação às formas mais tradicionais de organização;
3. Convocatórias abertas;
4. Inclinação à esquerda;
5. Reuniões em espaços abertos, em praças públicas e universidades.

Bittencourt sintetiza a perspectiva crítica dos componentes dos Comitês da Copa:

> "Achávamos, ainda, que o ciclo de prosperidade iniciada em 2003 não foi suficiente para combater as nossas contradições sociais. Contudo, fazíamos o debate à esquerda, incluindo uma nova camada de militantes de esquerda que, na sua grande maioria, eram críticos às formas clássicas de organização verticalizadas. Todos defendiam formas mais horizontalizadas e assembleísticas de tomada de decisão.
> Nossa pauta vinculava-se à crítica à especulação imobiliária que resultava na explosão do custo de vida – tanto da moradia, como em toda mobilidade urbana -, o que incluía os grandes investimentos urbanos enlaçados e estruturados a partir do PAC. Os Comitês da Copa nunca se colocaram contra os governos petistas, mas contra o formato dos megaeventos e do ciclo de obras vinculado aos interesses das grandes empreiteiras."

Em 2013, alguns Comitês da Copa já estavam bem estruturados e reconhecidos publicamente como os de Belo Horizonte, Fortaleza, Brasília, São Paulo, Rio de Janeiro, Recife.

Quando começaram a gritar, em algumas capitais, contra as bandeiras partidárias, os Comitês recuaram e procuraram se articular contra a intransigência que aparecia nessas localidades. Os Comitês da Copa foram considerados interlocutores de vários governos estaduais, como o de Minas Gerais, cujo governador Antonio Anastasia solicitou uma reunião formal com o Comitê de Atingidos pela Copa para definir um acordo de convivência.

Como citado anteriormente, os Comitês se organizaram ao redor da ANCOP. Em 2011, a ANCOP produziu um dossiê intitulado "Megaeventos e violações de direitos humanos no Brasil"[65] e, no ano seguinte, foi criada uma executiva nacional desta articulação. Ao todo, a ANCOP organizou dois dossiês sobre as violações de direitos que das obras em curso para preparação dos megaeventos esportivos e organizou os primeiros encontros nacionais de todos os doze Comitês. Entre 01 e 03 de maio de 2014, organizou um

---

[65] Disponível em https://apublica.org/wp-content/uploads/2012/01/DossieViolacoesCopa.pdf (visualizado em 14/12/2021).

encontro nacional em Belo Horizonte, intitulado "I Encontro dos Atingidos: quem perde com os megaeventos e megaempreendimentos", que envolveu quatrocentas pessoas articuladas ao redor de 8 Comitês que discutiram durante três dias suas agendas. Neste evento foi distribuída uma "mensagem" elaborada pela delegação do Ceará com o seguinte teor:

> "Companheiros(as)
> Por iniciativa do Comitê Popular da Copa, várias entidades e movimentos sociais em Fortaleza vêm se articulando e amadurecendo a ideia de buscar superar a fragmentação e articular um movimento unificado tendo em vista o enfrentamento e superação da grave situação que vivemos em função da natureza da crise atual do sistema capitalista. Fruto dessa articulação foi a realização no dia 31 de março um ato marcando os 50 anos do golpe de 64 – Ditadura Nunca Mais! Nem militar, nem civil, nem de Estado, nem de mercado!
> Foi um momento muito forte em particular porque enfrentou a proibição da Prefeitura de Fortaleza e a tentativa da tropa de choque da Polícia Militar (Governo do Estado) de impedir o ato no local programado, para "garantir o ato do Exército", que comemoraria o golpe. (...)
> É nesse quadro que se situam os grandes empreendimentos e megaeventos que nos fazem todo(as) atingidos(as). Atingidos pelos enormes prejuízos à população como despejos violentos e remoções de famílias/comunidades; pelo caos urbano para favorecer o império do carro e o mercado imobiliário; pelo tratamento desumano e assassinatos de moradores da periferia, justificados como "autos de resistência", em particular o extermínio da juventude, principalmente pobre e negra; pelo aumento da violência, assaltos, tráfico de drogas, estimulados pela própria lógica do sistema que dissemina a ideia do ter/consumo em detrimento do ser/vida; pelo sofrimento e tragédias e função dos desequilíbrios ecológicos (seca e privatização da água de um lado e enchentes de outro, por ex.) pelo recrudescimento do machismo e patriarcalismo, do racismo, da homofobia; pela criminalização e assassinatos impunes de lutadores(as) a exemplo de Carlinhos e Zé Maria do Tomé no Ceará; pela perseguição aos povos indígenas, suas terras e sua cultura em prol do agronegócio e de grandes obras (Belo Monte, etc.); pela corrupção generalizada, falência dos serviços públicos, destruição do patrimônio histórico. E o que é mais grave, atingidos(as) pela desumanização acentuada dos seres humanos que a cada dia executam atos crescentes de barbárie. Amarildos, Cláudias e Bernardos que o digam. (...)
> Diante dessa crise, considerada por alguns o próprio colapso do sistema, os governantes não tiveram resposta. Candidatos e partidos também não respondem. A resposta às lutas e manifestações populares tem sido a restrição de direitos, a demagogia, a repressão violenta, a criminalização de manifestantes e movimentos sociais, tratados como "inimigos internos". Mas Copa do Mundo, BRICS, megaeventos, grandes empreendimentos, eleições, não vão resolver os problemas. Apenas tentam dar uma sobrevida a essa lógica mercantil destrutiva e insana que no seu processo de decomposição, tudo sacrifica no altar das mercadorias e do dinheiro. (...)
> Nosso esforço deve ser no sentido de que as próximas manifestações (Copa, BRICS, Eleições, etc.) avancem nessa dimensão, de que realizemos um encontro em nossa cidade por ocasião dos BRICS e que possamos dar continuidade à

articulação dos movimentos sociais após a Copa na perspectiva de buscarmos efetivamente uma saída que pressupõe essa suplantação.
Que nosso encontro se coloque à altura desses desafios"
Grande abraço,

Comitê Popular da Copa de Fortaleza
Plenária Unificada dos Movimentos Sociais
Delegação do Ceará ao Encontro dos Atingidos"

Não se trata, como se percebe, de um jargão ou conteúdo de direita.

No documento oficial desse encontro, logo no seu início aparece o dístico: "em 2014, as pessoas se perguntam: Copa Para Quem?", seguida de 8 pontos da pauta sugerida para o período, a saber:

1. Fim das remoções e despejos;
2. Fim da violência estatal e higienização das ruas do centro nas cidades-sede;
3. Revogação imediata das áreas exclusivas da FIFA previstas na Lei Geral da Copa e o consequente fim da perseguição ao trabalho ambulante, ao comércio popular e aos artistas de ruas;
4. Criação de campanhas de combate a exploração sexual e ao tráfico de pessoas nas escolas da rede pública, rede hoteleira, proximidades dos estádios e nas regiões turísticas;
5. Não instalação dos tribunais de exceção no entorno dos estádios;
6. Revogação da lei que concede isenção fiscal à FIFA;
7. Arquivamento imediato dos PLs que tramitam no Congresso, e de normas infralegais emitidas pelos governos que tipificam o crime de terrorismo e avançam contra o direito à manifestação;
8. Desmilitarização da polícia e fim da repressão aos movimentos sociais.

Nesse encontro nacional ocorrido em 2014 foi constatado o erro de vincular a identidade dos Comitês e das manifestações de 2013 aos megaeventos esportivos. Ao encerrar o ciclo de megaeventos, as lideranças da Ancop percebiam o risco de esvaziamento organizativo[66].

---

[66] Sobre o balanço do saldo político das manifestações de 2013, ver ODILA, Fernanda. "5 anos depois, o que aconteceu com as reivindicações dos protestos que pararam o Brasil em junho de 2013?" Da BBC News Brasil, 9 junho 2018; disponível em https://www.bbc.com/portuguese/brasil-44353703 (visualizado em 14/12/2021); JIMÉNEZ, Carla. "Faltam lideranças nos protestos que negociem agora com o Governo: Falta de um interlocutor das manifestações mantém fosso entre as ruas e as instituições O PMDB é o partido que mais ganha com os atos anti-Dilma, avalia Rudá Ricci", El País Brasil. 16 de março de 2015, disponível em https://brasil.elpais.com/brasil/2015/03/16/politica/1426472028_908688.html (visualizado em 14/12/2021); MARQUES, Francisco. "5 anos das manifestações de junho de 2013: força e limites da espontaneidade da juventude", Esquerda Diário, 30 de junho de 2018; disponível em https://www.esquerdadiario.com.

A intencionalidade dos organizadores dos Comitês da Copa e da quase totalidade das lideranças e organizações que organizaram grande parte das manifestações que ocorreram nos grandes centros urbanos em junho de 2013 foi sempre explícita. Evidentemente que uma mobilização que envolve milhares de manifestantes abre espaços para outras forças políticas se insinuarem, não como lideranças, mas como potências, como possibilidade. O oportunismo de coletivos juvenis de extrema-direita já se forjava, como vimos, desde o início do século XXI, apoiados por *think tanks* e investimentos empresariais.

2013 não foi a origem e sequer o ápice das mobilizações da extrema-direita brasileira. Foi, antes, uma confirmação do que já vinham arquitetando. O ovo da serpente enfim amadurecia.

---

br/5-anos-das-manifestacoes-de-junho-de-2013-forca-e-limites-da-espontaneidade-da-juventude (visualizado em 14/12/2021).

A segunda onda: a Operação Lava jato cria a ofensiva discursiva

Tudo começa com o julgamento do Mensalão

O maior julgamento da história da justiça brasileira, o julgamento da Ação Penal 470, do Mensalão, pelo STF, eletrizou o país por um ano e meio. Foram 69 sessões que desaguaram na condenação de 24 dos 38 réus arrolados. O julgamento só terminou em 13 de março de 2014, ano do início da Operação Lava Jato.

A ação penal foi motivada por uma denúncia que veio à público em 2005. Nesse ano, o então deputado federal Roberto Jefferson cunhou como Mensalão o que dizia ser um esquema de pagamento de propinas aos deputados federais de seu partido, o Partido Trabalhista Brasileiro (PTB). Reclamava, à época, que os pagamentos coordenados pelo ministro da Casa Civil, José Dirceu, deveriam ser distribuídos por ele, presidente do partido. Uma Comissão Parlamentar de Inquérito (CPI) foi instalada no Congresso Nacional, que acabaria levando ao afastamento do ministro José Dirceu.

Na edição de 17 de dezembro de 2012, a revista Veja destacava que o STF havia encerrado o maior julgamento de sua história.

A grande imprensa nacional percebeu, desde o início da primeira acusação, em 2005, que se tratava de uma denúncia explosiva, que poderia corroer as bases do primeiro governo Lula. Naquele ano, a Rede Globo explorou um vídeo num dos seus programas dominicais de maior audiência que mostrava Maurício Marinho — na época chefe do departamento de contratação dos Correios — flagrado recebendo propina de três mil reais em nome do deputado Roberto Jefferson. A desconfiança que a gravação teria sido feita pela Abin, que à época era chefiada por José Dirceu, provocou a denúncia do deputado petebista. Jefferson disse que sob as ordens de José Dirceu, o tesoureiro nacional do PT, Delúbio Soares, distribuía uma mesada de 30 mil reais para congressistas apoiarem o governo federal.

Sem entender o julgamento da AP 470, referente ao Mensalão, dificilmente se compreenderá a Operação Lava Jato.

Mesmo os acusados sem foro privilegiado foram julgados pelo Supremo Tribunal Federal, derivando disso que os condenados ficaram sem instância de apelação, em franca inconformidade com o mais elementar direito de defesa e/ou de presunção de inocência. Mais, o Supremo encaminhou o processo do Mensalão como se estivesse julgando um recurso extraordinário, em que não se analisa provas. Tal como em um recurso extraordinário, o processo inteiro foi instruído com relator e revisor. Em se tratando do julgamento em primeira instância, todos os 11 ministros teriam de ter analisado individualmente as provas. Mas jamais o fizeram.

Enquanto isso, em uma avalanche midiática pré-condenatória, os réus foram expostos diariamente à exprobração popular, em tempo real, numa comunicação direta entre os brasileiros que assistiam as sessões divulgadas por canais de TV e os onze ministros da Suprema Corte brasileira. Algo inusitado na história do judiciário nacional. O espetáculo foi a tônica durante todo o julgamento, como ocorreu em novembro de 2013, quando nove dos condenados por envolvimento no processo do mensalão foram presos e viajaram algemados para Brasília em um avião da Polícia Federal, proibidos de conversarem entre si.

Em entrevista concedida em 2 de fevereiro de 2013, o presidente do Supremo Tribunal Federal, ministro Joaquim Barbosa, afirmou que os juízes brasileiros têm mentalidade "mais conservadora, pró status quo, pró impunidade". Uma frase que soava como motivação aos ouvidos das multidões que acompanhavam o julgamento da AP 470 e que pendia nitidamente ao punitivismo. O ministro Barbosa foi mais longe na aproximação com o clima justiceiro que se instalou no país ao sugerir: "Uma reforma de mentalidades também eu acho que seria muito boa. Uma reforma de mentalidades da parte dos juristas. Há um problema, não apenas sistêmico, mas orgânico dentro da própria instituição judiciária. Nesse plano de mentalidades, eu estou dizendo".

Em agosto de 2012, pesquisa DATAFOLHA revelava que 73% da população brasileira desejava que os acusados no processo fossem presos. No entanto, acompanhavam o que o ministro Barbosa afirmaria meses depois nesta entrevista: somente 11% avaliavam que os acusados seriam efetivamente punidos. Àquela altura, apenas 5% dos brasileiros acreditavam na inocência dos réus e somente 14% defendiam que os réus fossem condenados, mas não com prisão decretada.

Toda a narrativa incriminatória dos réus dependia de provar que o dinheiro era público, e o Supremo não economizou na retórica e na torção dos fatos para condenar as estrelas do processo.

Para tanto o julgamento do STF foi realizado como verdadeira peça publicitária, com transmissão integral pela TV Justiça, e com os recortes alardeados por toda a mídia corporativa escrita e televisiva.

Com isso se obteve um pendor popular punitivista inaudito, e, condenados a condenar, até mesmo ministros garantistas e reconhecidamente ponderados se viram enredados no movimento acusatório daquele período. Como ilustração, este teria sido o caso do pronunciamento do ministro Ricardo Lewandowski em sessão ocorrida em 22 de agosto de 2012, em que o ministro pinçou um breve segmento do relatório de auditoria interna do Banco do Brasil e concluiu que o dinheiro investido pela Visanet era originário do banco público federal[67]. Ocorre que o documento a que se referiu, no item 7.1 afirmava textualmente que o "Fundo de Incentivo Visanet foi criado em 2001 e é mantido com recursos disponibilizados pela Companhia Brasileira de Meios de Pagamento – CBMP, com o objetivo de promover, no Brasil, a marca Visa (...). É administrado por um Comitê Gestor composto pelo Diretor Presidente, Diretor Financeiro e Diretor de Marketing da Visanet." No item 7.1.3 do relatório desta auditoria interna, conclui: "De acordo com o Regulamento de Constituição e Uso do Fundo de Incentivo Visanet, a CBMP sempre se manterá como legítima proprietária do Fundo, devendo os recursos ser destinados exclusivamente para ações de incentivo aprovadas pela Visanet, não pertencendo os mesmos ao BB Banco de Investimentos e nem ao Banco do Brasil".

Em outra das muitas passagens pitorescas desse julgamento, o Ministro Aires Brito sustentou que como o nome da empresa era Companhia Brasileira de Meios de Pagamentos, o nome *brasileira* não deixava dúvidas de que se tratava de uma empresa pública.

O clima de caça às lideranças petistas e autoridades governamentais estava instalado no país.

É este o clima que acolherá a Operação Lava Jato como movimento contínuo de correção do rumo político do país, o que faz do julgamento que findou em 2014 um preâmbulo da operação.

---

[67] A Visanet havia repassado mais de 73 milhões à DNA, de Marcos Valério, para ações de promoção da marca Visa/Ourocard. Esse dinheiro era oriundo de um fundo criado pela Visanet em 2001 exatamente para promover a marca e os parceiros, daí os bancos parceiros poderem indicar quais ações seriam feitas, desde que a própria Visanet, dona do fundo, aprovasse a iniciativa. Ocorre que, além do fato de o dinheiro ser privado, as ações de marketing foram realizadas e pagas, inclusive para grandes canais, como a Rede Globo e o SBT.

Uma operação sob o signo do interesse dos EUA

Frédéric Pierucci, executivo sênior da Alstom, uma empresa francesa, chegava a Nova Iorque no dia 14 de abril de 2013 quando, ainda dentro do avião, recebeu voz de prisão de dois inspetores do FBI (*Federal Bureau of Investigation*), que o levaram para o saguão do aeroporto já acorrentado.

Ele sequer sabia disso, mas sua empresa estava sendo investigada por autoridades estadunidenses há alguns anos por suspeita de pagamento de propina a fim de obter contratos. Mais especificamente, contra ele alegava-se pagamento a autoridades por um contrato que envolvia uma central elétrica na Indonésia. Os agentes o levaram à presença de David Novick, procurador federal encarregado do dossiê Alstom, que de imediato lhe propõe um acordo: se tornar um espião, um informante sobre as operações de sua empresa.

Frédéric é então pressionado a colaborar a partir da acusação de ter participado de atos de corrupção em benefício de um parlamentar indonésio por ocasião deste contrato de Tarahan. Depois de se negar a se transformar em um espião ele também se recusa a colaborar, e isso transformará sua vida num inferno dentro de uma prisão se segurança máxima, por anos. Ao contrário do que diz o senso comum, as prisões americanas não são melhores que as brasileiras. O procurador Novick admite ter ciência que Frédéric Pierucci não teve papel decisório no caso da propina, mas, mesmo assim, afirma que ele deveria saber de tudo que se passava naquelas negociações do contrato, o que o transformava em delator de importância[68].

Como logo se perceberá, este caso mantém inúmeras coincidências com os expedientes adotados pela Operação Lava Jato. Pode-se afirmar que a Lava Jato teve, na verdade, seu modelo de atuação baseado na legislação dos EUA – muito distinta da brasileira. O que é estranho, dado que todos os protocolos adotados nos EUA liderados por seu Ministério da Justiça (DOJ, sigla em inglês de *Department of Justice*), têm como objetivo retalhar empresas estrangeiras que possam competir com empresas estadunidenses.

Em virtude da recusa de cooperação, o executivo francês é algemado e encaminhado para o centro de detenção de Wyatt, em Central Falls, uma prisão federal de segurança máxima e de gestão privada, a menos de uma hora de carro de Boston. Ele acabava de se enredar nas tramas de uma lei que permite que os estadunidenses prendam qualquer funcionário de uma empresa, em qualquer lugar do planeta, a qualquer momento, e os mantenham na prisão por tempo indeterminado. Trata-se da *Foreign Corrupt Practices Act* (FCPA).

---

[68] Ver PIERUCCI, Frédéric, Arapuca estadunidense: uma Lava jato mundial. Curitiba : Kotter Editorial, 2021, p. 25.

Essa lei foi promulgada em 1977, após o famoso caso Watergate. A revelação, no bojo das investigações, de que membros do conselho de administração da Lockheed[69] pagaram dezenas de milhões de dólares em propina a responsáveis políticos e chefes de empresas públicas na Itália, Alemanha Ocidental, Holanda, Japão e Arábia Saudita para vender seus aviões de combate instou o presidente Jimmy Carter a propor a proibição de empresas estadunidenses pagarem comissões a "agentes públicos estrangeiros", tais como funcionários públicos, dirigentes políticos, pessoas que exercem uma missão de serviço público. Na esfera federal, o DOJ passa a ser guardião desta lei.

Entretanto, logo veio a reação do empresariado daquele país. As grandes empresas dos EUA pressionaram para a FCPA envolver investigações contra seus concorrentes nos mercados internacionais, conseguindo que o Congresso aceitasse a proposição em 1998, o que tornou a lei extraterritorial. O sinal, então, se inverteu: uma lei que coibiria práticas corruptas pelas empresas dos EUA passou a ser uma arma para fragilizar empresas concorrentes de outros países. A partir de 2000, o DOJ passa a aplicar a lei que quebra todas as normas de concorrência empresarial[70].

A ofensiva dos EUA passou a ser ainda mais agressiva com a promulgação do *Patriot Act* de 2003, a resposta governamental aos ataques de 11 de setembro de 2001, que deu à NSA (*National Security Agency*), à CIA (*Central Intelligence Agency*) e ao FBI o direito de espionar empresas estrangeiras e seus funcionários.

A pressão sobre os funcionários de uma empresa objetiva criar uma intrincada arapuca que pressiona a empresa investigada a assinar um DPA (*Deferred Prosecution Agreement*) ou "acordo de investigação deferido" o que, na prática, significa a empresa se autoincriminar, revelando eventuais práticas fora de conformidade e denunciando seus próprios empregados, algo próximo da delação premiada empreendida pelo juiz Sérgio Moro. Mas, a FCPA vai mais longe: a empresa investigada deve aceitar a presença de um inspetor que faz relatórios ao DOJ por um período de três anos. Mesmo sendo uma empresa estrangeira.

Os protocolos definidos nos EUA para se chegar a este tipo de pressão lembram a narrativa tortuosa e asfixiante d´O Processo, de Franz Kafka. Tudo tem início com o consentimento de um "grande júri " (um grupo de

---

[69] Empresa de aviões Lockheed Aircraft Corporation. Em 1976, o Comitê de Relações Exteriores do Senado dos Estados Unidos revelou que a empresa havia reservado mais de 3 bilhões de ienes em fundos secretos para vender aviões no Japão. Os valores eram repassados em forma de suborno a altos funcionários do governo japonês.

[70] PIERUCCI, Frédéric, Arapuca estadunidense: uma Lava jato mundial, op. cit., p. 169. Segundo Pierucci, enquanto em 2004 o total de multas pagas por empresas sob a FCPA era de apenas dez milhões de dólares, em 2016 saltaram para 2,7 bilhões de dólares.

cidadãos, entre 16 e 23 anos, escolhidos ao acaso). Trata-se de um procedimento meramente formal. De acordo com estatísticas do Ministério de Justiça dos Estados Unidos, em 2010, dos 162.351 casos apresentados aos "grandes júris", somente 11 foram rejeitados. A partir de então, os procuradores iniciam a ofensiva para que os investigados se declarem culpados, sendo que a taxa de sucesso é de 98,5%. Tem início as negociações para compor arranjos a partir de delações premiadas, "mesmo na ausência de qualquer prova material", segundo Pierucci[71]. A ação dos advogados de defesa é mais um componente dessa trama judicial: são negociadores de penas a partir de acordos, aparentemente pagos pela empresa que pretendia absorver a Alstom, a General Eletric. A esta altura a GE já havia absorvido quatro concorrentes por meio da ação do DOJ.

Neste passo importa destacar que a GE litigava nos Estados Unidos com a nossa Odebrecht, num claro indício de que aqui as coisas foram paralelas. Outra coincidência é o fato dos procuradores do DOJ que agiram contra a Alstom serem exatamente os mesmos que agiram na Lava Jato, sendo que o principal deles abriu escritório que hoje trabalha na recuperação da Odebrecht.

O passo seguinte foi a oferta de *reverse proffer* pelos procuradores, ou seja, uma entrevista confidencial que serve de pré-negociação. A técnica de constrangimento é permanente e se transforma em tortura psicológica à medida que ameaças contínuas são apresentadas sob a exigência de decisão do acusado num exíguo espaço de tempo. Para tanto, os procuradores apresentam algumas das provas que acumularam contra o acusado. Se o acusado decidir delatar, a pressão passa a ser dirigida sobre os dirigentes máximos da empresa investigada. Se a empresa cooperar, tem aliviada as multas astronômicas previstas.

O acusado pode desejar analisar as provas, mas o tempo concedido é mínimo e, quase sempre, o volume de provas é extenso. No caso de Pierucci, eram 1,5 milhão de peças, envolvendo trocas de e-mails e mensagens. Todo esse material demandaria honorários advocatícios calculados em horas de trabalho, inviabilizando a pesquisa, a não ser que o acusado seja milionário. Daí a caça inicial envolver executivos da empresa que não estejam no topo da hierarquia funcional.

Para piorar, o DOJ avança sobre outros executivos da mesma empresa e os detém, criando assim uma espécie de corrida pela delação. Em outras palavras, aquele acusado que aceitar delatar primeiro tem mais chances de obter um acordo mais favorável que o seguinte, aumentando a tensão para a decisão do detido.

---

[71] Idem, ibidem, p. 128.

É importante repisar: não se trata de mera coincidência com os procedimentos adotados pela Operação Lava Jato. Há farta matéria jornalística relatando a colaboração de procuradores dos EUA com a operação brasileira[72].

A FCPA se tornou instrumento de dominação econômica. Entre 1977 e 2014, apenas 30% das investigações visavam empresas não estadunidenses, porém, pagaram 67% do total das multas. Das vinte e seis multas acima de 100 milhões de dólares, vinte e uma se referem a empresas não estadunidenses[73].

O desfecho do caso Alstom foi elucidativo do alcance da ofensiva do Ministério da Justiça dos EUA sobre esta empresa: acabou vendendo todo o seu ramo de energia à sua concorrente, a estadunidense General Electric. A Alstom foi a quinta empresa adquirida pela GE depois de ser implicada pelo DOJ em acusação de corrupção. Não se trata de coincidência, mas sim de algo extremamente suspeito, que merece pelo menos melhor investigação jornalística.

A segunda onda de formação da extrema-direita brasileira se fez potente porque se aproveitou do impulso punitivista aberto com o julgamento da Ação Penal 470 e se estruturou e se inspirou na ofensiva do governo dos EUA sobre empresas estrangeiras concorrentes das estadunidenses. À rigor, foi mais que uma mera inspiração.

O jornal francês *Le Monde* publicou em abril de 2021, uma reportagem em que aponta a influência do governo dos Estados Unidos na Operação Lava Jato a partir de uma conexão com o então juiz Sergio Moro[74]. A matéria sugere que a conexão entre EUA e Lava Jato começou ainda no governo de George W. Bush, antes de 2009, buscando promover "uma rede de especialistas locais, capazes de defender as posições estadunidenses 'sem parecerem joguetes' de Washington". O juiz Sérgio Moro teria colaborado com os EUA no caso Banestado e, então, foi convidado para participar do Programa de Visitantes Internacionais do Departamento de Estado, patrocinando sua viagem aos EUA em 2007, quando fez contatos dentro do FBI, do DOJ e do departamento de Estado. Em 2015, segundo o *Le Monde*, agentes do FBI e da Polícia Federal estadunidense estiveram em Curitiba para receber "explicações sobre os procedimentos em andamento" na Lava Jato, quando houve acerto entre a força-tarefa da operação e as autoridades norte-americanas.

---

[72] PIERUCCI, Frédéric, Arapuca estadunidense: uma Lava jato mundial, op. cit., nota de rodapé à página 138.

[73] Idem, ibidem, pp. 171-172,

[74] A revista brasileira Carta Capital repercutiu esta matéria dias depois de publicada na França. Ver "Moro foi influenciado pelos EUA na operação Lava Jato, aponta Le Monde", Carta Capital, edição de 12 de abril de 2021, disponível em https://www.cartacapital.com.br/justica/moro-foi-influenciado-pelos-eua-na-operacao-lava-jato-aponta-le-monde/?gclid=CjwKCAiAzrWOBhBjEiwAq85Q-ZwVf-tvRoTlj0_cUaXSW5zWEGJBMb0-YHTY9pYwRG0OngSV95jWCqRoCRMoQAvD_BwE (visualizado em 20/12/2021).

O expediente de achaque jurídico às empresas foi objeto de muitas reportagens internacionais, como a do *Le Monde*.[75]

Tal ofensiva alimentada por interesses estrangeiros se escorou em algumas leis brasileiras, como a Lei 12.846/13, conhecida como Lei Anticorrupção, que regulamentou a responsabilidade civil e administrativa das empresas que praticarem atos contra a administração pública no Brasil; assim como a Lei 12.850/13, que instituiu a delação premiada, definindo a figura do crime organizado e introduzindo a negociação de pena em processos criminais relacionados a organizações criminosas e interceptações telefônicas e e-mails[76].

O novo arcabouço jurídico possibilitou o emprego da intimidação para o acusado delatar, a exemplo das práticas empregadas nos EUA pelo DOJ, replicadas por Sérgio Moro. Nas suas palavras

> "Na época, a lei já previa que um criminoso que colaborasse com a Justiça poderia ter a pena reduzida. Mas não havia, como surgiu depois na lei das organizações criminosas, um procedimento específico. Por isso adotamos o que havia de melhor na praxe internacional: um acordo por escrito entre o Ministério Público, o acusado e sua defesa, depois levado a juízo para ser validado. Youssef franqueou às forças-tarefas acesso ao seu sistema de contabilidade particular, que incluía todas as transações com outros doleiros. (...) Com o esquema e seus operadores e laranjas mapeados, passou-se a rastrear a movimentação do dinheiro no exterior para se chegar aos reais donos daquela fortuna. Entre as contas de destino do dinheiro, havia dezenas administradas por uma empresa chamada Beacon Hill Service Corporation, mantidas no banco JP Morgan Chase, também de Nova York."[77]

Não foi uma mera aplicação da nova legislação, mas o uso dos institutos legais numa ação política intencional.

O jornal *Le Monde* relatou a visita secreta "de dezessete membros do DoJ, do FBI e do Ministério da Segurança Interna" ao MPF em Curitiba, em 2015, com acesso a advogados de empresários chamados a colaborar com a justiça americana, sem que o Poder Executivo brasileiro fosse informado. O acesso de agentes de um governo estrangeiro ao processo de investigação foi negociado para que cada multa posteriormente imposta às empresas brasileiras pela FCPA teria uma parcela destinada à Operação Lava Jato. Inicia-se, a

---

[75] ESTRADA, Gaspard & BOURCIER, Nicolas Bourcier. "Le naufrage de l'opération anticorruption « Lava Jato » au Brésil", Le Monde, 09 de abril de 2021. Disponível em https://www.lemonde.fr/international/article/2021/04/09/au-bresil-une-operation-anticorruption-aux-methodes-contestables_6076204_3210.html (visualizado em 14/01/2022).

[76] Ver RAMINA, Larissa Liz Odreski, "O Le Monde disse o que já se sabia: a Lava Jato atuou como uma agência dos EUA no Brasil", Prerrô, 12/04/2021. Disponível em https://www.prerro.com.br/o-le-monde-disse-o-que-ja-se-sabia-a-lava-jato-atuou-como-uma-agencia-dos-eua-no-brasil/ (visualizado em 14/01/2022).

[77] Moro, Sergio, Contra o sistema da corrupção. Rio de Janeiro: Primeira Pessoa, 2021, p. 33.

partir deste acordo comercial, a busca de empresas que seriam de interesse do DOJ. Um funcionário do FBI teria dito, segundo a matéria, que "os oficiais devem estar cientes de todas as ramificações políticas potenciais desses casos, já que os casos de corrupção internacional podem ter efeitos importantes que influenciam as eleições e as economias".

Fernando Lacerda, em tese defendida na PUC-SP, denomina esta trama investigativa de processo penal de exceção[78]. O autor se propõe nesta tese "revelar a essência autoritária envolta na aparência garantista das práticas reais do poder penal na sociedade brasileira da década de 2010".[79] Para Lacerda, o processo penal de exceção adota dez antiprincípios típicos de sistemas de exceção: o da combatividade, o da aclamação, da seletividade, da inimizade, da luta de classes, da ideologia, do espetáculo, da inquisição dissimulada, do primado das hipóteses sobre os fatos e o da eficiência.

Como se percebe, o expediente adotado pela Operação Lava Jato, se afastaria do conceito de impessoalidade – o que ofenderia a noção de direito que é sempre universal – e introduz elementos de produtividade e eficiência que debelam o rigor de toda condução processual.

Em outras palavras, a década de 2010 seria marcada pela forte politização do judiciário e MPF brasileiros aliada à "indústria da comunicação" que "fabricou a narrativa do combate à corrupção".[80]

Da onda ao tsunami Lava Jato

A despeito das tratativas entre os operadores da Lava Jato e agentes do Estado dos EUA, a segunda onda que se forja a partir desta operação investigativa teve como maior impacto político a criação de um ambiente punitivista no país que se desdobrou num ataque às lideranças do campo de esquerda. Em outras palavras, a Operação Lava Jato se transformou em movimento político que alimentou a emergência da extrema-direita brasileira.

Tal movimento político se deu com uma presença midiática, embora revestida de ação jurídico-investigativa. Teve início oficial em 17 de março de 2014 – ainda que na autobiografia de Sérgio Moro[81], tudo teve início em

---

[78] Ver LACERDA, Fernando Hideo Iochida. Processo penal de exceção. Tese de doutorado em Direito. São Paulo: PUC-SP, 2018. Disponível em https://tede2.pucsp.br/bitstream/handle/21790/2/Fernando%20Hideo%20Iochida%20Lacerda.pdf (visualizado em 14/01/2022)
[79] Idem, ibidem, p. 7.
[80] Idem, ibidem, p. 233.
[81] Ver Moro, Sergio, Contra o sistema da corrupção. Rio de Janeiro: Primeira Pessoa, 2021, p. 28. O doleiro Alberto Youssef passou a ser investigado na Operação Miquéias, em 2008, tendo à frente o ex-delegado da Polícia Federal, Gerson Machado. O inquérito procurava investigar as operações desenvolvidas pelo doleiro que emergiram quando do escândalo do Banestado.

outubro de 2003, quando decretou a prisão do doleiro Alberto Youssef – terminando em 2021.

No trabalho de convencimento pela mídia destacou-se sobejamente o Jornal Nacional da Rede Globo. Note-se que antes da Lava-Jato, o DOJ trabalhou com afinco no caso Fifa, que apurava pagamentos irregulares, notadamente deste veículo noticioso. Isso nos permite especular se a Globo, apesar do histórico de apoio aos militares, entre outros, pode ter trabalhado com a faca no pescoço, ameaçada pelo DOJ. O que nos faz levantar essa hipótese é o comprometimento da credibilidade jornalística a que se expôs, atuando como mera repassadora de releases da Lava Jato. Contudo, a confirmação disso dependeria de investigação aprofundada[82].

Em 2005, o então deputado federal Roberto Jefferson, presidente do Partido Trabalhista Brasileiro (PTB), declarou que o então Ministro da Casa Civil José Dirceu só teria lhe repassado 4 milhões de reais, de um total de 20 milhões acertado pelo apoio nas eleições de 2004, porque a Polícia Federal prendera os doleiros que iriam trazer o dinheiro do exterior. Esta foi a senha para orientar as investigações sobre expoentes dos governos lulistas e foi o fio alinhavado pelo juiz Sérgio Moro até desaguar na Operação Lava Jato.

Moro sugere a linha de investigações que levou à criação da Operação Lava Jato:

> "A gênese da Lava Jato remonta a 2008, quando um empresário de Londrina, sócio do deputado federal paranaense José Janene, do Partido Progressista (PP) – sim, aquele mesmo do cheque que estava em poder de Youssef quando ele foi preso em 2003 –, procurou a Polícia Federal para relatar um esquema do parlamentar para lavar, na empresa de ambos, o dinheiro obtido por Janene com o mensalão. Conforme depois foi reconhecido em sentença, parte do dinheiro sujo injetado na firma fora depositada por Carlos Chater, dono de um posto de combustíveis em Brasília, o Posto da Torre, que, embora não tivesse um lava a jato, inspiraria a delegada Erika Mialik Marena a batizar, anos depois, a operação".[83]

---

[82] A Polícia Federal investigava, naquele momento, a movimentação financeira de contas na agência do Banestado em Nova York que haviam recebido remessas das CC5 de Foz do Iguaçu e que envolviam offshores. Dentre os beneficiários da movimentação dessas remessas apareceu o doleiro Alberto Youssef, que mantinha duas contas no Banestado de Nova York em nome de offshores, a Ranby International Corporation e a June International Corporation. A Vara Federal Criminal de Curitiba, onde atuava o juiz Sérgio Moro, havia se especializado em crimes de lavagem de dinheiro, o que levou esta investigação para esta vara. Em seguida, foram criadas forças-tarefa pela Polícia Federal (PF) e Ministério Público Federal (MPF). Mais adiante, o portal de notícias The Intercept Brasil revelaria uma troca de mensagens entre o juiz Sérgio Moro e promotores do MPF que maculariam a lisura desse processo investigativo. Contudo, naquele período inicial das investigações, Moro liderou um ativismo jurídico apoiado em muitas delações que serviram de negociação para abrandamento de possíveis penas, negociações que geraram depoimentos que foram negados ou revisados pelos depoentes em vários casos. Houve casos, como o de Barusco, em que as mensagens apontam que a delação foi escrita por procuradores.

[83] Ver Moro, Sergio, Contra o sistema da corrupção. Rio de Janeiro: Primeira Pessoa, 2021, pp. 37-38.

A inflexão mais importante ocorreu em julho de 2013 – um mês após a sequência de manifestações e protestos em massa – quando ao monitorar as conversas do doleiro Carlos Chater a Operação Miquéias revelou que Youssef teria presenteado um Land Rover Evoque ao ex-diretor de Abastecimento da Petrobras Paulo Roberto Costa, dando aso à investigação na Petrobras.

As interceptações telefônicas realizadas em julho de 2013, resultaram na ilação sobre envolvimento do doleiro Alberto Youssef e acabaram envolvendo um dos seus possíveis clientes em operações de câmbio informais: Paulo Roberto Costa, ex-diretor de Abastecimento da Petrobras entre 2004 e 2012, portanto durante as gestões lulistas.

Este é o enredo oficial, contudo pairam dúvidas consistentes sobre o possível conhecimento prévio, por parte do grupo que viria a compor a força-tarefa, das ações de Youssef com Paulo Roberto Costa, e estas interceptações terem sido usadas para poder atrair a investigação da Petrobras para as hordas de Curitiba, previamente alinhadas com os interesses do DOJ, o que teria desestimulado o Supremo a intervir nesta excepcionalidade territorial inexplicável.

Fato é que em janeiro de 2014, a Polícia Federal iniciou o que denominara de fase ostensiva das investigações, iniciando buscas e prisões. No dia 17 ocorreram buscas e apreensões nos escritórios e residências de clientes dos doleiros e seus clientes, entre eles Paulo Roberto Costa. Em 24 de janeiro, o juiz Sérgio Moro decretou a prisão do ex-diretor da Petrobras.

A repercussão dada pela grande imprensa seguiu um crescendo que resultou em uma comoção nacional, alimentando protestos liderados por coletivos e organizações de extrema-direita que já se insinuavam desde o início do século XXI. O juiz Sérgio Moro ganhou projeção pública, se tornando um personagem obrigatório nas pautas do jornalismo político.

Contudo, 2014 foi efetivamente o marco do início da ofensiva política e midiática liderada pelos membros da Operação Lava Jato. E não foi algo espontâneo. Em março daquele ano, a operação Lava Jato se institucionalizou. A partir de então, autoridades públicas, empresários e doleiros passaram a ser investigados pelo Ministério Público Federal.

Paulo Roberto Costa foi o primeiro a propor negociação com o MPF para depor, seu acordo foi assinado já em agosto de 2014. A 9 de outubro, em plena campanha eleitoral presidencial, ocorreu a audiência para ouvir o doleiro e o ex-diretor da Petrobras. Não poderia resultar em outra repercussão que não fosse política. Sérgio Moro relata o impacto desta audiência:

> "A audiência foi devastadora. (...) Alberto Youssef e Paulo Roberto Costa disseram que as maiores empreiteiras do país formavam um grande cartel, no qual

se definia previamente as vencedoras das licitações da Petrobras, o que permitia às empresas cobrar o preço máximo admitido pela estatal. Em troca, pagavam um percentual de 1% a 3% do valor dos contratos a agentes públicos, incluindo políticos. (...) Segundo os depoimentos dos dois colaboradores, a Diretoria de Abastecimento repassava subornos para agentes políticos do PP; a Diretoria de Serviços e Engenharia, para agentes políticos do PT; e a Diretoria Internacional, para agentes políticos do Partido do Movimento Democrático Brasileiro (PMDB) – em algumas ocasiões, outros partidos também eram beneficiados."[84]

E, conclui:

"A repercussão na imprensa foi imensa. Como eu já esperava, houve críticas pelo fato de a audiência ter ocorrido em período eleitoral. (...) Graças ao que se relatou naquele dia, foi possível deflagrar, em 14 de novembro de 2014, uma nova fase da operação, chamada pela Polícia Federal de Juízo Final. Nela, a pedido da PF e do MPF, decretei a prisão preventiva de seis pessoas em um primeiro momento e, alguns dias depois, de outras cinco, além de buscas e apreensões nos endereços respectivos."[85]

O que se percebe, a partir de então, é um movimento político travestido de ativismo jurídico. Apesar de envolver vários partidos, teve como alvos fixos o PT e o ex-presidente Lula[86] e manteve nítidas correspondências com os expedientes adotados pelo DOJ.

O movimento político de Sérgio Moro é capturado pela grande imprensa brasileira, que passa a promovê-lo diariamente. Com efeito, a projeção do nome de Sérgio Moro junto à grande imprensa nacional foi progressiva desde então, chegando ao ápice entre final de 2016 e março de 2019, como se percebe no gráfico apresentado a seguir, produzido pelo Manchetômetro, projeto e site de acompanhamento da cobertura da grande mídia sobre temas de economia e política produzido pelo Laboratório de Estudos de Mídia e Esfera Pública (LEMEP), sediado no Instituto de Estudos Sociais e Políticos (IESP) da Universidade do Estado do Rio de Janeiro (UERJ)[87].

---

[84] Idem, ibidem, pp. 59-60.
[85] Idem, ibidem, p. 61.
[86] Em 29 de dezembro de 2021, o ex-juiz Sérgio Moro afirma à Rádio Capital FM, do Mato Grosso, que a Lava Jato "combateu o PT" de forma efetiva e eficaz. Em seguida, porém, o pré-candidato à Presidência da República recuou e afirmou que a operação apenas descobriu "os esquemas de corrupção e mostrou o que o PT verdadeiramente é". Ver "Moro diz que Lava Jato "combateu o PT" e recua em seguida", iG Último Segundo, 29/12/2021. Disponível em https://ultimosegundo.ig.com.br/politica/2021-12-29/moro-diz-operacao-lava-jato--combateu-o-pt-maneira-eficaz-e-efetiva--e-recua-em-seguida.html (visualizado em 30/12/2021)
[87] O levantamento envolvendo matérias dos jornais Estado de São Paulo, Folha de São Paulo e O Globo levou em consideração as capas e duas páginas de opinião das edições diárias. Todos os textos sobre política e economia nessas páginas passaram por análise de valência e codificação de temas importantes. Em relação ao Jornal Nacional, a análise foi realizada sobre o conteúdo veiculado diariamente pelo programa, codificando valências e o tempo de cada notícia. No caso do jornal Valor

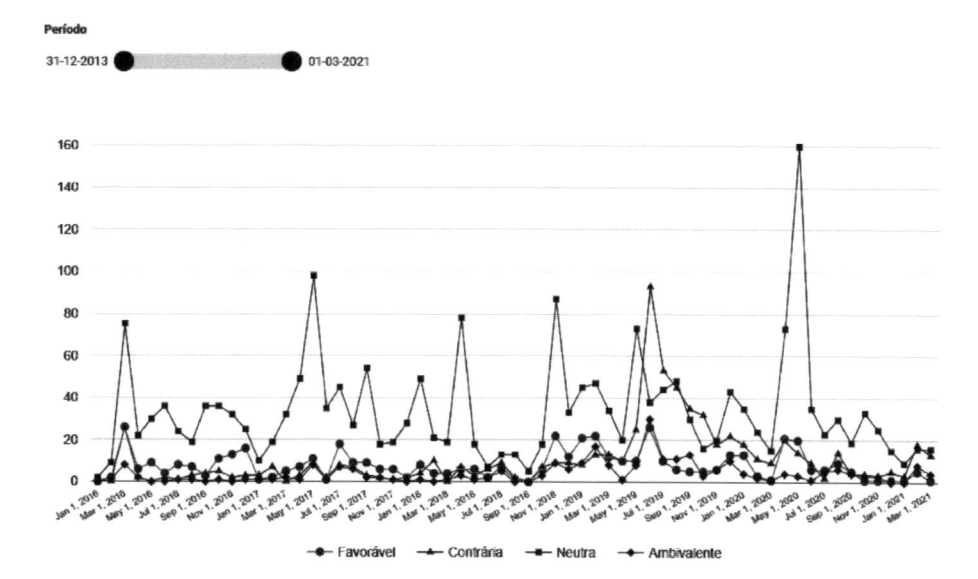

A atuação do juiz Sérgio Moro, com alta repercussão na mídia nacional, gerou forte impacto político no país. Este é o momento em que a Operação Lava Jato cria um ambiente propício para a progressão das articulações juvenis ultraliberais e libertárias, formadas ao longo da primeira onda analisada anteriormente. Ambiente hostil às forças de esquerda e centro-esquerda do país que acaba por radicalizar o discurso de direita em formação, levando-o às formulações nitidamente de extrema-direita, a saber: ameaça pública às autoridades constituídas, agitação visando a mobilização popular contra organizações consideradas ofensivas ao seu ideário político, articulação de coletivos que pregavam a derrubada do governo federal instituído e valorização do regime militar de 1964, ataque às políticas de promoção da equidade social, pregação pelo uso de armas como defesa pessoal, reprovação generalizada de todo sistema de representação política nacional.

A popularidade do juiz passou a acompanhar a popularidade do ex-presidente Lula em sentido inverso, o que denota a importância da sua atuação e da Operação Lava Jato na construção de um clima político de rejeição ao ex-presidente. Vejamos os índices de desaprovação desses dois personagens capturados pela pesquisa IPSOS/Estadão:

Econômico foram codificados apenas os textos opinativos que aparecem em três páginas do jornal: a que contém o artigo de opinião da seção de Política e as duas páginas opinativas.

a desaprovação a Lula e a Moro

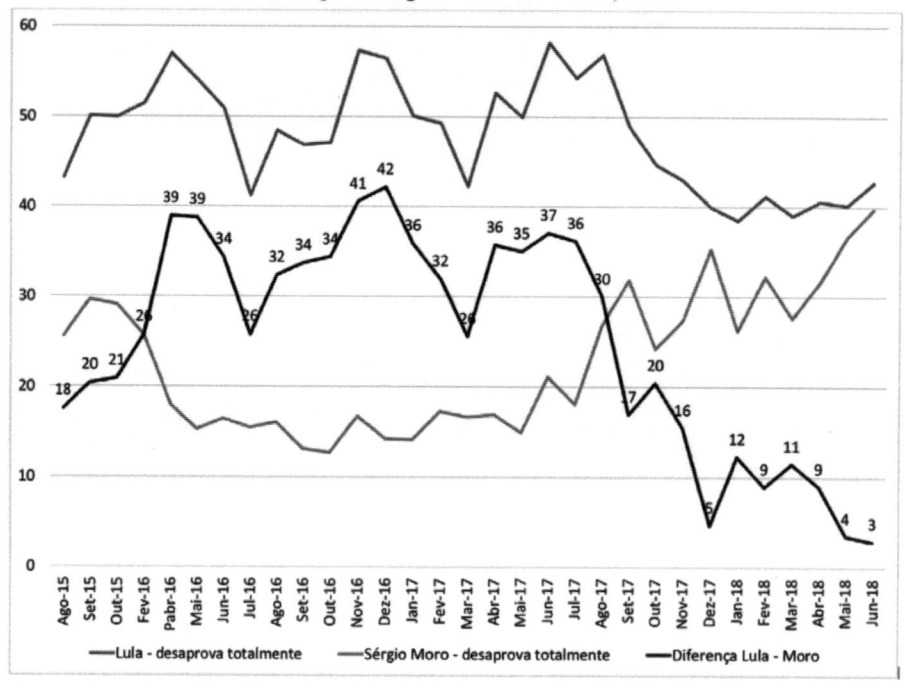

fonte: pesquisa Ipsos/Estadão

Como se percebe, o período 2015-2017, quando da maior ofensiva da Operação Lava Jato sob liderança dos promotores e do juiz Sérgio Moro, é o de maior popularidade do juiz e de maior rejeição do ex-presidente Lula.

O fio da investigação se desenrolou a partir da prisão de Renato Duque, ex-diretor de Serviços e Engenharia da Petrobras. Sua prisão preventiva abriu um caminho que, pouco a pouco, foi se transfigurando de investigação em ampliação para agitação política. Logo em seguida, o Ministério Público chegou a João Vaccari Neto, que havia atuado como tesoureiro do PT, e ainda ao ex-Ministro José Dirceu, que já havia sido condenado pelo STF no caso do Mensalão[88]. A partir de então, a investigação se concentrou no deputado federal André Vargas, eleito no Paraná pelo PT, acusando-o de receber subornos em contratos de publicidade da Caixa Econômica Federal.

---

[88] Em outubro de 2016, o ministro Luís Roberto Barroso, do STF, concede perdão da pena de José Dirceu no caso do mensalão do PT Ministro do STF atendeu a parecer da PGR com base em indulto natalino. A 2ª Turma do Supremo Tribunal Federal (STF) decidiu conceder liminar em habeas corpus para que o ex-ministro José Dirceu aguarde em liberdade o esgotamento da análise de seus recursos nas cortes superiores - Superior Tribunal de Justiça (STJ) e o próprio STF em virtude da sua defesa alegar que ele não poderia ficar preso já que sua condenação não tinha transitado em julgado. Em novembro de 2019, o ex-ministro deixou a prisão após determinação da Justiça do Paraná, decisão da juíza Ana Carolina Bartolamei Ramos, da 1ª Vara de Execuções Penais de Curitiba, devido o caso não ter transitado em julgado.

O roteiro de thriller adotado pelas investigações em curso acabou por legitimar uma inusitada ofensiva que, se na sua expressão pública focava nos crimes contra a administração pública e lavagem de dinheiro envolvendo expoentes políticos, nas suas motivações inconfessas se orientava por uma arremetida contra filiados ao PT, como ocorreu com as operações Sépsis e Zelotes, envolvendo acertos de corrupção no âmbito da Caixa Econômica Federal e do Conselho de Administração de Recursos Fiscais.

A narrativa política, travestida de investigação, seguia o expediente político adotado pelo DOJ.

O alvo que faltava ao discurso de extrema-direita

Na virada de 2015 para 2016, momento de ascensão das mobilizações de rua com nítido caráter de extrema-direita, a Operação Lava Jato se concentrou na investigação envolvendo grandes empreiteiras, como foi o caso da Odebrecht. A investigação objetivava delinear pistas que envolviam possível favorecimento a dirigentes do PT, incluindo o ex-Presidente Luiz Inácio Lula da Silva.

O esforço levou o juiz Sérgio Moro a deferir, em 19 de fevereiro de 2016, um pedido do MPF para que fossem interceptados alguns telefones utilizados por Lula e familiares. Os procuradores também solicitaram mandados de busca e apreensão em endereços do ex-presidente para que fossem coletadas provas.

Até que chegou o dia em que Sérgio Moro deferiu o pedido que o MPF havia apresentado de condução coercitiva do ex-presidente até a Polícia Federal. Era um momento aguardado e acalentado, se saberia mais tarde, por todos os operadores da Operação Lava Jato. Segundo Sérgio Moro:

> "O Ministério Público entendia que era necessário obter esclarecimentos do ex-presidente e que tentativas anteriores de ouvi-lo haviam sido malsucedidas. Poucos dias antes, quando Lula fora convocado para prestar depoimento em uma investigação do Ministério Público Estadual de São Paulo, houve grande tumulto, com o protesto de militantes petistas em frente ao Fórum da Barra Funda, na capital paulista. Até por isso, o Ministério Público Federal e a Polícia Federal entendiam que, na data em que ocorressem as buscas, era oportuno ouvir formalmente Lula para evitar que ele instigasse a militância com o intuito de obstruir o trabalho dos policiais e procuradores. A interceptação telefônica nos números do ex-presidente captou diálogo no dia 27 de fevereiro em que Lula dizia ao interlocutor ter ciência prévia de que seria realizada alguma busca e apreensão em seus endereços e cogitava convocar parlamentares do PT para

esperarem a polícia nesses locais e, dessa maneira, atrapalhar a diligência. Essa ameaça de obstrução do trabalho da Polícia Federal por militantes poderia gerar situações de risco para eles e para os agentes."[89]

Como se percebe, uma mera ilação de ameaça de obstrução do trabalho de investigação era apresentada como justificativa do ato exacerbado e não fundamentado legalmente: a condução coercitiva de um ex-presidente que não havia sido intimado a depor.

Naquele momento, já parecia evidente que havia uma intencionalidade política que orientava as investigações, o que autores especializados passaram a denominar de lawfare[90].

A popularidade de Sérgio Moro crescia[91], motivada pelas manchetes e cobertura da grande imprensa. Alimentava reações de rua cada vez mais agressivas ao governo Dilma Rousseff. Sua popularidade saltou, segundo levantamento do Barômetro Político, de 28% de aprovação popular em fevereiro de 2016 – com 56% dos brasileiros afirmando que desconheciam o juiz - para 65%, em abril de 2017. Danilo Cersosimo, responsável pelos levantamentos, revelou que "a Lava Jato tem um simbolismo muito forte do ponto de vista de passar o país a limpo".

Este é um elemento importante da conjuntura e, de certa maneira, inovador para o expediente utilizado pelas agências estadunidenses. A grande imprensa brasileira se envolveu em um esforço militante para criar um clima de caçada política. A expectativa nacional sobre novos desvendamentos e prisões envolveu emocionalmente grande parte dos brasileiros.

O índice de popularidade se manteve até abril de 2019, quando pesquisa do Atlas Político capturou que 61,5% dos brasileiros ainda tinham uma imagem positiva do juiz Sérgio Moro. Somente com a divulgação das trocas de mensagens secretas entre o juiz e o promotor Deltan Dallagnol, a imagem foi maculada, como se percebe no gráfico apresentado a seguir[92].

---

[89] Moro, Sergio, Contra o sistema da corrupção. Rio de Janeiro: Primeira Pessoa, 2021, p. 86.
[90] Lenio Streck sustenta que lawfare seria uma "tática conflituosa na qual o Direito é utilizado como arma contra um inimigo específico". A expressão criada por John Carlson e Neville Yeomans, sugere um novo campo de batalha jurídica onde as leis e sistemas jurídicos ocidentais são usados para atingir fins políticos. São ilustrações de lawfare a inversão do ônus da prova que, na lei, cabe ao acusador, ou a decisão inicial sobre uma condenação para, em seguida, buscar seu fundamento. Streck sugere que se trata do uso do Direito como "não Direito". Ver STRECK, Lenio. "Lawfare", in ALVES, Giovanni et al (coord). Enciclopédia do Golpe, vol. 1. Bauru, Bauru: Canal6 Editora, 2017, pp. 119-120.
[91] Em abril de 2017, a popularidade de Sérgio Moro alcançava 65% de aprovação, segundo pesquisa Barômetro Político, ultrapassando a aprovação de todos os expoentes da política nacional. Ver SCHREIBER, Mariana. "Desde impeachment, popularidade de Moro dispara e rejeição a políticos sobe, diz pesquisa", BBC Brasil, 24 de fevereiro de 2017. Disponível em https://www.bbc.com/portuguese/brasil-39075521 (visualizado em 19/12/2021).
[92] Esta pesquisa, divulgada em 13 de junho de 2019, sugeria que a imagem de Sergio Moro sofreu forte impacto dos vazamentos divulgados pelo site The Intercept. A imagem positiva do ex-juiz e então

Você tem uma imagem positiva ou negativa desses líderes políticos?
[Sergio Moro - Evolução]

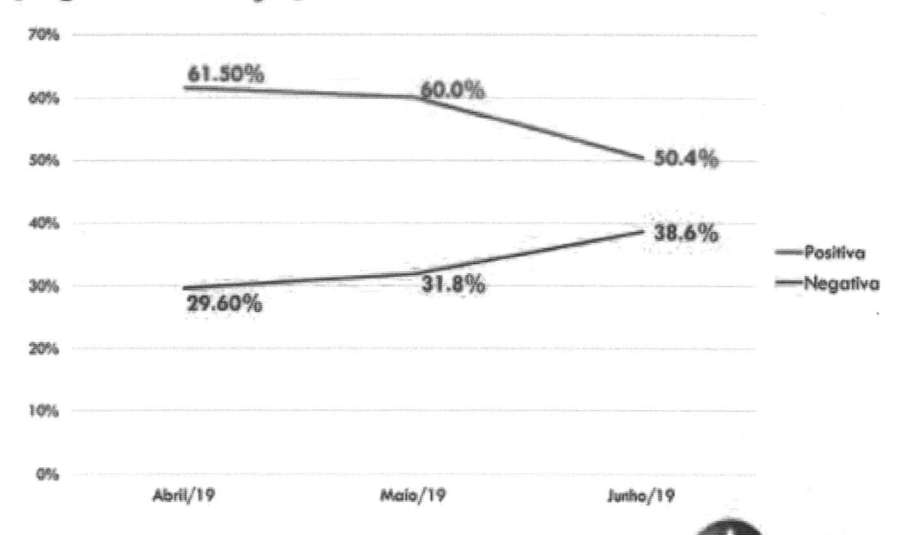

	Abril/19	Maio/19	Junho/19
Positiva	61,50%	60,0%	50,4%
Negativa	29,60%	31,8%	38,6%

atlas

A Operação Lava Jato, além de catapultar a imagem do juiz Sérgio Moro, fez emergir o tema da corrupção como elemento de desforra e revolta popular, trabalhada em todo período por órgãos da grande imprensa nacional. Criava, assim, um caldo de cultura por onde era impulsionada uma campanha política ao estilo macarthista[93], de caça aos dirigentes do Partido dos Trabalhadores e membros dos governos lulistas. Mas, não se tratou apenas de uma luta com

---

ministro da Justiça e Segurança Pública foi de 60% em maio para 50,4%, enquanto a imagem negativa foi de 31,8% para 38,6% no mesmo período.

[93] Macarthismo é termo empregado para descrever práticas de perseguição política a partir da acusação de subversão ou de traição às forças consideradas inimigas da ordem social e política. O termo tem suas origens no período da política estadunidense conhecido como "segunda ameaça vermelha", que durou de 1950 a 1957. O título é uma alusão ao senador Joseph McCarthy que liderou uma campanha de perseguição às lideranças políticas acusadas de comunistas, envolvendo acusações contra funcionários públicos e artistas considerados perigosos. O início parece ter sido março de 1952, quando a Suprema Corte norte-americana atestou a constitucionalidade da Lei Feinberg, aplicada no Estado de Nova York desde 1949, que proibia as escolas públicas de contratar professores "subversivos" e poderia demitir todos os docentes que julgassem "comunistas". No total, considerando todas as profissões, mais de 10 mil pessoas perderam seus empregos devido à Era McCarthy. Além dos professores, estavam na mira funcionários públicos considerados 'infiltrados', sindicalistas e artistas. Uma das vítimas mais conhecidas foi o ator e diretor Charles Chaplin. Ver ROSSI, Amanda. "Medo do comunismo nos EUA: os professores perseguidos e demitidos nos anos 50 sob a suspeita de serem 'vermelhos'", BBC News Brasil, 10 dezembro 2018 (disponível em https://www.bbc.com/portuguese/internacional-46502709); MENEZES, Cynara. "50 anos depois da tragédia do Macarthismo, Brasil tenta repetir com 'Escola Sem Partido'", Carta Campinas, 14 de junho de 2017 (disponível em https://cartacampinas.com.br/2017/06/50-anos-depois-da-tragedia-do-macarthismo-brasil-tenta-repetir-com-escola-sem-partido/). Ambas as matérias visualizadas em 19/12/2021. Ver, ainda, FERREIRA, Argemiro. Caça Às Bruxas Macartismo: uma Tragédia Americana, Porto Alegre: LP&M, 1989; PINSKY, Jaime & PINSKY, Carla (orgs.). Faces do Fanatismo. São Paulo: Contexto, 2013, em especial, o capítulo dedicado ao macarthismo escrito por Marco Mondaine.

foco num partido, senão, antes, numa ofensiva para criminalizar todo *ethos* da esquerda e centro-esquerda nacionais e impor uma ordem autoritária e seletiva que tinha na proposta do retorno ao regime militar o seu principal mote.

Rogério Christofoletti, do Departamento de Jornalismo da Universidade Federal de Santa Catarina, sugere que houve uma cobertura condescendente da grande imprensa brasileira no acompanhamento da Operação Lava Jato. Em suas palavras:

> "É claro que o jornalismo brasileiro tinha obrigação de cobrir os eventos, mas colecionamos uma série de problemas desde então. Um deles foi a cobertura condescendente e servil às autoridades policiais, sem qualquer contestação ou senso crítico. O que se dizia a partir de Curitiba tinha um tom inquestionável, e isso domesticou a imprensa de uma forma geral".[94]

Em sua leitura, a grande mídia contribuiu para a Operação Lava Jato se transfigurar numa cruzada nacional contra a corrupção, dando prioridade à cobertura das prisões e cumprimentos de mandados de busca e apreensão que se sucederam. Sugere a reprodução acrítica de trechos de delação[95], áudios e vídeos durante meses de cobertura a ponto de, na sua opinião, "formar uma ideia muito nítida no imaginário coletivo: as coisas mudaram no Brasil e o país finalmente decidiu enfrentar o seu maior problema".

A redefinição da moralidade política brasileira foi um eco constante na narrativa da extrema-direita brasileira que, a partir de então, procurou identificar os inimigos da retidão e dos princípios éticos nacionais, atores políticos que teriam abusado da crença na melhoria das condições de vida dos mais pobres.

Mais uma vez, são muitas as convergências com o expediente e projeto político adotado pelo DOJ, nos EUA: a corrupção como mote para o cerco aos envolvidos indiretamente no caso a ser investigado, a ameaça como tortura psicológica que orienta o acusado à delação, todo processo

---

[94] "A Lava Jato domesticou a imprensa brasileira, diz pesquisador", Marco Zero, 13/06/2019, disponível em https://marcozero.org/a-lava-jato-domesticou-a-imprensa-brasileira-diz-pesquisador/ (visualizado em 19/12/2021). Ver, CHRISTOFOLETTI, Rogério. A Crise do Jornalismo tem solução? Barueri: Editora Estação das Letras e Cores, 2019.

[95] Leonardo Yarochewsky sustenta que a delação ou colaboração premiada gera benefício ao acusado com redução de pena ou perdão judicial, mas, citando Cândido Furtado Maia Neto, sem garantia certa ao acusado. Para Rubens Casara, tal instituto é revestido de desvalor ético em que o Estado não se distinguiria da superioridade ética que deveria ter sobre o delator criminoso. Este instituto foi importado da Itália, em 1974, quando da ofensiva sobre a Máfia, por meio da lei 497. Na origem italiana, distinguia-se o "dissociado" do "arrependido". O "arrependido" se retira da organização criminosa ou se entrega espontaneamente, oferecendo informações acerca desta organização. O "dissociado" seria aquele que, antes da sentença proferida procura impedir novos crimes e confessa a participação, recebendo redução de pena. Ver YAROCHEWSKY, Leonardo Isaac. "Delação Premiada", in ALVES, Giovanni et al (coord). Enciclopédia do Golpe, vol. 1., Bauru: Canal6 Editora, 2017, pp. 41-45.

montado para desaguar na captura do alvo político central e, finalmente, a ascensão na carreira e projeção política dos promotores públicos envolvidos na caçada.

Helder Prior sugere, inclusive, que o impeachment[96] da presidente Dilma Rousseff foi, também, midiático[97], onde a narrativa foi organizada a partir da intencionalidade política do editor. Em seu estudo, Prior indica que foi a partir da narrativa desenrolada pela Operação Lava Jato que a grande imprensa definiu a ofensiva na defesa do impeachment da presidente e criminalização dos dirigentes de seu partido. Em suas palavras:

> "(...) o processo de impeachment de Dilma Rousseff, votado em maio de 2016, não pode ser dissociado dos desdobramentos da Operação Lava Jato, particularmente, daqueles episódios verificados nos primeiros meses do ano. Efetivamente, as denúncias sobre o financiamento ilícito da campanha do PT em 2014, a detenção do assessor político João Santana, a espetacularidade da cobertura jornalística criada em torno da condução coercitiva de Lula da Silva, bem como a delação do ex-senador Delcídio Amaral, foram acontecimentos que ajudaram a criar um clima de opinião publicada e de convulsão social favoráveis ao processo que resultou na destituição de Dilma Rousseff."[98]

Ao analisar as edições das revistas Veja e IstoÉ a partir de março de 2015, até a queda do governo Dilma Rousseff, o autor identifica uma narrativa sincronizada que articula a corrupção com o impeachment como única saída para a salvação nacional.

A sincronia chega a ser surpreendente. Nas edições de julho os dois semanários dedicaram páginas às suspeitas de corrupção que rondariam o Palácio do Planalto e a queda de popularidade da presidente. No final de julho, as matérias progrediam para o "rastro do dinheiro do Petrolão na campanha de Dilma". A linha editorial evolui ao longo do segundo semestre de 2015 até sugerirem o desconforto do governo federal e suas tentativas para assegurar sua governabilidade. Nas edições seguintes, as duas revistas traçam paralelos com o processo de impeachment de Fernando Collor de Mello, sugerindo que "a história se repete"[99]. A revista Veja faz o mesmo na edição de final de ano, dedicando 24 páginas ao processo de impeachment, associando a

---

[96] Sobre a história do impeachment no Brasil e no mundo, ver MAFEI, Rafael. Como remover um presidente. Rio de Janeiro: Zahar, 2021. Sobre golpe de Estado, ver BIGNOTTO, Newton. Golpe de Estado: história de uma ideia. Rio de Janeiro: Bazar do Tempo, 2021.
[97] PRIOR, Helder. "Da Lava Jato ao Impeachment: efeitos de sentido e estratégias visuais nas revistas Veja, IstoÉ e Carta Capital", In WESCHENFELDER, Aline & FAUSTO NETO, Antônio (orgs). Comunicação, Aprendizagens e Sentidos. Campina Grande: EDUEPB, 2020, p. 378.
[98] Idem, ibidem, pp. 380-381.
[99] Idem, ibidem, p. 390.

Operação Lava Jato ao impeachment. Vaticina: "como a Lava Jato dará munição aos defensores do impedimento".[100]

Na edição de 16 de março de 2016, foi a vez da revista IstoÉ seguir os passos da Veja: relacionar a Operação Lava Jato com a cassação do mandato de Dilma Rousseff, destacando a prisão do publicitário João Santana, o que sugeriria recursos de campanha de 2014 vinculados à corrupção na Petrobras. A revista sustentava, ainda, que já se espalhavam pelo país comitês pró-impeachment envolvendo partidos políticos, movimentos sociais e celebridades.

A linha editorial adotada era nitidamente convergente.

A aliança entre a Operação Lava Jato e a Rede Globo

A relação de intimidade entre o comando da Operação Lava Jato e a grande imprensa foi evidenciada pelo portal *The Intercept Brasil* ao revelar a busca de acordo entre o promotor Deltan Dallagnol e a cúpula da Rede Globo[101].

No final de agosto de 2015, o promotor percebeu uma oportunidade a partir de uma mensagem, via Telegram, de um colega de Ministério Público Federal chamado Daniel Azeredo, que teria um "ótimo contato" com José Roberto Marinho, um dos filhos de Roberto Marinho, vice-presidente do Grupo Globo e presidente da Fundação Roberto Marinho.

Deltan Dallagnol privilegiava o repasse de informações sigilosas para a Rede Globo sempre que possível, como em 3 de julho de 2015, quando o procurador pediu para os colegas segurarem a informação. "Não passem pra frente, vamos dar pro JN de amanhã em princípio...", disse no grupo FT-MPF 2, se referindo ao principal programa jornalístico da emissora, o Jornal Nacional. Dallagnol queria repassar à Globo a descoberta, até ali restrita à força-tarefa, de que o ex-diretor da Petrobras Paulo Roberto Costa recebeu depósitos em contas na Suíça em datas próximas a telefonemas trocados entre Bernardo Freiburghaus, apontado como operador da Odebrecht, e Rogério Araújo, um executivo da empreiteira. A informação de Dallagnol foi aproveitada pela Globo, que veiculou uma reportagem de quase dois minutos no Jornal Nacional. Segundo a matéria do *The Intercept Brasil*, "esse documento já estava pronto desde o dia 2 de julho, mas ainda não tinha sido juntado aos autos da Justiça Federal do Paraná — ou seja, não estava público. A força-tarefa só anexou esse documento no processo às 20h19 do dia 6: onze minutos

---

[100] Idem, ibidem, p. 384.
[101] Ver "Um transatlântico: o namoro entre a Lava Jato e a Rede Globo", The Intercept Brasil, 9 de Fevereiro de 2021. Disponível em https://theintercept.com/2021/02/09/namoro-lava-jato-rede--globo/ (visualizado em 20/12/2021).

antes do início do Jornal Nacional daquela noite. Uma espécie de vazamento legalizado."

Em novembro de 2015, Dallagnol conseguiu agendar um encontro com João Roberto Marinho, presidente dos conselhos Editorial e Institucional do Grupo Globo e vice-presidente do Conselho de Administração.

Alguns dias depois deste encontro, o jornal O Globo publicou o editorial "Combate à corrupção passa pelo fim da impunidade", onde sustenta que "mais eficácia no combate à corrupção passa pela aprovação de punições mais duras. Esse é o princípio de um documento elaborado pelo Ministério Público Federal que será a base de um projeto de lei de origem popular, nos moldes do que se transformou na Lei da Ficha Limpa" (...) e "o documento consagra o pressuposto do fim da impunidade". As Organizações Globo ingressavam assim na militância pelo projeto das Dez Medidas contra a Corrupção.

O arquivo das trocas de mensagens, que ficou cunhada pelo portal *The Intercept Brasil* como "Vaza Jato", revela que a força-tarefa antecipava informações para jornalistas da emissora e dava dicas sobre como achar detalhes quentes nas denúncias.

Na tarde do dia 28 de janeiro de 2016 foi colhido o depoimento de Fernando Moura, delator da Lava Jato que havia dito ter sido aconselhado pelo ex-ministro José Dirceu a fugir do país em 2005, quando do início das denúncias sobre o esquema que foi cunhado como Mensalão. Esta gravação chegou, em primeira mão, à redação da Rede Globo. As gravações foram juntadas aos autos do processo às 19h18, pouco mais de uma hora antes de serem exibidas no Jornal Nacional.

Foram muitos vazamentos de informações sigilosas que chegaram, de maneira privilegiada às redações das empresas Globo.

A aproximação com as Organizações Globo gerou frutos políticos e grande exposição pública dos coordenadores da Operação Lava Jato. Ao ponto de criar um grau de excitação e êxtase em vários de seus membros.

Em sua tese de doutoramento, Manoel Moabis dos Anjos[102] identifica na atuação dos promotores que coordenavam a Operação Lava Jato um nítido ativismo judicial ou "comportamento de magistrados para execução de condutas não reguladas que acabam impondo ao poder executivo ou legislativo seu ponto de vista a respeito de um problema social. Trata-se, portanto, de uma atuação política do poder judiciário, que se manifesta na parcialidade do juiz."[103]

---
[102] Ver ANJOS, Manoel Moabis Pereira. O dispositivo coletiva de imprensa na Operação Lava Jato: estudo das estratégias estabelecidas por fontes, assessores e jornalistas. São Leopoldo: Unisinos, 2021.
[103] ANJOS, Manoel Moabis Pereira. O dispositivo coletiva de imprensa na Operação Lava Jato, op. cit., p. 32.

O autor sugere, ainda, que a interação da operação Lava Jato e imprensa já se verificava no trato da Polícia Federal e Ministério Público com veículos de comunicação. Invariavelmente, segundo Manoel Anjos, as coberturas advindas desta proximidade auxiliavam na imagem heroica dos servidores públicos envolvidos que repassavam informações nem sempre públicas aos jornalistas[104]. O resultado foram matérias jornalísticas que "espetacularizavam" as ações policiais construídas "a partir de uma única fonte" que "detém a exclusividade da fala e dessa forma direciona o entendimento público dos acontecimentos de acordo com a sua posição".[105] Trata-se, como sustenta o autor, de expediente recorrente no Brasil.

A partir da sétima fase da Operação Lava Jato[106] aumentou a preocupação dos membros da força-tarefa, em especial do seu comando, em divulgar na grande imprensa cada passo da investigação, mesmo que meros indícios. Foram muitas coletivas de imprensa nas sedes da operação, onde se divulgavam *press releases* ou comunicados oficiais.

A conclusão de Manoel Anjos é que

> "A ausência de uma cobertura jornalística crítica à Lava Jato é uma característica reconhecida por jornalistas ouvidos nesta pesquisa e, até mesmo, por organizações jornalísticas. A postura mais crítica na cobertura da Lava Jato só ganhou peso de forma sistemática na imprensa, a partir do vazamento das conversas via aplicativo Telegram envolvendo o grupo de investigação da Lava Jato no Ministério Público Federal que foram publicadas pelo The Intercept Brasil."[107]

Foi um período que toda a grande imprensa trabalhou em uníssono, replicando acriticamente os releases que recebia da única fonte, a saber, a própria força-tarefa. Neste passo cabe ressaltar o trabalho jornalístico heroico e de risco realizado pela chamada mídia independente progressista, que, como demostrou o tempo e as revelações da Vaza Jato, vinha acertando tanto pontualmente como no todo de suas análises.

---

[104] Idem, ibidem, pp. 33-34.
[105] Idem, ibidem, p. 34.
[106] Deflagrada em novembro de 2014 pela Polícia Federal, a sétima fase da Lava Jato prendeu 26 pessoas, entre elas os ex-diretores da Petrobras Renato Duque e Nestor Cerveró, além de executivos de empreiteiras com contratos com a estatal.
[107] ANJOS, Manoel Moabis Pereira. O dispositivo coletiva de imprensa na Operação Lava Jato, op. cit., p. 37. O autor cita a posição do ombudsman da Folha de São Paulo publicada neste jornal em 6 de outubro de 2019, disponível em https://www1.folha.uol.com.br/colunas/flavia-lima-ombudsman/2019/10/a-folha-faz-autocritica.shtml (visualizado em 20/12/2021).

A Operação Lava Jato cria o ambiente político para a mobilização social de extrema-direita

Esta onda midiática alimentada pela Operação Lava Jato motivou e criou o ambiente político para ações mais ousadas dos coletivos de extrema-direita que se formavam no Brasil.

Como sugere Céli Pinto, se as manifestações de 2013 e 2014 tiveram como pauta os eventos futebolísticos e as obras envolvidas nesses megaeventos, em 2015, em especial, a partir de 15 de março, o caráter político dos protestos já era evidente, tendo como mote o impeachment da presidente Dilma Rousseff[108].

Segundo a Folha de S Paulo, em 15 de março, cerca de 2 milhões de brasileiros protestavam em todo país[109], a maioria vestida com as cores seleção brasileira de futebol, deslocando as regiões de protesto dos bairros mais populares para bairros de classe média, como a Avenida Paulista em São Paulo, Copacabana no Rio de Janeiro, Moinhos de Ventos em Porto Alegre. Os temas sociais, políticos e econômicos dos manifestantes de 2013 e 2014 foram substituídos por um claro discurso de extrema-direita, tendo à frente o movimento Vem pra Rua, o MBL e os Revoltados On-line[110].

Na leitura de Céli, desde 2014 o campo da centro-esquerda brasileira apresentava-se desorganizado, abrindo espaço para o campo da centro-direita assumir a ofensiva política[111]. A reeleição de Dilma Rousseff não rearticulou o discurso de seu governo e o apoio social ao seu governo passou a se limitar aos militantes petistas[112].

Pesquisa quantitativa realizada entre manifestantes de 12 de março de 2015 em Belo Horizonte[113], indicou como os manifestantes deste período encontravam-se alinhados ideologicamente contra o PT e todo sistema partidário nacional, adotando um discurso na fronteira da quebra da institucionalidade democrática. Segundo este *survey*, 91% declararam que o PT fez um grande mal ao país e 82% deram nota zero ao PT; 36% se diziam indignados com a corrupção e 80% citaram os governos lulistas como corruptos; 82% consideraram que Lula é um dos principais malfeitores do país e 24% afirmaram que Jair Bolsonaro poderia ser um bom presidente. Do total de

---

[108] Ver PINTO, Céli Regina Jardim Pinto (2013-2015), op. cit., pp. 15-16.
[109] Idem, ibidem, p. 18.
[110] Idem, ibidem, p. 48.
[111] Idem, ibidem, p. 42.
[112] Idem, ibidem, pp. 46-47.
[113] Ver TELLES, Helcimara. Corrupção, legitimidade democrática e protestos: o boom da direita na política nacional?, in SOLANO, Esther & ROCHA, Camila (orgs.). As direitas nas redes e nas ruas: a crise política no Brasil. São Paulo: Expressão Popular, 2019, pp. 56-89.

manifestantes entrevistados, 81% se diziam eleitores do ex-governador mineiro Aécio Neves que liderou, desde o final do pleito de 2014, a mobilização que adotou o discurso do ódio contra o governo Dilma e seu partido.

Retomava, a partir de então, uma série de preconceitos e valores da elite nacional contra toda política social inclusiva. Um discurso que apareceu quando da reação à regulamentação da organização sindical rural nos anos 1960 ou décimo-terceiro salário, sob o argumento de retirar mão-de-obra disponível do mercado de trabalho. Na pesquisa realizada em Belo Horizonte junto aos manifestantes de 12 de março, reaparece o mesmo viés reacionário: a maior parte discordava das políticas governamentais de inclusão social, como o Bolsa Família (77,8%), argumentando que pessoas assistidas por programas sociais podem "se tornar preguiçosas". Outros 37% dos que protestavam alegaram que minorias como negros, mulheres e homossexuais, têm direitos demais no Brasil, e as cotas raciais são rejeitadas por 70,1% que sugeriam que fossem eliminadas; 75,6% declararam que os pobres são desinformados na tomada de suas decisões políticas e que os nordestinos têm menos consciência do voto do que os moradores de outras regiões do país (59,3%). Finalmente, 42% não apresentaram simpatia por qualquer legenda partidária e profundo desencanto com os partidos políticos em geral[114]. A maioria dos manifestantes belorizontinos se identificou como de centro (47%) e de direita (39%), sendo que 7,7% se posicionaram como de extrema-direita.

O bloco antipetista que vai, a partir de março de 2015, desenvolvendo uma narrativa gradativamente mais violenta possuía páginas nas redes sociais que convocavam as manifestações pelo impeachment de Dilma Rousseff e registravam um grande número de curtidas, como as páginas do MBL e do Vem pra Rua.

Camila Rocha sugere que essa presença precoce de fóruns (inicialmente, no Orkut) e redes sociais virtuais envolvendo jovens e a rede de *think tanks*[115] liberais construída no período anterior foi decisiva para a formação do

---

[114] Idem, ibidem, pp. 63-64. Pesquisa similar realizada em São Paulo entre manifestantes de 12 de março de 2015 indicava o grau de desconfiança nos partidos entre manifestantes pró-impeachment: PT era rejeitado por 96%), PSDB por 47,6%, PMDB por 81,8%, Rede por 61,1% e PSOL por 4,7%. Ver SOLANO, Esther; ORTELLADO, Pablo & RIBEIRO, Márcio Moretto. 2016: o ano da polarização?, In SOLANO, Esther & ROCHA, Camila (orgs.). As direitas nas redes e nas ruas: a crise política no Brasil. São Paulo: Expressão Popular, 2019, p. 119.

[115] Advocacy think tanks teriam, segundo a autora, como intenção a disseminação de ideários políticas para influenciar a opinião pública, financiados exclusivamente com recursos privados. Ver WEAVER, R. Kent. "Neopopulism and Neoliberalism in Latin Amercian: how much affinity?". Third World Quarterly, 2003, p 1095-115; COCKETT, Richard. Thinking the unthinkable: Think-Tanks and the economic counter-revolution 1931-1983. Londres, Harpercollins Publishers, 1993; STEDMAN JONES, Daniel. Masters of the universe: Hayek, Friedman, and the birth of neoliberal Politics. Princeton, NJ, Princeton University Press, 2007; VALDÉS, Juan Gabriel. Pinochet´s Economists: The Chicago School of Economics in Chile. Cambridge: Cambridge University Press, 1995; DOHERTY, Bryan. Radicals for capitalism: a freewheeling history of the modern american

discurso pró-impeachment e, mais adiante, numa escala ascendente, agressivo, violento e reacionário. Nas suas palavras:

> "(...) três fatores foram fundamentais para explicar a formação desse contrapúblico e o seu sucesso em organizar uma militância de base que convocou e dirigiu os primeiros protestos pró-impeachment: 1. A presença precoce em fóruns e redes sociais virtuais de jovens universitários e profissionais liberais das classes média e alta que possuíam interesse pelo liberalismo econômico; 2. A preexistência de uma rede de *think tanks* liberais no país que pudesse oferecer suporte organizacional e financeiro à militância em formação; 3. Mudanças na estrutura de oportunidades políticas relacionadas a dois eventos políticos no país: as revoltas de junho de 2013 e a reeleição de Dilma Rousseff em 2014."[116]

A partir de 2004, com a criação da rede social Orkut, foi se disseminando no Brasil comunidades juvenis que dialogavam com uma diversidade de temas, incluindo política. Em janeiro de 2006, 75% do total dos usuários do Orkut no mundo eram do Brasil. Muitas das comunidades de Orkut envolviam estudantes universitários que se inclinavam para a defesa do liberalismo econômico tendo contato com esta ideologia através de cursos oferecidos em suas respectivas universidades, como já destacamos anteriormente. Havia, ainda, um interesse inicial em participar da política estudantil que parecia interditada pelas organizações vinculadas aos partidos de esquerda, em especial, ao PCdoB e diversas correntes internas do PT. Lourival de Souza, na época estudante da Universidade Federal do Maranhão, relata: "o Orkut começou a crescer, nessa época você começa a conhecer a turminha das antigas, as comunidades de Olavo de Carvalho, comunidade Liberalismo (...)"[117].

Hélio Beltrão e Rodrigo Constantino percorriam essas comunidades do Orkut e estimulavam a militância em formação. Hélio Beltrão é filho do ex-ministro de mesmo nome que costumava frequentar os círculos formados em torno do Instituto Liberal do Rio de Janeiro. Já Constantino trabalhara no mercado financeiro sob a chefia de Paulo Guedes. Havia uma conexão com o Instituto Millenium, do qual os dois expoentes eram lideranças[118]. Em 2007, Hélio Beltrão passou a presidir o Instituto Mises Brasil (IMB), o

---

libertarian movement. New York: PublicAffairs, 2007; DESAI, Radhika. "Second-hand dealers in ideas: think-tanks and Thatcherite hegemony. New Left Review, 1994, n. 203, p. 27.

[116] ROCHA, Camila. "Imposto é roubo!". A formação de um contrapúblico ultraliberal e os protestos pró-impeachment de Dilma Rousseff, In SOLANO, Esther & ROCHA, Camila (orgs.). As direitas nas redes e nas ruas: a crise política no Brasil. São Paulo: Expressão Popular, 2019, pp. 125-126.

[117] Idem, ibidem, pp. 139-140.

[118] O Instituto Millenium foi fundado por um grupo de acadêmicos, executivos e profissionais liberais, entre os quais estavam Denis Rosenfield, Patrícia Carlos de Andrade, Gustavo Franco, Paulo Guedes, Hélio Beltrão e Rodrigo Constantino. Dentre seus financiadores, estavam o Grupo Abril, Organizações Globo, Grupo Ultra, Grupo Gerdau, Grupo Évora, entre outros.

primeiro *think tank* ultraliberal do país com nítido foco no recrutamento e organização de jovens universitários. Paralelamente, foi criado o Instituto de Formação de Líderes articulada ao redor de organizações estrangeiras como a Fundação Friedrich Naumann, a Foundation for Economic Freedom, a Atlas Network[119] e o Cato Institute[120].

Os valores disseminados por esta rede de *think tanks* envolvia a defesa do ultraliberalismo econômico, mas também valores libertários, da tradição ultraconservadora estadunidense, que defendia a liberdade e independência plena dos indivíduos, como o porte de armas para defesa pessoal, consumo de psicotrópicos e até mesmo o uso do corpo ao bel-prazer do cidadão. Um discurso que se fundia com parte do ideário juvenil, principalmente dos que contestavam as lideranças de esquerda.

Rodrigo Constantino, Bernardo Santoro e Fábio Ostermann tiveram papel relevante na organização desta rede ultraliberal juvenil. Os dois primeiros reestruturaram o Instituto Liberal do Rio de Janeiro adotando este viés militante e Ostermann, por sua vez, se dedicou à organização da militância ultraliberal com a criação do Instituto Ordem Livre e o Estudantes para a Liberdade. Santoro relata: "eu conhecia todo mundo do Instituto de Estudos Empresariais, do Instituto de Formação de Líderes, da Fundação Friedrich Naumann, das tentativas de partidos liberais em formação, Partido Novo, Partido Federalista, Líber, eu era presidente do Líber na época. (...) "[121]

É perceptível a formação de redes juvenis que se sustentavam a partir de um tripé organizativo, a saber: redes sociais, organizações juvenis ultraliberais e *think tanks* empresariais aliadas às organizações internacionais reacionárias que, não raro, financiavam organizações estudantis e cursos de formação e recrutamento de jovens.

---

[119] Atlas Network, anteriormente conhecida como o Atlas Economic Research Foundation, é uma organização sem fins lucrativos sediada nos EUA. O grupo tem como missão declarada: "fortalecer o movimento da liberdade em todo o mundo por meio da identificação, formação e apoio a indivíduos com potencial para fundar e desenvolve organizações independentes eficazes". Em 2015, a Atlas Network se posicionava no 57º lugar entre as Top Think Tanks dos EUA. Ver MESSENBERG, Débora. "A direita que saiu do armário: a cosmovisão dos formadores de opinião dos manifestantes de direita brasileiros", In SOLANO, Esther & ROCHA, Camila (orgs.). As direitas nas redes e nas ruas: a crise política no Brasil., op. cit, nota de rodapé 14, pp. 188-9.

[120] Desde 1992 a Fundação Friedrich Naumann, organização alemã fundada em 1958 para divulgar o liberalismo econômico, mantém um escritório em São Paulo a partir do qual atua em conjunto com os principais think tanks liberais brasileiros, como o Instituto Liberal, o Instituto de Estudos Empresariais e o Instituto Millenium, promovendo e financiando atividades para a difusão do ideário pró-mercado na sociedade civil. As organizações Foundation For Economic Freedom, Atlas Network e Cato Institute, ao lado de outras instituições similares, integram a rede estadunidense ligada à militância libertariana internacional descrita por Bryan Doherty. Atualmente, a Cato atua em conjunto com a Atlas Network, fundada em 1981 nos Estados Unidos com o objetivo de articular mais de quatrocentos think tanks pró-mercado espalhados pelo mundo. Ver ROCHA, Camila. "Imposto é roubo!". A formação de um contrapúblico ultraliberal e os protestos pró-impeachment de Dilma Rousseff, op. cit., notas 20 e 21, p. 147.

[121] Idem, ibidem, p. 149.

Outro personagem de destaque neste período, nem tanto por sua capacidade organizativa, mas pela forma de fazer política mais agressiva e espetaculosa, foi Paulo Batista, que se lançaria candidato a deputado estadual em São Paulo[122]. Em 2014 já havia uma rede descentralizada e capilarizada de grupos e organizações que abrangia todo território nacional. Paulo Batista, aproveitando-se deste caldo de cultura, passou a produzir vídeos curtos como um super-herói ultraliberal que lançava raios "privatizadores" em cidades comunistas. Defendia um programa que transitava entre o liberalismo e o que denominavam de libertarianismo.

O estilo explosivo de fazer política midiática de Paulo Batista pode ser percebido neste seu depoimento:

> "O primeiro ato que nós fizemos foi um protesto na porta da Embaixada da Venezuela. Nós levamos um caminhão de pallets de papel higiênico na frente da Embaixada e fizemos um protesto lá, contra a Venezuela. Deu polícia, deu Folha de S. Paulo, deu uma galera de um partido chamado Novo, que era tão novo que eu não conhecia, apareceram lá e falaram, 'a gente ama o seu trabalho' (...). Eu fui confrontar o pessoal do PSTU e PCO ali no centro da cidade, com megafone, quase apanhei, eu entrei dentro do comitê principal do PT, e do PCdoB, pra levar uma carta convite pra eles fornecerem papel higiênico para a Venezuela. Nós levamos um bote na porta do Consulado de Cuba. Eu ia pular de paraquedas na USP – e o paraquedas era preto e amarelo, a cor do anarcocapitalismo"[123].

A campanha de Paulo Batista agregou em 2014 a militância juvenil ultraliberal do país, que sentiu energia e capacidade política de fazer suas ideias e organizações disputarem o poder político no Brasil. Embora não eleito, a estrutura de campanha que Batista engendrou, logo em seguida, as manifestações pelo impeachment de Dilma Rousseff. Neste novo movimento, a articulação criada ao redor de Batista se aproximou do Movimento Vem pra Rua, que havia realizado três protestos contra a corrupção e o PT em outubro de 2014[124].

Numa primeira manifestação unificada, o protesto reuniu 2,5 mil pessoas que repetiam palavras de ordem como "Fora PT", "Fora Dilma" e "Fora corruptos" e envolveu organizações e celebridades como o Revoltados Online, Lobão, grupos antipetistas e grupos que defendiam a volta da ditadura militar. Uma segunda manifestação realizada na Avenida Paulista, convocada duas semanas após a que reuniu mais de 2 mil pessoas, estimulou a recriação

---

[122] Paulo Batista é empresário do ramo imobiliário que atua no interior do Estado de São Paulo. Foi candidato à deputado estadual em 2014 pelo Partido Republicano Progressista com o slogan de campanha "Raio Privatizador". Atualmente é membro da Livres.
[123] ROCHA, Camila. "Imposto é roubo!". A formação de um contrapúblico ultraliberal e os protestos pró-impeachment de Dilma Rousseff, op. cit., notas 20 e 21, pp. 161-162.
[124] Idem, ibidem, pp. 162-163.

do MBL (criado originalmente por Fábio Ostermann em 2013 em substituição ao Renovação Liberal). Após este segundo protesto que articulava vários coletivos juvenis ultraliberais, se seguiram mais três até que, no dia 15 de março de 2015, o MBL, o Vem pra Rua e o Revoltado On-line convocaram uma manifestação que teria reunido um milhão de pessoas na Avenida Paulista, segundo a Polícia Militar, e 250 mil segundo o Instituto Datafolha.[125]"

Importante reafirmar como o MBL e a extrema-direita juvenil só ganham fôlego em 2015, iniciando sua organização em 2014. A organização havia sido abandonada em 2013 e retomada em 2014, durante a vaga de protestos pró-impeachment de Dilma Rousseff. Foi apenas no ano de 2014, e a partir da candidatura de Paulo Batista, que a militância ultraliberal, que já circulava em uma rede descentralizada e capilarizada de grupos e organizações que abrangia todo território nacional, começou a ganhar alguma visibilidade no cenário político nacional. Neste período de ascensão dos protestos, a primeira manifestação importante antipetista e que destilou valores de extrema-direita ocorreu em 15 de março de 2015. A segunda ocorreu no dia 27 de agosto de 2016, quando da deposição de Dilma Rousseff. Há, portanto, uma leitura das redes juvenis ultraliberais, financiadas e apoiadas por *think tanks* e estruturas empresariais, que o momento da ofensiva política se descortinava a partir de 2014 e ganha plena realização entre 2015 e 2016, no bojo da ofensiva da Operação Lava Jato. Foi um movimento de autorreconhecimento de sua força e capacidade política de mobilização a partir de ideias centrais de negação de todo projeto que havia se instalado no campo institucional do país a partir de 2002.

O discurso do ódio se espraia a partir deste êxtase provocado pela demonstração de força política que logrou derrubar o governo federal.[126]

A primeira onda que forjou a ascensão da extrema-direita contemporânea no Brasil preparou as bases programáticas do alto empresariado do centro-sul do país para a investida na disputa da agenda estatal. Foi, também, o momento em que o empresariado fomentou e financiou organizações juvenis cujo objetivo era a agitação política de direita.

---

[125] Idem, ibidem, p. 164.

[126] Para Jacques Rancière, o discurso do ódio tem lastro na estratégia dos EUA para levar a democracia para outros povos, como no Oriente Médio. Para o autor "levar a democracia a outro povo não é levar apenas os benefícios do Estado constitucional, eleições e imprensa livre. É levar também a bagunça. Ainda nos lembramos da declaração do ministro da Defesa norte-americano sobre os saques que ocorreram após a queda de Saddam Hussein. Ele disse, em síntese, que havíamos levado a liberdade aos iraquianos. Ora, a liberdade é também a liberdade de errar. A declaração não é apenas um gracejo de circunstância. Afaz parte de uma lógica que pode ser reconstruída a partir de seus membros isolados: a democracia, por não ser o idílio do governo do povo por ele mesmo, por ser a desordem das paixões ávidas de satisfação, pode e até deve ser trazida de fora pelas armas de uma subpotência (...)". Ver RANCIÈRE, Jacques. O ódio à democracia. São Paulo: Boitempo, 2014, p. 14. Ver. Também, SOLANO, Esther (org.). O Ódio como política. São Paulo: Boitempo, 2018.

Já a segunda onda, descrita neste capítulo, se agregou e se sobrepôs à primeira, e gerou o clima político de revolta, manipulando o ressentimento popular construído a partir da narrativa do uso de políticas públicas sociais para legitimar atos de corrupção. A sensação de traição tramada por políticos ardilosos que emergia da narrativa pública que derivava da Operação Lava Jato criava o ambiente de agitação política que transbordou para discursos de extrema-direita. Ao mesmo tempo, conferia a sensação de força aos manifestantes que saíam às ruas exigindo a mudança radical de todo sistema político nacional. O estilo macarthista adotado pelo comando da Operação, apoiado na intimidação e ofensiva midiática que empreendeu, criou um clima irresistível de ataque político contínuo. A frustração manipulada pelo discurso que denunciava "a maior corrupção política da história do país" rapidamente progrediu para um ataque à toda institucionalidade pública nacional, abrindo caminho para a defesa do retorno do regime militar, intimidação de todas as organizações políticas e criminalização de movimentos sociais e organizações populares.

A Operação Lava Jato foi o fio condutor desta transição: da organização empresarial para as organizações juvenis ultraliberais e libertárias para, então, dar o salto, em 2015-2016, para a explosão do discurso do ódio.

A aceitação da implantação do fascismo pela sociedade é algo antinatural, pois ao fim e ao cabo se volta contra essa sociedade, em especial, os segmentos menos abastados e com menor poder político. Por isso, sua implantação depende de um grande esforço de convencimento.

As condições para esse convencimento têm sido dadas sempre que surge um novo e poderoso meio de comunicação. Sendo novo, é naturalmente desregulamentado, e sendo desregulamentado é apropriado pela parcela que tem menos escrúpulos.

Foi assim com o rádio nos anos 1930, e tem sido assim com as redes sociais, a partir de meados da primeira onda, ganhando força estrondosa na segunda onda, e sendo decisivas na terceira onda, como veremos no capítulo a seguir.

A terceira onda: o bolsonarismo

Assim como na ascensão do nazismo na Alemanha dos anos 1930, o bolsonarismo se fez a partir de uma potente e desregulamentada rede de comunicação de massas.

Na experiência alemã, o rádio – ainda não regulamentado – catalisou o ressentimento e o ódio acalentados pela profunda crise econômica e desmoralização internacional que o país passava. Não por outro motivo, em 3 de julho de 1933, o Ministério da Propaganda do Reich submeteu todas as áreas da imprensa falada à Câmara de Radiodifusão do governo nazista. Josef Goebbels percebia no rádio o meio ideal para divulgação da plataforma nazista, por onde se disseminava a noção de *Volksgemeinschaft*, ou seja, Comunidade Nacional alemã. Todos os profissionais de rádio foram obrigados a se filiar à Câmara de Radiodifusão.

O rádio, que até então era empregado para transmitir mensagens a partir do Código Morse, passou a ser usado amplamente como mídia a partir de 1920[127]. E foi justamente na Segunda Guerra Mundial que este meio de difusão se consolidou. Segundo Guerrini[128], a Alemanha, Itália, Reino Unido, EUA e União Soviética já mantinham transmissões em ondas curtas para difundir seus ideários. Para que se tenha uma ideia do quanto os fascistas apostavam nesse novo meio imediato e desregulamentado, no caso italiano, Mussolini difundia sua programação para o mundo árabe desde 1935.

Sob a batuta de Goebbels, o rádio passou a motivar e mobilizar cidadãos alemães na cruzada da valorização da supremacia ariana. A intenção era produzir mensagens instantâneas que criassem um ambiente de excitação permanente.

---

[127] Em 22 de dezembro de 1920 foi ao ar a primeira transmissão de rádio na Alemanha, que oferecia um concerto de Natal aos funcionários do Deutsche Reichspost (Correio Imperial Alemão). Em 1925 foi criada a rede nacional Reichsrundfunkgesellschaft, centralizando as emissoras públicas regionais do país. Ver MAREK, Michael. "Como o rádio se tornou um culto entre os alemães", Deutsche Welle, 22/12/2020. Disponível em https://www.dw.com/pt-br/como-o-r%C3%A1dio-se-tornou--um-culto-entre-os-alem%C3%A3es/a-56032947 (visualizado em 27/01/2022).

[128] Ver GUERRINI, Irineu. Brazilian Section – As transmissões em português da BBC durante a Segunda Guerra Mundial. In: GOLIN, Cida; ABREU, João Batista de (Org.). Batalha sonora: o rádio e a Segunda Guerra Mundial. Porto Alegre: EDIPUCRS, 2006. Ver, ainda, FORNERI, Oscar Milton Cowley & SILVA, Maria Aparecida Ramos. A mídia como arma de guerra durante a Segunda Guerra Mundial. Temática, Ano XIII, n. 07. Julho/2017. NAMID/UFPB - http://periodicos.ufpb.br/ojs2/index.php/tematica.

Relatos "quentes"[129], vibrantes, voltados para criação de um ambiente de urgência e êxtase definiam a pauta das locuções difundidas pelas rádios. Disseminavam-se notícias falsas sobre judeus reativos aos seus hábitos de higiene e sexo[130].

O impacto dessa ofensiva midiática deitou raízes profundas na Alemanha e gerou uma legião de *mitläufer*, seguidores ou simpatizantes do nazismo que se encantaram com a construção de uma Pátria Grande, desenvolvida e próspera. A perseguição aos judeus passou a gerar benefícios pessoais palpáveis, disponibilizando cargos públicos na medida em que titulares judeus eram afastados de seus postos, criando possibilidade de compra de empresas e negócios, bem como residências de luxo, a preços ínfimos com a necessidade de exílio para fugir da perseguição nazista.

Os psicanalistas Alexander e Margarete Mitscherlich sugerem, em seu livro "A incapacidade de sofrer" o trauma da perda da figura idealizada de Hitler no pós-guerra como perda narcísica. Daí porque a "desnazificação" da Alemanha ter se tornado tão penosa e arrastada. Logo na década de 1950, Konrad Adenauer propôs que o passado ficasse no passado, abrindo espaço para anistia a dezenas de milhares de nazistas condenados[131].

Esse paralelo com o Brasil se faz necessário porque as redes sociais em nosso país tiveram o mesmo papel catalisador e mobilizador que as rádios no período nazista: disseminar o ódio e a excitação permanente, bem como uma ofensiva de massas contra os que eram definidos como adversários da nação. A nação era apresentada como moralmente sólida, mas naquele momento conspurcada por interesses escusos, canhestros e perigosos, cristalizados numa onda de corrupção inusitada.

As redes sociais brasileiras, assim, desregulamentadas em seu uso como fora a rádio no período nazista, e abusando das fake news, disseminaram continuamente um discurso ofensivo, acusatório e punitivista que amalgamou uma leitura de mundo que construiu a imagem do mal: corruptos da alma. Sem essa percepção, dificilmente compreenderemos a comoção nacional que se alastrou a partir de 2015 e chegou à eleição de 2018.

Nesse sentido, o bolsonarismo não se limita à figura de Jair Bolsonaro, nem mesmo de seu staff. Trata-se de um movimento irracional, forjado pela propaganda e distorção da realidade.

O espanhol Javier Toret, ao estudar as amplas mobilizações sociais que tomaram seu país em 2011 e que gerariam uma vaga de mobilização por todo

---

[129] LIOHN, André; SCHELP, Diogo. Correspondente de Guerra: os perigos da profissão que se tornou alvo de terroristas e exércitos. São Paulo: Contexto, 2016.
[130] Ver SCHWARZ, Géraldine. Os Amnésicos. Belo Horizonte: Âyné, 2021, p. 57.
[131] Ver MITSCHERLICH, Alexander / Margarete, Die Unfähigkeit zu trauern, Munich: Piper Taschenbuch, 2007.

o mundo (da Primavera Árabe à Revolução das Panelas na Islândia), sustenta que o estopim emocional pode ser um fato espetacular - como a autoimolação de Bouazazi na Tunísia, que desencadeou a vaga de protestos conhecida como Primavera Árabe -, mas só gera um movimento político irresistível quando articula redes sociais, mídia, notadamente a televisiva, e mobilizações de rua. Esta tríade se torna explosiva e incontida[132].

É a partir desse cenário que esta terceira onda se projetou.

A campanha eleitoral de 2018 e os preparativos para a tomada do poder

Jair Bolsonaro se apresentou, desde os preparativos para a campanha de 2018, como antipolítico, antissistema, como outsider.

Ele e sua equipe sabiam que no Brasil, sétimo país do planeta em desigualdade social[133], apresentar-se como outsider sempre será um trunfo com forte apelo para contrabalancear o imenso ressentimento e frustração de grande parte dos brasileiros em relação ao sistema político nacional.

Segundo o levantamento da ONG chilena Latinobarômetro, 25% dos latino-americanos não se importam se vivem em uma democracia ou não, desde que suas demandas possam ser atendidas. Este é o dado publicado na 25ª edição de sua pesquisa sobre o estado da democracia na região divulgada em outubro de 2021. O país que elegeu Jair Bolsonaro aparece na parte de baixo do ranking[134].

Jair Bolsonaro sempre foi um personagem estranho.

Avritzer sugere que Bolsonaro foi o terceiro outsider que a direita levou ao cargo em sessenta anos[135], sendo que todos (Jânio Quadros, Fernando Collor e Bolsonaro) sustinham a bandeira da agenda liberal na economia.

---

[132] Ver TORET, Javier. Tecnopolítica y 15M. La potencia de las multitudes conectadas. Un estudio sobre la gestación y explosión del 15 M (Sociedad Red). Barcelona: Editorial UOC, S.L., 2015.
[133] Ranking divulgado pelo Pnud (Programa das Nações Unidas para o Desenvolvimento) em 2019. O Brasil ficou atrás apenas de nações do continente africano, como África do Sul, Namíbia, Zâmbia, República Centro-Africana, Lesoto e Moçambique. O levantamento tem como base o coeficiente Gini, que mede desigualdade e distribuição de renda. Apenas o Catar tem maior concentração de renda entre o 1% mais rico da população do que o Brasil. Ver FORTE, Barbara, "Por que Brasil é o sétimo país mais desigual do mundo", Portal UOL, 20/02/2020. Disponível em https://www.uol.com.br/ecoa/ultimas-noticias/2020/02/20/por-que-brasil-e-o-setimo-pais-mais-desigual-do--mundo.htm?cmpid=copiaecola (visualizado em 31/12/2021).
[134] Para baixar o relatório de 2021, acesse https://www.latinobarometro.org/lat.jsp.
[135] Ver AVRITZER, Leonardo. Política e antipolítica nos dois anos de governo Bolsonaro, In AVRITZER, Leonardo et all (orgs.) Governo Bolsonaro. Belo Horizonte: Autêntica, 2021, p. 13. O autor sustenta que nos primeiros dois anos da gestão Bolsonaro houve pouca preocupação com a governabilidade, marcada pela relação de oposição e cooptação com o sistema político, algo que foi superado mais

Durante 27 anos, foi deputado federal sem qualquer brilho, se autodefinindo como parte do amontoado de parlamentares denominados de "baixo clero"[136], com trajetória de humilhações que acabaram por desenvolver traços de paranoia e, segundo Thaís Oyama, portador de um raciocínio binário em que divide políticos em duas categorias: os amigos e os inimigos[137]. Os traços paranoicos chegam à compulsão de examinar o chassi de seus veículos para vasculhar alguma bomba plantada ou nunca beber água de jarras. Durante sua campanha eleitoral, em 2018, evitava o uso de jatos particulares para se locomover para evitar "ser morto como Eduardo Campos"[138]. Tais traços de personalidade podem ter criado um ponto de atração para uma parcela do eleitorado que se sente tão desamparada quanto o próprio personagem. Uma identidade espelhada no ressentimento.

A relação de projeção entre parte do eleitorado e a figura de Jair Bolsonaro é, claro, muito mais complexa que o mero ressentimento. Contudo, este foi o elemento explorado não apenas durante sua campanha, como durante seu governo, como a assinatura do termo de posse como Presidente da República com uma caneta BIC.

Há algo de subjetivo na imagem criada em 2018 que traduziu os vínculos que manteve durante sua carreira como deputado federal.

Sua história nunca deixou margem a qualquer dúvida sobre suas intenções e projeto político. Em outubro de 1991, Jair Bolsonaro foi proibido de entrar em qualquer dependência militar do Rio de Janeiro por ser "má influência" para os soldados[139]. Em 1992, quando panfletava na Academia Militar de Agulhas Negras (AMAN), recebeu ordens para que se retirasse do local e seu carro foi guinchado.

---

adiante, quando enfeixou acordo de convivência com o denominado Centrão, bloco político-partidário marcado pelo clientelismo e agregação do baixo clero parlamentar.

[136] Termo criado pelo então deputado federal Ulysses Guimarães para se referir aos parlamentares sem brilho e projeção, descompromissados em pensar uma agenda nacional, mas que se dedicam a alimentar suas bases eleitorais com obras e emedas parlamentares objetivando sua reeleição. José Sarney, por seu turno, sugere que sempre houve no Congresso Nacional um colégio de líderes que era conhecido como "Sacro Colégio", donde o baixo clero seria composto pelos que não participavam deste seleto comitê. Roberto Grün sugere que "o uso da expressão ou correlatos na sua acepção intelectual mais ampla tem uma linhagem já longa, remontando pelo menos a Burke e Voltaire". Ver GRUN, Roberto. A vingança do baixo clero: o desafio ao "PiG" e o estado do conflito cultural no tratamento da crise financeira. Revista Mana 19 (2), Agosto de 2013. Disponível em https://www.scielo.br/j/mana/a/tm9jDndSwbmSD5bzRtnRz6q/?lang=pt (visualizado em 03/01/2022). Em participação no programa Roda Viva de 30/07/2018, Jair Bolsonaro admitiu ter sido um deputado sem expressão: "Eu era um ilustre desconhecido do baixo clero". Ver "O que é #FATO ou #FAKE na entrevista de Bolsonaro ao Roda Viva", 31/07/2018. Disponível em https://valor.globo.com/fato-ou-fake/noticia/2018/07/31/veja-o-que-e-fato-ou-fake-na-entrevista-de-bolsonaro-ao-roda-viva.ghtml (visualizado em 31/12/2021).

[137] OYAMA, Thaís. Tormenta. São Paulo: Cia das Letras, 2020, p. 76.
[138] Idem, ibidem, p. 77.
[139] Idem, ibidem, p. 37.

Seu currículo sugere que houve um fenômeno político catalisado pelo personagem de momento. Em outras palavras, *Bolsonaro foi identificado como um político à disposição de um movimento em curso*, de natureza revanchista e ressentida, que se desenvolvia a partir das duas ondas analisadas anteriormente neste livro.

Além das ondas organizativas e midiáticas lideradas pelos empresários durante ao menos três décadas, e pela ofensiva desfechada pela Operação Lava Jato, havia um substrato social que embalava um sentimento ressentido e revanchista. É possível destacar ao menos quatro fatores contribuintes neste processo, a saber:

1. *O hiperindividualismo* que se espraiou pelo país na primeira década deste século, alimentada pela "inclusão pelo consumo" que elevou a renda e o consumo das classes trabalhadoras brasileiras. A inclusão pelo consumo gera um processo de dessocialização em todos os países em que foi implantado, como na década de 1950 nos EUA, por desvincular a melhoria de condição de vida com organizações e demandas coletivas. O centro da vida social passa a ser os pequenos núcleos de convivência, quase sempre focado no apoio familiar, e no próprio esforço pessoal para garantir o patamar de consumo almejado ou alcançado. Pesquisas citadas neste estudo capturaram esse movimento egocêntrico no período;

2. *A fragmentação social* advinda dos processos de teletrabalho, de trabalho vinculado a aplicativos de prestação de serviços e novas tecnologias que diminuíram a demanda por mão-de-obra (como no caso do setor bancário). A fragmentação social e a insegurança crescente no mundo do trabalho diluíram a identidade social, a identidade de categoria profissional e a identidade de classe[140];

3. *A crise de legitimidade do sistema representativo*, iniciado, em especial, nos anos 1960 e que foi se espraiando pelo mundo nas décadas seguintes[141];

4. *O reposicionamento da Polícia Federal (a partir da década de 1990) e das Forças Armadas*, num processo de construção da imagem pública das instituições e alinhamento aos valores liberais e ultraliberais[142].

---

[140] Ver o impacto desse processo no aumento da angústia pessoal dos trabalhadores em SENNETT, Richard. A Corrosão do caráter: consequências pessoais do trabalho no novo capitalismo. Rio de Janeiro: Record, 1999.

[141] Ver KEANE, John. Vida e Morte da Democracia. São Paulo: Edições 70, 2010. Neste livro, o autor analisa, na Parte 2, a origem e a crise da democracia representativa.

[142] Sobre o realinhamento da Política Federal, FAGUNDES, Andréa Lucas & MADEIRA, Lígia Mori. "A Polícia Federal e o governo Bolsonaro: duas décadas de desenvolvimento de dois anos de ataques e resistências?", In AVRITZER, Leonardo et all (orgs). Governo Bolsonaro: retrocesso democrático e degradação política. Belo Horizonte: Autêntica, 2021. As autoras sustentam que a partir da

Esse cenário de mudança de padrão societário – na verdade, emergência de um padrão comunitário, mais intimista e focado no indivíduo e nos agrupamentos com identidade afetiva – se somou ao acanhamento das forças de esquerda. De contestadoras do *establishment* nacional, se inseriram no campo institucional com tal avidez que sua agenda passou a ser subordinada ao calendário eleitoral.

Estavam dadas, então, as condições para busca de saídas individuais ou marcadas pelo discurso emocional, tendo como pano de fundo o ressentimento e a frustração de uma meritocracia pessoal mal reconhecida, não raro calcada tão somente na intuição hipoteticamente privilegiada destes cidadãos.

Era chegada a hora de pôr em curso a terceira onda da consolidação da extrema-direita brasileira: a tomada do poder. Se nas ondas anteriores tivemos a consolidação de um projeto empresarial de conquista do Estado e formação de agrupamentos juvenis ultraliberais e ativistas; se a segunda onda foi a midiática, liderada pela Operação Lava Jato que alimentou a ofensiva do discurso pelo impeachment a partir de uma agenda reacionária; esta terceira onda cristalizará a capacidade política da extrema-direita se fazer poder e administrar o Brasil. Não foi um evento, nem mesmo um processo rápido; foi um movimento contínuo, de aproximações sucessivas, que é uma estratégia das infantarias nas guerras, que percorreu três décadas.

Vejamos como se engendrou o que se convencionou chamar de "bolsonarismo", um movimento maior que o personagem Jair Bolsonaro[143].

Seus elementos são, de um lado, as forças que compõem as ações que levam à tomada do poder nas eleições de 2018; de outro, a adesão de amplos segmentos populares ao discurso outsider de demolição das tradições políticas e institucionais do país. A ideia-força do bolsonarismo foi, desde sempre, a destruição da Ordem instituída.

Vale destacar que a base social e eleitoral de Bolsonaro identificava o espaço público como sendo cada vez mais perigoso e palco de práticas imorais[144]. Somente a sua eleição teria o condão de recuperar os valores tradicionais, a segurança e disciplina na sociedade cristalizadas na tríade: ordem, autoridade e hierarquia.

---

década de 1990 ocorreu um esforço de modernização do funcionamento da PF, com destaque para o papel da Academia Nacional de Polícia (ANP), com forte exposição midiática e foco no combate à corrupção.

[143] Avritzer sugere que Bolsonaro chegou à presidência não como líder político, mas como líder de "um movimento capaz de destruir políticas e políticos, o que o levou a constituir uma associação entre governo não virtuoso e conservadorismo. Ver AVRITZER, Leonardo. Política e antipolítica nos dois anos de governo Bolsonaro, op. cit., pp. 13-14 e 18.

[144] Ver ROCHA, Camila & SOLANO, Esther. A ascensão de Bolsonaro e as classes populares, In AVRITZER, Leonardo et all (orgs.) Governo Bolsonaro. Belo Horizonte: Autêntica, 2021, p. 33.

Comecemos pelas forças que constituíram o movimento de extrema-direita que chegará ao poder, secundadas por Jair Bolsonaro como candidato à Presidência da República. Vale destacar quatro principais forças políticas: os militares, com destaque para lideranças do Exército que fizeram parte da missão de paz no Haiti; os empresários; os evangélicos; e o baixo clero no Congresso Nacional.

As Forças Armadas brasileiras como ponto de tensão com o mundo civil

A primeira força a ser sublinhada é a representada pelas Forças Armadas (FFAA).

No Brasil, as FFAA se estruturaram historicamente com um elevado grau de autonomia em relação ao poder civil. Alguns autores, como Edmundo Campos Coelho, sustentam que seria "mais prudente admitir que não há nada de natural na subordinação dos militares e que, tal como ocorre nos países de democracia consolidada, o controle civil nunca é dado e muito menos assegurado com conversa e charme."[145]

Edmundo Coelho sugere ainda que a organização do Exército brasileiro pode ser caracterizada por três processos constitutivos, a saber: a) o peso crescente dos interesses e necessidades próprios da organização como fatores de seu comportamento político; b) a aquisição de graus cada vez mais elevados de autonomia em relação ao sistema societal e em relação a segmentos particulares destes; c) fechamento progressivo aos influxos da sociedade civil.[146]

Anaís Passos identifica que esta cultura institucional projetou o "mito da reserva moral da nação" nas FFAA[147].

Tal característica tensiona continuamente com o poder civil constituído democraticamente.

Após a investida na Assembleia Nacional Constituinte para manter seu papel de garantidor da lei e da ordem no interior do país, um segundo momento de reação, em especial, do Exército brasileiro foi quando da criação do Ministério da Defesa (MD), criado em 10 de junho de 1999. O MD substituiu

---
[145] Ver COELHO, Edmundo Campos. Identidade Militar e Poder Militar e Descompressão: Prospectos, in: COELHO, Edmundo Campos. Em Busca de Identidade: o Exército e a Política na Sociedade Brasileira. Rio de Janeiro: Ed. Forense, 1976, p.26.
[146] Idem, ibidem, p. 41.
[147] Ver PASSOS, Anaís Medeiros. " Militares e política no governo de Jair Bolsonaro", In AVRITZER, Leonardo et all (orgs). Governo Bolsonaro: retrocesso democrático e degradação política, op. cit., p. 217.

os antigos Ministério da Marinha, Ministério do Exército e Ministério da Aeronáutica, que foram transformados em Comandos do Ministério da Defesa.

Estudo de Cavalcanti sugere que a reação maior à criação do MD partia dos oficiais da geração da década de 1970 formados pela Academia Militar das Agulhas Negras (AMAN), que consideravam sua criação inoportuna porque forjada "dentro de um quadro político de revanchismo histórico as coisas estão atropeladas até hoje"[148]

Durante a gestão Lula, as FFAA passaram a se reposicionar a partir de um núcleo central no Exército conformado durante as suas duas gestões. O reposicionamento ocorre durante a gestão do ministro da Defesa, José Viegas Filho (2003-2004). Ressalte-se que as relações entre a sua gestão e o Exército foram sempre tensas, o que levaram à sua renúncia ao cargo em 22 de outubro de 2004, depois de um confronto aberto com o general Francisco Albuquerque[149].

Antes deste entrevero, o ministro Viegas já sentia o aumento da tensão com o Exército quando da criação da Secretaria de Estudos e Cooperação (SEC), instituído pelo decreto N° 4.735, de 11 de junho de 2003. A Escola Superior de Guerra (ESG) passou a se subordinar ao novo Secretário de Estudos e Cooperação, o diplomata José Roberto de Almeida Pinto. A reação do Exército foi imediata. Também da Marinha. A Marinha teria percebido uma janela de oportunidade que levaria à mudança da correlação de forças no interior das FFAA[150]. Assim, Exército e Aeronáutica foram as forças que mais apresentaram ressalvas à criação da SEC.

A SEC, contudo, promoveria uma importante inflexão na ideologia nacionalista das FFAA – presente desde a cooperação francesa na sua formação entre as décadas de 1920 a 1940 – para o envolvimento com o ideário

---

[148] CAVALCANTI, Carlos Alberto. O Ministério da Defesa e o Exército brasileiro: a construção de um relacionamento (1999 aos dias atuais). Tese de doutorado em Ciência Política (PPGCP) da Universidade Federal Fluminense, 2014, p. 44. Disponível em http://dcp.uff.br/wp-content/uploads/sites/327/2020/10/Tese-de-2014-Carlos-Alberto-de-Moraes-Cavalcanti.pdf (visualizado em 31/12/2021). À página 57, o autor revela que 83% dos oficiais desta geração entrevistados para sua pesquisa apresentaram resistência à criação do MD.

[149] O então ministro ficou contrariado com a insubordinação do general Albuquerque depois da divulgação de fotos que supostamente mostram o jornalista Vladimir Herzog momentos antes de sua morte. Mais tarde, foi revelado que tais fotos eram do padre canadense Leopold d"Astous. Na década de 70, Leopold e a catequista Terezinha Salles, da paróquia São José, em Brasília, foram presos por agentes do extinto Serviço Nacional de Informações (SNI) e tiveram de posar para os espiões do Exército. Na carta de renúncia entregue a Lula, Viegas afirma que "embora a nota não tenha sido objeto de consulta ao Ministério da Defesa, e até mesmo por isso, uma vez que o Exército Brasileiro não deve emitir qualquer nota com conteúdo político sem consultar o Ministério, assumo a responsabilidade que me cabe, como dirigente superior das Forças Armadas, e apresento a minha renúncia".

[150] Idem, ibidem, p. 179.

ultraliberal. Inúmeros depoimentos colhidos quando da produção deste livro sugerem que durante a gestão de José Viegas Filho houve aproximação de teorias liberais por esforço de Antonio Jorge Ramalho[151] e, posteriormente, Ivan Simonsen[152]. O início desse processo de mudança de ideário se deu justamente pelas iniciativas promovidas pela SEC[153]. A intenção do Ministro Viegas era aproximar a formação militar da produção acadêmica nacional.

Um segundo momento definidor da intervenção política das FFAA no caminho da constituição do bloco no poder[154] do governo Bolsonaro será a missão de paz no Haiti, oficialmente, a Missão das Nações Unidas para a Estabilização no Haiti (Minustah). Por 13 anos (2004-2017) o braço militar dessa missão foi comandado pelo Exército brasileiro, que enviou 37,5 mil militares ao país caribenho durante o período[155].

Naquele momento, parte do Exército brasileiro consolidou uma visão de intervenção militar territorial para impor sua concepção de ordem social. Sob o argumento de encontrarem um país desorganizado e vivendo um vazio de poder, sustentaram um projeto de segurança que dependia da presença ostensiva de militares e "demonstração de força" permanente[156]. Comandantes e

---

[151] Bacharel em Relações Internacionais pela Universidade de Brasília (1989), mestre em Ciência Política pelo IUPERJ (1992) e em Relações Internacionais pela Maxwell School of Citizenship and Public Affairs - Syracuse University (1999) e doutor em Sociologia pela Universidade de São Paulo (2002). Dirigiu o Departamento de Cooperação do Ministério da Defesa e o Centro de Estudos Brasileiros em Porto Príncipe, Haiti e integrou a Assessoria de Defesa da Secretaria de Assuntos Estratégicos da Presidência da República. Assessorou o ministro da Defesa na implantação do Instituto Pandiá Calógeras, do qual foi o primeiro diretor. Eleito por dois mandatos consecutivos de dois anos, dirigiu a Escola de Defesa da UNASUL, baseada em Quito. Atualmente, coordena o Bacharelado em Relações Internacionais da UnB e integra o corpo de professores responsáveis por implantar o Mestrado em Segurança Internacional e Defesa da Escola Superior de Guerra do Brasil, bem como o Grupo de Estudos e Pesquisas em Segurança Internacional do Instituto de Relações Internacionais da mesma universidade.

[152] Sobrinho do ex-ministro Mário Henrique Simonsen, Carlos Ivan Simonsen Leal é presidente da Fundação Getúlio Vargas (FGV). Foi consultor do Banco Central em 1989 e diretor do FGV-Business de 1992 até 1997, sendo responsável pela criação e formulação dos cursos na área de Finanças Corporativas e Gestão Empresarial. Em março de 2016, o Estado-Maior do Exército firmou acordo de intercâmbio acadêmico e cultural com a FGV, representada pela Escola de Ciências Sociais.

[153] Ver CAVALCANTI, Carlos Alberto, op. cit., p. 180.

[154] Bloco no poder é conceito criado por Poulatzas que expressa a configuração histórica das relações entre as classes dominantes em seus desenlaces no Estado capitalista ou uma unidade contraditória entre classes e/ou frações de classes, sob a hegemonia no seu interior de uma dessas frações ou classes, em suas relações com o Estado capitalista. Ver POULANTZAS, Nicos. Poder político e classes sociais. São Paulo: Martins Fontes, 1977.

[155] Em 29 de Fevereiro de 2004, o Conselho de Segurança das Nações Unidas (CSNU) aprovou a resolução nº 1529, autorizando o emprego de uma Força Interina Multinacional por um período de três meses no Haiti. A resolução exorta os Estados-Membros da Organização das Nações Unidas a "trabalhar com o povo do Haiti em um esforço de longo prazo para reconstruir as instituições democráticas do país", ajudando na formulação "de uma estratégia que promova desenvolvimento econômico e combata a pobreza". Em 30 de abril do mesmo ano, o CSNU aprovou a resolução nº 1542, criando a Missão das Nações Unidas para Estabilização do Haiti (MINUSTAH), por um "período inicial de seis meses".

[156] Ver CAVALCANTI, Carlos Alberto, op. cit., pp. 161-162.

subcomandantes brasileiros, uma década após o início da missão, reafirmavam a necessidade de patrulhamento ostensivo e permanente. Em outras palavras, a garantia da ordem e da paz estava diretamente vinculada à ocupação do território nacional por forças militares exógenas, sugerindo uma concepção peculiar, e muito próxima da concepção excepcionalista[157] dos EUA, de intervenção repressiva para garantia da paz e da democracia. Tudo calcado na lógica discursiva de que as causas da instabilidade política e social de um país são sempre endógenas e a superação do caos se apoia em forças exógenas.

Segundo um subcomandante brasileiro da missão no Haiti, entrevistado por Cavalcanti

> "(...) é lógico, isso não é de graça. Reação-presença, demonstração de força, dissuasão o tempo todo". A capacidade bélica e a constância ininterrupta da militarização do cotidiano haitiano são enfatizadas pelo subcomandante: "o soldado está o tempo todo muito bem armado, muito bem equipado, na rua, na rua, na rua o tempo todo".[158]

Outro depoimento colhido por Cavalcanti junto ao responsável pelo Escritório de Informações Públicas da MINUSTAH (MPIO)232 em Porto-Príncipe, um tenente-coronel da Força Aérea Brasileira (FAB), reafirma este ideário político da intervenção para garantia da paz no Haiti:

> "Então, o Haiti é um país que ele enfrenta muitos casos de crimes, de assaltos, de homicídios. Recentemente a ONU estava até muito preocupada com a questão dos linchamentos que acontecem às vezes. Ou seja, pessoas querendo fazer justiça com as próprias mãos. Então é um país violento em geral (...). Há casos durante protestos, coisas assim de algumas viaturas nossas serem atacadas. É, há casos de jogarem pedras, de coquetel Molotov. Às vezes acontece, mas isso aí faz parte da missão (...) A gente pode dizer que o brasileiro, ele tem, o militar brasileiro, o civil também, eles têm uma maneira diferenciada, muitas vezes, de lidar com o pessoal daqui. Isso acabou gerando assim uma aceitação muito boa do militar aqui, um carisma muito grande que eles têm pela gente. Eu acredito que é isso."[159]

Um dos momentos definidores da autoafirmação política da intervenção militar ocorreu em 2005, durante esta missão. Na madrugada de 6 de julho de 2005, tropas da Missão de Estabilização da ONU no Haiti (Minustah),

---

[157] O excepcionalismo é um preceito fundante dos EUA criado no século XIX, baseado na crença de que os colonizadores americanos foram eleitos por Deus para civilizar o seu continente. Esse conceito ficou definido como "Destino Manifesto", um termo cunhado pelo jornalista John O'Sullivan em 1845. Este preceito se desdobra na convicção que este país seria a "melhor esperança da Terra" o que justificaria sua liderança mundial.
[158] Ver CAVALCANTI, Carlos Alberto, op. cit., p. 163.
[159] CAVALCANTI, Carlos Alberto, op. cit., p. 167.

comandadas pelo exército brasileiro, desfecharam o que denominaram de operação de pacificação na maior favela de Porto Príncipe, conhecida como Cité Soleil. Cerca de 300 homens fortemente armados invadiram o bairro e assassinaram 63 pessoas, deixando outras 30 feridas. Na época, o comandante da operação era o general Augusto Heleno que, mais tarde, seria o responsável pela inteligência do governo de Jair Bolsonaro. A ação foi denunciada na Comissão Interamericana de Direitos Humanos (CIDH), a partir de depoimentos de moradores e no relatório elaborado pelo Centro de Justiça Global e da Universidade Harvard (EUA)[160].

O governo brasileiro teria recebido uma solicitação da ONU para substituir o comando das tropas no Haiti, o que foi feito dias depois, com a entrada do general Urano Teixeira da Matta Bacellar no comando[161].

A Minustah teria sido um exercício de poder e experimentação política para vários comandantes brasileiros envolvidos nesta missão. Segundo Miguel Borba de Sá[162], citando Nicolás Lemay-Hérbert a missão se dividiu em três períodos, a saber:

- *Primeiro período, de 2004 a 2006*, em que se adota uma agenda da estabilização após o "golpe" que forçou Jean-Bertrand Aristide ao exílio. Estabilização controversa, dado que o autor reconhece que denúncias de "fraudes" continuaram a ser frequentes no país sob a intervenção da MINUSTAH;
- *Segundo período, de 2006 a 2010*, em que se objetiva reformar a política de segurança do Estado haitiano, que revela descoordenação entre os países nas missões de ajuda a ponto do Secretário-Geral da ONU, Edmont Mullet, declarar que a Polícia Nacional Haitiana seria um "exemplo do fracasso da comunidade internacional em trabalhar em

---

[160] O general Augusto Heleno se notabilizou pelos discursos explosivos com forte caráter extremista. Em novembro de 2019, já integrante do governo Bolsonaro, foi obrigado a retratar-se em audiência pública da Câmara dos Deputados por ter apoiado a edição de novo AI-5 (Ato Institucional n. 5, promulgado pelo regime militar) em caso de radicalização da esquerda brasileira. O mesmo comportamento ofensivo adotado pelo general Eduardo Villas Bôas, outro membro militar do governo Bolsonaro, que publicou um tuíte, em abril de 2018, durante a pré-campanha eleitoral, intimidando o Supremo Tribunal Federal na análise de *habeas corpus* do ex-presidente Lula. Na postagem que publicou destacava o "anseio de todos os cidadãos de bem de repúdio à impunidade e de respeito à Constituição, à paz social e à Democracia", concluindo que estaria "atento às suas missões institucionais".

[161] Ver FERNANDES, Leonardo. "Fantasmas de massacre no Haiti assombram generais do governo Bolsonaro", Brasil de Fato, 18 de Março de 2019. Disponível em https://www.brasildefato.com.br/2019/03/18/fantasmas-de-massacre-no-haiti-assombram-generais-do-governo-bolsonaro (visualizado em 01/01/2022).

[162] Ver SÁ, Miguel Borba de. Haitianismo: colonialidade e biopoder no discurso político brasileiro. Tese de doutorado no Instituto de Relações Internacionais da PUC RJ, 2019. Disponível em https://www.maxwell.vrac.puc-rio.br/37787/37787.PDF (visualizado em 01/01/2022).

conjunto". Para Nocolás, a MINUSTAH teria reforçado as tensões sociais no país;

- *Terceiro período, iniciado com o terremoto de 2010*, cuja ênfase passou a ser a criminalização de camadas populares e de grupos políticos opositores ao novo regime implementado após o golpe de 2004, classificando os apoiadores do ex-presidente Jean-Bertrand Aristide e seu partido como "bandidos" e "terroristas"[163].

A "solução militar", portanto, se revestiu de forte identidade política, atuando como *player* no cenário devastado social e politicamente do Haiti. O autor sugere que a missão se configurou como fator de desempate no jogo político local, produzindo "centenas de vítimas inocentes, metade das quais eram mulheres e crianças, (...) mas que foram consideradas friamente como ´danos colaterais´ aceitáveis pelos mais altos representantes da Comunidade Internacional no país".[164]

A instalação da Comissão da Verdade, em 18 de novembro de 2011, foi outra iniciativa dos governos progressistas que acabou se mostrando capaz de gerar forte indignação entre os militares, e a sua consequente e equitativa reação, reaproximando inclusive vertentes divergentes dentro das armas em prol agora de um objetivo comum: estancar os avanços da Comissão, no que aliás se mostraram exitosos. Essa reação se deu evidentemente com maior intensidade no Exército que nas demais armas.

Jair Bolsonaro soube se aproveitar todas essas inflexões importantes ocorridas no Exército brasileiro durante as gestões Lula e Dilma. A lista de militares que comandaram a operação no Haiti foi destaque na composição do seu governo desde os primeiros momentos da gestão bolsonarista. O presidente eleito definiu para o Gabinete de Segurança Institucional o general Augusto Heleno; para a Secretaria de Governo, nomeou Carlos Alberto dos Santos Cruz (que esteve no Haiti de 2007 a 2009); e para o comando do Exército Edson Leal Pujol (líder da força de paz entre 2013 e 2014 que, mais tarde, deixaria este posto em virtude da tentativa de Bolsonaro em ameaçar

---

[163] Idem, ibidem, pp. 44-45.
[164] Idem, ibidem, p. 45. Às páginas 97 e 98, Miguel Borba de Sá se aprofunda nas repercussões da Revolução Haitiana, que terminou em 1804, em todo imaginário das elites políticas brasileiras ao longo do século XIX e se pergunta sobre essa persistência como se um alerta dos perigos envolvendo a rebelião negra naquele país. Sugere "marcas da colonialidade e do biopoder que permeavam este regime discursivo particular" onde se reproduz o "discurso de controle e vigilância estatal sobre populações racializadas como negras e perigosas". O autor identifica muitos artigos publicados na imprensa do início da Regência imperial brasileira o uso do termo "haitianismo" para identificar supostas sociedades secretas envolvendo negros rebeldes. O "haitianismo" justificaria, para muitos articulistas, a restrição de direitos e profusão de discursos sobre segurança pública e a adoção de medidas punitivistas. Esta revelação suscita a hipótese deste imaginário sobre o Haiti ter recriado certa predisposição do comando militar que esteve envolvido com o MINUSTAH.

uma intervenção militar no país). Floriano Peixoto Vieira Neto, que coordenou a missão entre 2009 e 2010, assumiu a presidência dos Correios com a missão de comandar a privatização da estatal.

A inédita simbiose entre ultraliberalismo e tutela militar sobre a sociedade civil estava consolidada.

Do empresariado de médio porte à conversão do alto empresariado nacional

No dia 11 de julho de 2019, Jair Bolsonaro, já presidente empossado, recebeu uma homenagem na Federação das Indústrias do Estado de São Paulo, a FIESP. Nesse encontro, Bolsonaro emplacou um discurso ensaiado que começou com uma frase de efeito: "Os senhores podem até sobreviver sem governo, mas o governo sucumbirá sem os senhores". Quis tocar música aos ouvidos do alto empresariado paulista. Acertou em cheio. A plateia o aplaudiu.

No mesmo período, um grupo de 300 empresários que já havia feito campanha para Bolsonaro a partir do lema "Conservador nos costumes, liberal nos negócios" havia lançado, no dia 5 de julho, o Instituto Brasil 200. Presidido por Gabriel Kanner, ex-executivo da Riachuelo, o instituto listava vários outros empresários engajados na campanha eleitoral do presidente eleito que lideram empresas que, somadas, faturam 40 bilhões de reais, como a Havan (Luciano Hang), Polishop (João Appolinário), Bio Ritmo (Edgard Corona), Centauro (Sebastião Bomfim), Galápagos Capital Gestora de Fundos (Marcelo Pessoa) e Gocil (Washington Cinel). O discurso repetia a orientação iniciada pelo alto empresariado do centro-sul do país quando do esforço de eleger deputados constituintes: "Queremos assumir um maior protagonismo político e furar os canais de lobby empresarial, com uma linha direta com o governo", segundo Gabriel Kanner[165].

Mas, nem sempre foi assim. Somente no final da campanha de 2018, Bolsonaro passou a receber convites para falar para a elite empresarial do país. Até então, os apoios que recebeu deste segmento não envolviam nenhum empresário de destaque da elite industrial ou financeira do país (embora o ministro Paulo Guedes tenha sido sócio do banco BTG Pactual). Na sua

---

[165] Ver SOARES, Ana Carolina. "As ideias de famosos empreendedores que militam a favor do presidente e vão lançar um instituto com lobby pró-mercado e de "canal direto" com o governo". Revista Veja, 30 de julho de 2019. Disponível em https://vejasp.abril.com.br/coluna/terraco-paulistano/empresarios-bolsonaristas/ (visualizado em 02/02/2022).

maioria, os empresários que apoiavam sua candidatura dirigiam empresas de pequeno ou médio porte dos setores de serviços e redes varejistas.

Em agosto de 2018, Bolsonaro se reuniu com empresários gaúchos, encontro promovido pela revista Voto, patrocinado pela Carrefour, FM Logistec e Souza Cruz. Nessa reunião compareceu o líder da ofensiva política empresarial desde a década de 1980, Jorge Gerdau, e André Rocatto (da Federasul e Fecomércio). O discurso do candidato de extrema-direita adotou uma linha mais agressiva, sugerindo inibir os atos "terroristas" do Movimento dos Trabalhadores Sem Terra (MST) e Movimento dos Trabalhadores Sem Teto (MTST), além de prometer a extinção de 50 estatais criadas pelas gestões petistas.

Mais adiante, Bolsonaro recebeu apoio das Lojas Americanas (comandadas por Jorge Paulo Lemann) que passaram a vender camisetas pró-Bolsonaro em sua loja virtual.

A Rede Record, comandada por Edir Macedo (da Igreja Universal do Reino de Deus, IURD) iniciou no primeiro turno um apoio ainda tímido que acelerou rapidamente a partir do segundo turno das eleições de 2018.

Em setembro de 2018, a revista Exame fez um exaustivo levantamento dos empresários que apoiavam a candidatura de extrema-direita, até então[166]. Naquele momento, os donos da rede de restaurantes Coco Bambu haviam decidido se associar ao bloco de empresários bolsonaristas, doando 40 mil reais ao então candidato do PSL à Presidência da República. A listagem apresentada pela reportagem indicava que este era o valor de doação oficial dos principais apoiadores.

O jornal Folha de São Paulo, em edição de 23 de outubro de 2018 apurou que vários empresários não registraram doações diretamente à campanha de Jair Bolsonaro, e sim, para outros candidatos[167].

Elaine Bortone realizou um levantamento sobre esses apoios a partir de matérias publicadas na grande imprensa e nos sites do TSE e Ministério

---

[166] Ver DESIDÉRIO, Mariana. "Os empresários que apoiam a candidatura de Bolsonaro. A candidatura de Jair Bolsonaro à presidência da República conquistou a simpatia de alguns empresários; eleitores organizam boicote". Revista Exame, 27/09/2018. Disponível em https://exame.com/negocios/os-empresarios-que-apoiam-bolsonaro/ (visualizado em 01/01/2022).

[167] Ver RODRIGUES, Artur. "Empresários pró-Bolsonaro só registram doação a outros candidatos", 23/10/2018. Disponível em https://www1.folha.uol.com.br/poder/2018/10/empresarios-pro-bolsonaro-so-registram-doacao-a-outros-candidatos.shtml (visualizado em 01/01/2022). A matéria registra que os empresários Luciano Hang (Havan), Mário Gazin (Gazin), Sebastião Bomfim Filho (Centauro), Meyer Nigri (Tecnisa) e Pedro Zonta (Supermercados Condor), não registraram oficialmente suas doações à campanha de Jair Bolsonaro. A campanha de Bolsonaro era investigada pelo TSE (Tribunal Superior Eleitoral) por doações não declaradas de empresários por meio de serviços de disparo de mensagens via WhatsApp. Até aquela data, o candidato do PSL havia declarado apenas R$ 1,7 milhão em despesas, menos do que os principais concorrentes.

Público do Trabalho (MPT)[168], identificando dirigentes dos segmentos da construção civil, rede de restaurantes, rede de lojas de departamentos, rede de artigos esportivos, rede de supermercados, rede de fast food, cosméticos, comunicação, dentre outros.

Trata-se de um grupo em que predomina o médio-empresariado, sendo que a autora identifica apenas quatro empresários de empresas de grande porte nesta listagem.

O discurso de apoio a Bolsonaro destaca identidade com sua agenda ultraconservadora, como no caso do dirigente da Tecnisa, que afirmou que o Brasil havia se tornado "um país socialista, impossível para os empresários", em que "as leis trabalhistas, as cabeças dos procuradores, dos juízes, são pró-socialistas" ou o dirigente da Centauro, para quem Bolsonaro seria a chance de romper com "o modelo que está aí", refém do presidencialismo de coalizão e de um Estado que alimenta privilégios. Sebastião Bomfim Filho admitia publicamente que Bolsonaro não tinha preparo adequado para o cargo, mas isso não o incomodava.

Bolsonaro era visto como o líder político que poderia fazer mudanças necessárias na economia e política do país, incluindo a reforma da previdência e mudança na legislação trabalhista (caso explícito da expectativa de Rubens Ometto Mello). Muitos destacavam a ausência de acusações de envolvimento com corrupção, embora vários empresários que o apoiavam e destacavam este predicado sofressem acusação de plágio (caso da Rede Coco Bambu), sonegação fiscal (caso da Havan) ou dívidas tributárias (como o caso do Grupo Cosan). Havia aparentemente uma relação entre o apoio à candidatura de Bolsonaro e a expectativa de resolução desses problemas fiscais e legais.

O ativismo empresarial foi tão exacerbado que despertou atenção da grande imprensa a respeito de possível fraude eleitoral e financiamento de fake news disseminadas em grupos de WhatsApp. Em 18 de outubro de 2018, o jornal Folha de São Paulo publicou matéria sobre a prática ilegal patrocinada por empresários[169]. Entre as empresas patrocinadoras a matéria cita a Havan, que chegou a ser acionada pelo Ministério Público por coagir seus funcionários a votarem no candidato. Segundo o jornal, na prestação de contas da campanha consta apenas a empresa AM4 Brasil Inteligência Digital, como tendo recebido R$ 115 mil para mídias digitais. Porém, os contratos com as

---

[168] BORTONE, Elaine. Frações do empresariado em campanha pró-Bolsonaro (2018). Revista Debates, Porto Alegre, v. 14, jan-abril 2020, pp. 60-83. Disponível em https://seer.ufrgs.br/debates/article/view/96076 (visualizado em 02/01/2022).

[169] MELLO, Patrícia Campos. "Empresários bancam campanha contra o PT pelo WhatsApp". Folha de São Paulo, 18/10/2018. Disponível em https://www1.folha.uol.com.br/poder/2018/10/empresarios-bancam-campanha-contra-o-pt-pelo-whatsapp.shtml (visualizado em 02/01/2022).

empresas apoiadoras da campanha de Bolsonaro chegam a R$ 12 milhões e permitiam disparos de centenas de milhões de mensagens.[170].

Já no segundo turno, a adesão empresarial à campanha de Jair Bolsonaro ganhou escala. A lista de apoiadores da candidatura de Bolsonaro e atos políticos envolviam, agora, bancos privados (como Itaú e Unibanco), consultorias financeiras (caso da Ampla Projetos), mineração (Bemisa), grande mídia (caso da Gazeta do Povo) e entidades de representação empresarial, como a Confederação das Associações Comerciais e Empresariais do Brasil (CACB), Associação Brasileira de Produtores de Soja (FPA). Foram organizadas reuniões fechadas com Bolsonaro envolvendo a Associação Brasileira da Indústria Química (Abiquim), Associação Brasileira de Máquinas e Equipamentos (Abimaq), Associação de Comércio Exterior do Brasil (AEB), Associação nacional de Fabricantes de Veículos (Anfavea), Associação Brasileira da Indústria Têxtil e de Confecção (Abit), Câmara Brasileira da Indústria de Construção (CBIC) e Federação das Indústrias do Rio de Janeiro (Firjan). A agenda de reuniões envolvia temas caros ao ativismo empresarial ocorrido nas últimas décadas: redução de custos da máquina pública, combate ao excesso de regulamentação governamental, estímulo à competitividade e diminuição da carga tributária.

A rede de apoios empresariais ao bolsonarismo se ramificou em financiamento de candidaturas ao parlamento, como citado anteriormente. Rubens Ometto foi o maior doador na eleição de 2018, elegendo 26 candidatos (45% de sucesso), com o montante de doação que atingiu 7 milhões de reais[171]. Dentre os candidatos apoiados por Ometto figuram Luiz Carlos Heinze (PP) e Ronaldo Caiado (DEM).

O segundo empresário que mais investiu nessas eleições foi José Salim Mattar, proprietário da Localiza e fundador do Instituto Millenium e do Instituto de Formação de Líderes. Mattar doou 2,9 milhões de reais para candidatos do Partido Novo, DEM, PSDB, PSB, DC, PTB, PSC, PHS e PSL, elegendo 9 candidatos e se tornando o maior financiador da campanha de Onyx Lorenzoni (DEM), além de financiar a campanha de Kim Kataguiri (DEM). Embora não eleitos, Mattar financiou as candidaturas de Ricardo

---

[170] Em julho de 2020 a propagação de fake news durante as eleições de 2018 gerou investigações patrocinadas pelo STF envolvendo vários empresários apoiadores da campanha de Bolsonaro. Foram citados entre os investigados Luciano Hang, da rede de lojas Havan, o advogado Luís Felipe Belmonte, dono da Kasar Investimentos Imobiliários, o financista Otávio Oscar Fakhouri, que também atua no mercado de imóveis, Edgar Corona, fundador das redes Bio Ritmo e Smart Fit, o publicitário Sérgio Lima e o consultor de empresas Marcos Bellizia. Ver Estadão Conteúdo, "Inquéritos expõem aguerrida 'ala empresarial' bolsonarista", 05/07/2020. Disponível em https://www.em.com.br/app/noticia/politica/2020/07/05/interna_politica,1162878/inqueritos-expoem-aguerrida-ala--empresarial-bolsonarista.shtml (visualizado em 01/01/2022).

[171] BORTONE, Elaine. Frações do empresariado em campanha pró-Bolsonaro (2018), op. cit., p. 76.

Salles (Novo), futuro ministro do Meio Ambiente; e dos relatores da reforma trabalhista Rogério Marinho (PSDB) e Ricardo Ferraço (PSDB). Mattar assumiria a Secretaria Especial de Desestatização e Desinvestimento do Ministério da Economia no governo Bolsonaro.

Abílio Diniz foi o terceiro maior financiador, elegendo 8 candidatos. Financiou, dentre outros, Fábio Ostermann (PSL), articulador das organizações juvenis pró-impeachment da então presidente Dilma Rousseff e das mobilizações extremistas de 2015-2016.

Destacam-se, ainda, o financiamento de Beatriz Kicis, que se tornaria a líder da tropa de choque bolsonarista na Câmara dos Deputados, por Afrânio Barreira Filho; o financiamento da campanha de Carla Zambelli (PSL), outra futura deputada da tropa de choque bolsonarista, pelo empresário Flávio Gurgel Rocha.

Em abril de 2021, foi organizado um jantar, em São Paulo, envolvendo Jair Bolsonaro e os ministros Paulo Guedes (Economia) e Marcelo Queiroga (Saúde), realizado na mansão de Washington Cinel, dono da empresa de segurança Gocil[172].

Estava presente Rubens Ometto, da Cosan, que foi o principal doador individual de Bolsonaro naquelas eleições, cujas empresas foram condenadas por desmatamento e trabalho escravo e que responde a uma ação proposta pelo MPF de reparação ao povo Xavante por violações de direitos humanos. Uma de suas principais empresas, a Raízen Energia, deve à União R$ 433 milhões em impostos e tributos.

Outro empresário presente foi André Esteves, dono do BTG Pactual, que foi sócio do ministro da Economia, Paulo Guedes, e que chegou a passar 23 dias preso, sob suspeita de tentar obstruir investigações da Operação Lava Jato.

Finalmente, destacava-se a presença de Flávio Rocha, dono da Rede Riachuelo, cujas empresas foram condenadas pela Justiça do Trabalho por submeter funcionários a longas jornadas em troca de salários abaixo do mínimo. O processo foi repleto de relatos de abusos físicos e psicológicos cometidos pelos gestores contra os trabalhadores. Rocha já foi deputado federal e se envolveu no esquema de corrupção conhecido como Escândalo dos Bônus Eleitorais.

Havia, portanto, interesses particulares muito nítidos envolvendo ao menos parte dos comensais[173].

---

[172] Rede Brasil Atual, "Lista de empresários que ovacionaram Bolsonaro em jantar teve devedores, sonegadores e exploradores de mão de obra", 08/04/2021. Disponível em https://www.redebrasilatual.com.br/politica/2021/04/lista-de-empresarios-que-ovacionaram-bolsonaro-em-jantar-teve-devedores-sonegadores-e-exploradores-de-mao-de-obra/ (visualizado em 31/12/2021).

[173] Outros empresários presentes: Alberto Leite (CEO da FS Security), Alberto Saraiva (Fundador e CEO do Habib's), Candido Pinheiro (Proprietário e CEO da Hapvida, especializada em planos de saúde), Paulo Skaf (então Presidente da Fiesp), Ricardo Faria (Proprietário da produtora de ovos Granja

Como se percebe, a adesão empresarial se deu inicialmente, através de frações e segmentos de menor porte e impacto econômico, com raras exceções. Porém, na medida em que avançava a eleição e, principalmente, a partir do segundo turno das eleições de 2018, a adesão dos grandes conglomerados e da elite empresarial nacional veio em peso. Nota-se que a adesão veio acompanhada de forte investimento na formação de bancadas parlamentares federais que garantissem seus interesses. Não por outro motivo, os partidos vinculados ao Centrão tiveram forte relação, desde o início da legislatura eleita em 2018, com várias das organizações empresariais e líderes corporativos listados como apoiadores de Bolsonaro. Outro elemento a ser destacado nesta aproximação empresarial é a agenda de reformas ultraliberais e o afrouxamento das exigências governamentais para exploração de seus negócios, debelando a estrutura normativa construída a partir da instalação da Nova República no Brasil e coroada com a promulgação da Constituição de 1988. Aqui, talvez, esteja o dado mais perverso desta aliança do empresariado com a extrema-direita alçada ao poder em 2018: uma permuta que colocava em suspenso as normas de conduta empresarial e controle da exploração econômica.

Com a posse de Jair Bolsonaro, parte do esforço do alto empresariado nacional – em especial, do centro-sul do país – para impor sua agenda econômica e política, foi recompensado.

Os evangélicos vão ao Paraíso

O público evangélico não é unificado em termos de ideário político. Ao contrário, é pulverizado em inúmeras denominações e movimentos. Uma parte considerável das igrejas evangélicas é independente, comunidades de fé autóctones e não ligadas a um líder nacional[174].

Uma ilustração da diversidade ideológica foi verificada em junho de 2017, durante a Marcha para Jesus em São Paulo, evento organizado pela igreja

---

Faria), Ricardo Mello Araújo (Presidente da Ceagesp), Rubens Menin (Presidente da construtora MRV, proprietário da CNN Brasil e do Banco Inter), Tutinha Carvalho (Proprietário e presidente da rede Jovem Pan), Carlos Sanchez (CEO da farmacêutica SEM), Claudio Lottenberg (Presidente do conselho do Hospital Albert Einstein e conselheiro da Confederação Israelita do Brasil), David Safra (Proprietário e CEO do Banco Safra), Luiz Carlos Trabuco (Presidente do banco Bradesco), João Camargo (Presidente do Grupo Alpha de Comunicação), Jose Isaac Peres (Presidente da Multiplan, uma das maiores empresas de shoppings do país) e José Roberto Maciel (CEO do SBT).

[174] Nesse campo religioso há lideranças ultraconservadoras como o presbiteriano Augustus Nicodemus ou o neocalvinista Guilherme de Carvalho, como também pastores progressistas como Ariovaldo Ramos e Henrique Vieira. Assim como há igrejas e lideranças que defendem as lógicas ultraliberais, caso de Yago Martins, há evangélicos militando em ocupações sem teto, como é o caso da Rede Fale, organização evangélica de esquerda que mobiliza campanhas nacionais e ações em favor de Direitos Humanos.

Renascer em Cristo, a terceira maior denominação neopentecostal do país e uma das mais conservadoras entre as evangélicas. Segundo seus organizadores, nesta edição da Marcha, dois milhões de pessoas estiveram presentes. Pesquisa coordenada por professores da USP e da Unifesp envolveu 484 entrevistas com participantes com margem de erro de 4,5%. Os resultados não poderiam ser mais surpreendentes e conflitantes com a imagem pública que as lideranças políticas mais proeminentes disseminam. A pesquisa revelou que 77% dos entrevistados concordaram com a frase "a escola deveria ensinar a respeitar os gays". O conflito entre esta base e o discurso conservador das lideranças evangélicas é ainda mais extenso: a maior parte dos entrevistados (86%) afirmou que quem começou a trabalhar cedo deve se aposentar cedo também, sem que haja uma idade mínima para a aposentadoria. Quase a totalidade dos participantes (91%) não concorda que, mesmo em um momento de crise, é preciso cortar gastos inclusive com a saúde e educação. Duas áreas centrais das reformas (da Previdência e limitação de gastos primários) que mobilizavam as bancadas evangélicas na Câmara de Deputados. Naquele momento, 54% não confiavam no pastor Marco Feliciano (PSC) e (57%) não se identificavam com Jair Bolsonaro, então pré-candidato à presidência[175].

A ausência de unidade política entre evangélicos é nutrida pelos blocos de identidade, o bloco das igrejas protestantes históricas ou tradicionais (formados principalmente por batistas, presbiterianos, metodistas e congregacionais), os pentecostais (como Assembleia de Deus e Congregação Cristã no Brasil) e os neopentecostais (como Universal do Reino de Deus, Igreja da Graça, Renascer, Poder Mundial, Sara Nossa Terra). Segundo Robson Dias, "os históricos se consideram herdeiros da Reforma Protestante; os pentecostais são os herdeiros dos movimentos avivalistas baseados na experiência do "Espírito Santo" surgidos nos Estados Unidos; e os neopentecostais surgiram da chamada teologia da prosperidade, também oriunda dos Estados Unidos"[176].

Há forte disputa interna. Isso é visível nas tensões e disputas presentes na então Confederação Evangélica Brasileira, contratada, por exemplo, pelo movimento da "Conferência do Nordeste", evento promovido pela então ala progressista e que culminou no congresso "Cristo e o processo

---

[175] Ver ROSSI, Marina. "Marcha para Jesus não confia nos políticos e defende respeito aos homossexuais nas escolas", El País Brasil, 18 de junho de 2017. Disponível em https://brasil.elpais.com/brasil/2017/06/16/politica/1497624155_222166.html (visualizado em 03/01/2022).

[176] DIAS, Robson Santos. "O avanço do fundamentalismo nas igrejas protestantes históricas do Brasil", Le Monde Diplomatique Brasil, edição 135, 1 de outubro de 2018. Disponível em https://diplomatique.org.br/o-avanco-do-fundamentalismo-nas-igrejas-protestantes-historicas-do-brasil/ (visualizado em 03/01/2022).

Revolucionário Brasileiro", que intentava compatibilizar a fé evangélica com a promoção de igualdade social[177].

Igrejas evangélicas que outrora estavam em organizações ecumênicas e pautavam sua atuação observando a luta por Direitos Humanos, foram ocupadas por grupos conservadores e mesmo fundamentalistas, caso da Igreja Metodista[178], uma denominação histórica que outrora tinha inúmeros pastores engajados.

Há, portanto, uma luta intestina no campo evangélico entre grupos mais progressistas e conservadores. Igualmente, há um avanço do neofundamentalismo estadunidense avançando sobre as igrejas. Um exemplo disso é descrito por Caio Marçal, que aponta como o ultraconservadorismo religioso dos fundamentalistas dos Estados Unidos tomou as principais posições da Convenção Batista Brasileira, a maior denominação histórica protestante[179] [180].

Ronilso Pacheco demostra que o ultraconservadorismo religioso estadunidense ligado ao trumpismo está criando redes e mobilizando pastores de denominações tradicionais no Brasil para comporem uma agenda anti-esquerda[181].

Enquanto pentecostais e neopentecostais tendem a ter uma postura mais pragmática, o evangélico fundamentalista adota um projeto de poder teocrático aliançado com o grande capital. Contudo, algo que geralmente os aproxima e mantém certa coesão interna é o que Débora Messemberg denomina "conservadorismo moral"[182]. Este é o ponto nervoso da identidade evangélica brasileira. A transposição política não é uma tarefa simples e exige dos pastores e bispos das diversas igrejas um grande engajamento emocional emoldurado por uma motivação religiosa especial que se configura como uma "guerra santa". O momento mais próximo de um pleito eleitoral cria o ambiente para o fomento ao engajamento.

---

[177] BITTENCOURT FILHO, José. Cristo e o Processo Revolucionário Brasileiro. Mauad Editora Ltda, 2013.

[178] BURITY, Joanildo. A onda conservadora na política brasileira traz o fundamentalismo ao poder. Conservadorismos, fascismos e fundamentalismos: análises conjunturais. Campinas: Editora da Unicamp, p. 15-66, 2018.

[179] Agradeço a Caio Marçal pelos esclarecimentos a respeito das diversas vertentes ideológicas inscritas nas igrejas evangélicas brasileiras.

[180] MARÇAL, Caio César S. Meninos de azul, menina de rosa: A militância batista contra a "Ideologia de Gênero" In: 42º Encontro Anual da Associação Nacional de Pós-Graduação e Pesquisa em Ciências Sociais (Anpocs)., 2018, Caxambu.42º Encontro Anual da Associação Nacional de Pós-Graduação e Pesquisa em Ciências Sociais (Anpocs), 2018

[181] PACHECO, Ronilso. Quem são os evangélicos calvinistas que avançam silenciosamente no governo Bolsonaro. Intercept Brasil, 4 de Fevereiro de 2020. Disponível em https://theintercept.com/2020/02/04/evangelicos-calvinistas-bolsonaro/ (visualizado em 03/01/2022).

[182] Messemberg, Débora. (2017). A direita que saiu do armário: a cosmovisão dos formadores de opinião dos manifestantes de direita brasileiros. Revista Sociedade e Estado, Vol. 32, No. 3, pp. 621-647.

Tal engajamento político sazonal também foi verificado entre conservadores católicos[183]. Flávio Pierrucci identificou a militância católica de direita nos debates que ocorreram nas subcomissões da Assembleia Nacional Constituinte que discutiram temas como aborto, planejamento familiar e casais não casados[184].

Segundo Adalberto Cardoso,

> "Os discursos desse campo semântico "envolvem de forma extremada conteúdos de natureza homofóbica, sexista, racista e xenófoba" (Messemberg, 2017, p. 638). Outras ideias-força seriam o "superdimensionamento da criminalidade e da violência no país e a oposição às cotas raciais" (idem, ibidem), e o consequente apoio a medidas extremas, como a eliminação de bandidos pela polícia, a redução da maioridade penal e o armamento da população.[185]"

Nas eleições de 1989, Ricardo Mariano e Flávio Pierucci identificaram que grande parte dos evangélicos brasileiros demonstravam interesse em eleger um presidente da República alinhado com seus valores, dado que a candidatura de Lula despertava o temor da implantação do "comunismo ateu que persegue o Evangelho" no Brasil e promoção da Igreja Católica, em especial, da ala progressista vinculada ao PT[186].

Importante notar que as lideranças religiosas, como Edir Macedo, transitarão por este discurso de maneira errática em virtude dos acordos estabelecidos entre candidatos e presidentes eleitos, o que poderia ter estimulado a disrupturas do ideário político entre bases evangélicas. Este é o caso da postura do bispo da IURD quando das eleições de 1989 e 1994, quando vaticinou o crescimento da igreja católica num eventual governo Lula. Teria dito: "Se Lula ganhar, a Igreja [Católica] vai mandar no país"[187]. Em 1994, Pierucci constatou que este temor presidia a rejeição de evangélicos à candidatura de Lula[188].

Contudo, nas eleições de 2002 e 2006, o alinhamento evangélico foi mais pragmático, apoiando os candidatos à frente nas pesquisas de intenção de votos. Segundo Adalberto Cardoso

---

[183] Pierucci, Antônio F. (1987). As bases da nova direita. Novos Estudos CEBRAP, No. 19, pp. 26-45.
[184] Idem, ibidem, p. 122.
[185] CARDOSO, Adalberto. À beira do abismo: Uma sociologia para o bolsonarismo. Rio de Janeiro: Amazon, 2020, p. 103.
[186] Mariano, Ricardo; Pierucci, Antônio F. (1992). O envolvimento dos pentecostais na eleição de Collor. Novos Estudos Cebrap, Vol. 3, No. 34, p. 98.
[187] Idem, ibidem, p. 104.
[188] Pierucci, Antônio F.; Prandi, Reginaldo. (1995). Religiões e voto: a eleição presidencial de 1994. Opinião Pública, Vol. III, No. 1, pp. 32-63.

"A estratégia parece ter sido estritamente eleitoral: para maximizar a eleição dos egressos das hostes pentecostais e neopentecostais (e em menor medida protestantes tradicionais, mais avessas à política eleitoral), as igrejas procuraram se associar a candidatos majoritários aos governos dos municípios, dos estados e ao governo federal com maior chance de se eleger, independentemente de sua ideologia. Movimento menos ou mais coordenado para garantir representação relevante nos parlamentos dos diversos níveis de governo, para levar adiante as pautas conservadoras cristãs no ordenamento jurídico do país."[189]

Edir Macedo foi aliado dos governos Lula e Dilma Rousseff[190], desde então e hesitava, segundo Cardoso, a apoiar Bolsonaro em 2018 devido a sua declaração de ser católico, a despeito do então candidato à Presidência da República já ter sido batizado, em maio de 2016, no Rio Jordão pelo Pastor Everaldo, presidente do Partido Social Cristão e vinculado à Assembleia de Deus[191].

O pragmatismo das lideranças evangélicas explica a variação de votos dos evangélicos em Bolsonaro entre o primeiro turno (ao redor de 40%) para o segundo turno (69%, segundo Ronaldo Almeida[192]).

Somente em 30 de setembro Edir Macedo declarou apoio a Bolsonaro, em resposta à mobilização de cunho feminista cujo slogan foi #EleNão, em alusão à candidatura de Jair Bolsonaro. O bispo da IURD percebeu a oportunidade de politizar a pauta de costumes, tão cara aos evangélicos brasileiros.

Outras lideranças evangélicas também politizaram a agenda de costumes. Este foi o caso de Silas Malafaia, líder da Assembleia de Deus Vitória em Cristo, que teria sugerido, em outubro de 2018: "O grande erro da esquerda

---

[189] CARDOSO, Adalberto. À beira do abismo, op. cit., p. 106. Ver, ainda, Bohn, Simone R. (2007). Contexto político-eleitoral, minorias religiosas e voto em pleitos presidenciais (2002-2006). Opinião Pública, Vol. 13, No. 2, pp. 366-387, citado por Cardoso.
[190] A Folha Universal, jornal da IURD com tiragem de mais de 1,8 milhão de exemplares por semana, chegou a publicar entrevista com o líder do MST João Pedro Stédile durante o período de aliança com o lulismo. Ver MONTEIRO, Ciro Athayde Barros. A informação mediada no discurso de Edir Macedo: uma análise de editoriais da Folha Universal. 2012. Disponível em https://repositorio.unesp.br/handle/11449/93620 (visualizado em 23/01/2022).
[191] Em 28 de setembro de 2018, pesquisa de intenção de voto feita pelo IBOPE junto a 3.010 brasileiros de 16 anos ou mais encontrou que 35% dos fiéis da IURD pretendiam votar em Bolsonaro, mantendo este índice em outra pesquisa, realizada em 4 de outubro. Contudo, 81% dos seguidores da IURD disseram pretender votar no capitão reformado do Exército na reta final da eleição, segundo pesquisa do IBOPE de 21 de outubro de 2018. A mesma pesquisa mostrou que 66% dos evangélicos brasileiros (considerando apenas os votos válidos) pretendiam votar em Bolsonaro no segundo turno, ou seja, proporção bem superior à dos demais eleitores (ele foi eleito com pouco mais de 55% dos votos válidos). CARDOSO, Adalberto. À beira do abismo, op. cit., p. 263.
[192] Almeida, Ronaldo. (2018). "Deus acima de todos", in Sergio Abranches et al. Democracia em risco? São Paulo, Companhia das Letras. Segundo Cardoso, "em 28 de setembro de 2018, pesquisa de intenção de voto feita pelo IBOPE junto a 3.010 brasileiros de 16 anos ou mais encontrou que 35% dos fiéis da IURD pretendiam votar em Bolsonaro. A proporção era significativamente inferior aos 43,4% das demais denominações evangélicas com a mesma preferência eleitoral". Ver CARDOSO, Adalberto. À beira do abismo, op. cit., p. 263.

foi ter ido com muita sede ao pote para apoiar os temas morais que o cristão rejeita, como aborto, ideologia de gênero, casamento gay, liberação de drogas, queer museu."[193]

Para Isabel Veloso, pesquisadora do Centro de Justiça e Sociedade da FGV, Bolsonaro começou a ficar mais conhecido no meio evangélico depois de ter levado uma cusparada do deputado Jean Wyllys (PSOL-RJ) e, no Congresso, ter passado a pregar contra o casamento entre gays. Segundo a pesquisadora

> "Para o evangélico, o que é prioritário é a pauta conservadora, o combate ao aborto, à união LGBT e à própria esquerda, dada a leitura que fazem do socialismo e do comunismo."[194]

No início de outubro de 2018, partidos de base evangélica passaram a declarar apoio à Bolsonaro, como o PRB (ligado à IURD, que havia apoiado a candidatura de Geraldo Alckmin no primeiro turno), PSC (ao qual o Pastor Everaldo Pereira era filiado, partido que apoiou Álvaro Dias no primeiro turno) e o DEM. Mais uma vez, a agenda moral foi ressaltada como justificativa para o apoio. "Há uma unanimidade de que o Bolsonaro foi o único que empunhou a bandeira da vida, da família, da igreja, da livre economia, da escola sem partido e contra a ideologia de gênero", afirmou o bispo Robson Rodovalho, líder da Sara Nossa Terra, que emitiu nota pela Confederação dos Conselhos de Pastores do Brasil. "Achamos que deveríamos manifestar esse apoio antes do primeiro turno, a tempo de influenciar nossa sociedade."[195]

No final de setembro, Jair Bolsonaro passou a postar vídeos no Youtube com pastores que declaravam voto, como Cláudio Duarte - que atua no canal Foco em Cristo – e Hidekazu Takayama – deputado, pastor da Assembleia de Deus Cristo Vive e presidente da Frente Parlamentar Evangélica.

A partir da primeira semana de outubro, pastores evangélicos iniciaram sua pregação em cultos dominicais contra o "kit gay", termo usado pela campanha de Bolsonaro para se referir ao projeto Escola sem Homofobia, vetado pelo governo federal em 2011. Naquele momento, havia rejeição, pela base evangélica, da proposta de Bolsonaro de liberar o porte de armas.

Matéria da BBC News Brasil destacava que

---

[193] ABBUD, Bruno. "Como Bolsonaro se tornou o candidato dos evangélicos", Revista Época, 06/10/2018. Disponível em https://oglobo.globo.com/epoca/como-bolsonaro-se-tornou-candidato-dos-evangelicos-23126650 (visualizado em 03/01/2022).
[194] Idem, ibidem.
[195] Estadão Conteúdo. "Bolsonaro recebe apoio de líderes evangélicos", 01/10/2018. Disponível em https://www.em.com.br/app/noticia/politica/2018/10/01/interna_politica,993227/bolsonaro-recebe-apoio-de-lideres-evangelicos.shtml (visualizado em 03/01/2022).

> "entre os apoiadores ouvidos pela reportagem, muitos associam o candidato do PSL à perspectiva de resposta a algumas mudanças de comportamento ocorridas nos últimos anos, como o crescimento do movimento LGBT, feminismo, discussões de identidade de gênero e novos formatos familiares, como os homoafetivos. Outro argumento recorrente é o de que Bolsonaro seria um exemplo de político ficha limpa, sem envolvimento em casos de corrupção, em contraponto ao partido de Lula."[196]

Os evangélicos contrários à candidatura de Bolsonaro, segundo a reportagem, argumentavam que seus discursos estariam em desacordo com valores cristãos, como amor ao próximo, a pregação da paz e a igualdade entre os seres humanos, destacando sua defesa da tortura contra opositores. Dentre as organizações evangélicas que declaram rejeição à sua campanha, sobressaíram a Frente de Evangélicos pelo Estado de Direito, o "O Amor Vence o Ódio", e "Evangélicos Contra Bolsonaro", que passaram a questionar o apoio das igrejas neopentecostais como a Universal do Reino de Deus (IURD) e a Assembleia de Deus.[197]

O sociólogo Alexandre Brasil Fonseca, da UFRJ, pondera sobre o vínculo direto entre o voto evangélico em lideranças de direita e seu ideário social. Segundo suas palavras

> "Sobre a presença evangélica nos Estados é interessante notar, por exemplo, que no segundo Estado com maior percentual de evangélicos, o Espírito Santo (33,1%), aconteceu a derrota do Senador Magno Malta do PR, líder evangélico no parlamento, candidato à reeleição e bastante próximo ao presidente eleito. Já no Piauí, estado com menor percentual de evangélicos no Brasil (9,7%), aconteceu a reeleição da deputada federal Rejane Dias, evangélica e filiada ao PT."[198]

A despeito do autor concordar que o voto evangélico foi fundamental para a eleição de Jair Bolsonaro, sustenta que "é importante sublinhar que a religião não explica isoladamente o não-voto no PT, faz parte e fundamenta uma narrativa, mas não é suficiente", dado que o PT ainda aparece como o partido preferido entre os evangélicos e que 30% de pessoas LGBTI votaram

---

[196] MACHADO, Leandro & FRANCO, Luiza. "Eleições 2018: os valores e 'boatos' que conduzem evangélicos a Bolsonaro", BBC News Brasil, 23 outubro 2018. Disponível em https://www.bbc.com/portuguese/brasil-45829796 (visualizado em 03/01/2022).

[197] DOLCE, Júlia. "Evangélicos criam movimentos contra Bolsonaro por todo o país", Brasil de Fato, 22 de Outubro de 2018. Disponível em https://www.brasildefato.com.br/2018/10/22/evangelicos--criam-movimentos-contra-bolsonaro-por-todo-o-pais/ (visualizado em 03/01/2022).

[198] FONSECA, Alexandre Brasil. "Foram os evangélicos que elegeram Bolsonaro?", IHU/Unisinos, 07/11/2018. Disponível em https://www.ihu.unisinos.br/188-noticias/noticias-2018/584446-foram-os-evangelicos-que-elegeram-bolsonaro (visualizado em 03/01/2022).

em Bolsonaro, assim como pouco menos da metade de pretos e pardos. E conclui: "Existem motivos que perpassam a sociedade como um todo e que envolvem diversos segmentos."

Temos, então, um panorama importante da articulação política evangélica como força propulsora da eleição de Bolsonaro em 2018.

O primeiro destaque é o movimento errático das lideranças evangélicas em seu posicionamento eleitoral e vínculos com governantes eleitos, em especial, as lideranças neopentecostais. A vitória de Bolsonaro revelou acordos políticos e econômicos importantes com essas lideranças religiosas, como nomeação de ministros (incluindo o STF) e políticas de favorecimento às igrejas.

Um segundo destaque é o papel da agenda moral, conservadora, que cria uma identidade social e afetiva forte que determina a coesão da base evangélica. Tal identidade foi a base discursiva de lideranças evangélicas motivarem o alinhamento com a candidatura de Bolsonaro.

Contudo, o alinhamento político das bases evangélicas não é automático. Antes, parece mais nítido em momentos de forte comoção nacional como as disputas eleitorais. Mesmo em momentos de mobilização coletiva, como as Marchas para Jesus, a opinião dos evangélicos parece colidir com muitas das posturas públicas defendidas por pastores e bispos de suas igrejas. Gedeon Alencar é um dos autores que destaca o erro comum entre analistas em considerar que evangélicos tendencialmente votam conforme a indicação de seus líderes[199].

As divisões internas se expressam na aproximação e ocupação de cargos de evangélicos no governo federal. Com efeito, as indicações a cargos importantes no governo Bolsonaro não são de pentecostais ou mesmo da bancada evangélica no Congresso Nacional, mas de lideranças ligadas ao neofundamentalismo, caso do Ministro da Educação e pastor presbiteriano Milton Ribeiro, declaradamente refratária ao campo progressista e/ou de esquerda.

O fato é que, durante a campanha de 2018, a agenda de costumes foi o elemento aglutinador que explorada, levou um imenso contingente eleitoral evangélico a despejar votos na candidatura de Bolsonaro. Este movimento político possibilitou que as lideranças evangélicas mais agressivas e sedentas de poder se lançassem com sofreguidão na montagem de parte do governo Bolsonaro e na consolidação do discurso de radicalização política nacional.

---

[199] ALENCAR, Gedeon Freire. Presença Evangélica no Brasil atual: remédio ou veneno? Revista Observatório da Religião, v. 2, n. 2, p. 130-152, 2015.

A redenção do baixo clero

O baixo clero da Câmara de Deputados iniciou sua via de redenção a partir da eleição de Severino Cavalcanti para a presidência daquela casa parlamentar. Em fevereiro de 2005, disputou o comando da Câmara com o candidato oficial do governo Lula, Luiz Eduardo Greenhalgh. O período coincidia com a ofensiva de acusações de compra de votos pelo governo Lula que seria cunhado pelo deputado federal Roberto Jefferson como "Mensalão". A despeito do impacto negativo das acusações em curso, sua eleição se revestiu de um importante significado para a história política do país: um deputado federal inexpressivo em termos nacionais chegava ao comando de um dos principais centros políticos do Brasil. Sua vitória trazia à tona uma agenda até então considerada anacrônica pelos caciques políticos: contrário à prática do aborto, à união civil entre duas pessoas de mesmo sexo e à Parada do Orgulho LGBT, apresentando-se como representante dos católicos no Congresso. Também fez proselitismo para se firmar, propondo aumento nos salários dos parlamentares, a mais atrativa das pautas aos seus pares.

Foi eleito com quase 60% dos votos dos deputados federais. Em seu mandato – que durou apenas sete meses -, defendeu a contratação de parentes no parlamento, como um complemento do seu esforço pelo aumento do salário dos parlamentares. Fez gestões a favor da Destilaria Gameleira, empresa pernambucana flagrada repetidas vezes na utilização de trabalho escravo em sua fazenda no Mato Grosso. Acabou sendo abandonado pela maioria dos deputados após denúncia de que teria cobrado um "mensalinho" de R$ 10 mil por mês para que o empresário Sebastião Buoni mantivesse a concessão de seu restaurante na Câmara.

Sua eleição e trajetória meteórica pela Presidência da Câmara dos Deputados sinalizou uma mudança no submundo da política parlamentar. Embora nada nítido naquele período, indicava um papel cada vez mais relevante dos deputados federais na República brasileira a partir da concentração de recursos públicos de investimento nas mãos da União. Durante as gestões Lula, tal concentração levou à nacionalização de muitos programas sociais e de infraestrutura a partir de convênios de prefeituras com cofres secos para investimentos com agências federais. Na esteira desta *via crucis* projetaram-se os deputados federais, desempenhando papel cartorial de arranjos e contatos entre municipalidades e os escaninhos do governo federal que os levaria aos programas almejados.

Nos anos seguintes, os deputados federais assumiriam o papel de "príncipes da república", prestigiados – e, muitas vezes comandando diretamente – pelas gestões municipais em seus territórios de atuação.

O prenúncio da eleição de Severino Cavalcanti se confirmaria dez anos depois, com a eleição de Eduardo Cunha para o mesmo posto de comando da Câmara de Deputados. Cunha se elegeu em primeiro turno apregoando sua independência frente ao governo de Dilma Rousseff. Mais uma vez, o candidato oficial do governo era derrotado. Na votação, Cunha recebeu 267 votos, superando outros três candidatos, incluindo o representante governista, Arlindo Chinaglia (PT-SP), que recebeu 136 votos. Suas promessas de campanha procuraram cimentar o apoio do baixo clero: equiparação do salário dos deputados com o de ministros do Supremo Tribunal Federal (STF) – teto do funcionalismo público –, e garantia do pagamento de emendas parlamentares a deputados sem experiência.

Eduardo Cunha alterou o patamar de poder e atuação do baixo clero da Câmara dos Deputados. Criou vínculos diretos com empresários financiadores e avançou nas negociações junto ao governo federal, adotando um expediente agressivo e ameaçador para angariar vantagens para os parlamentares.

Esta característica de gestão e comportamento político gerou um séquito de deputados diretamente comandados por ele. Nos corredores da Câmara de Deputados era citado um contingente de 150 deputados federais a ele vinculados. Dentre seus seguidores figurava o deputado Arthur Lira, que assumiria o comando da casa parlamentar durante a gestão de Jair Bolsonaro.

A grande imprensa sugeria que as bancadas da "Bala, Boi e Bíblia" compunham o que denominavam do "escudo" de Eduardo Cunha[200], o que impunha uma agenda conservadora, na qual se inseria Jair Bolsonaro, à sua liderança.

Foi na esteira desta ascensão política do baixo clero que Jair Bolsonaro se lançou candidato à Presidência da República, no início da legislatura de 2015, a que elegeria Eduardo Cunha presidente da Câmara de Deputados. Segundo Thaís Oyama, nesse momento Bolsonaro confidenciou ao seu colega Alberto Fraga, outro integrante do baixo clero e ex-coronel da Polícia Militar, sua intenção de se lançar à Presidência da República[201].

Em 2019, 120 parlamentares que tomaram posse no Congresso Nacional – do total de 513 deputados federais e 54 senadores eleitos - jamais haviam exercido mandato público na vida. Vários desses novatos vinham dos quartéis, delegacias ou das ruas que forçaram a queda de Dilma Rousseff (PT), caso de Joice Hasselmann – segunda deputada mais votada do país-, de Carla Zambelli e de Alexandre Frota. Também se elegeram expoentes das redes sociais que destilavam valores ultraconservadores, como Flordelis e o empresário e youtuber Luis

---

[200] BEDINELLI, Talita. "Escudo de Cunha, bancada 'Bala, Boi e Bíblia' faz avançar pauta conservadora", El País Brasil, 28 de outubro de 2015. Disponível em https://brasil.elpais.com/brasil/2015/10/27/politica/1445980653_786437.html (visualizado em 04/01/2022).
[201] OYAMA, Thaís. Tormenta, op. cit., p. 9.

Miranda. O discurso outsider invariavelmente citava a necessidade de superação da "velha política", uma cantilena típica da pulsão do baixo clero[202]. Assim como Bolsonaro, foram capturados pela "velha política" e muitos se enredaram em conflitos e escândalos que os fizeram imergir no cenário nacional.

Vejamos qual o perfil, ao longo dos anos, do deputado federal do baixo clero.

Sérgio Simoni Júnior, Rafael Mucinhato e Lucas Mingardi identificaram 946 deputados federais do baixo clero no período entre 1995-2010, assim distribuídos por legislatura: 474 na 50ª legislatura, 492 na 51ª, 454 na 52ª e 433 na 53ª legislatura[203].

O perfil identificado pelos autores indica um nível de escolaridade praticamente idêntico ao dos membros da elite parlamentar, mas havia uma diferença importante: trabalhadores manuais e pastores se sobressaíram no bloco do baixo clero em contraste com a elite parlamentar na Câmara de Deputados que envolveu mais professores, advogados e servidores públicos.

Sobre o perfil religioso, um dado crescentemente importante na política nacional, embora a presença de católicos seja majoritária nos dois blocos analisados, no baixo clero há maior presença de protestantes, o que no caso em tela neste livro, indica conexões relevantes com as forças de apoio à candidatura de Jair Bolsonaro em 2018. A tabela apresentada pelos autores evidencia esta característica:

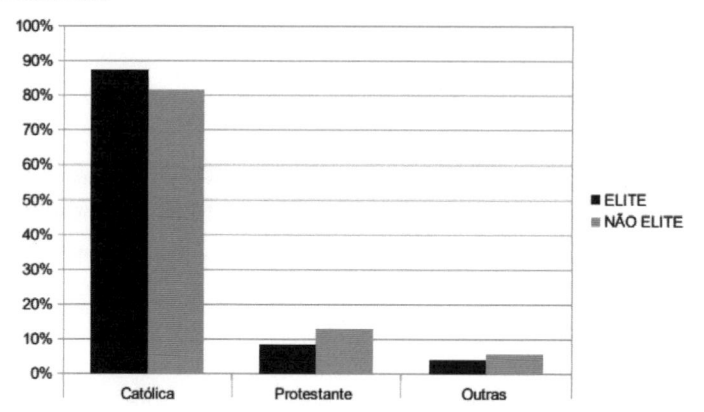

Distribuição da filiação religiosa agregada (1995-2010)

---

[202] Em 2020, essa nova composição e poder do baixo clero alteraria os gastos de verba de gabinete (contratação de assessores), a maior dos últimos cinco anos na Câmara de Deputados, saltando para R$ 650 milhões. Ver BRAGON, Ranier & BRANT, Danielle. "Engolidos pela 'velha política', novatos que surfaram onda de 2018 submergem no baixo clero do Congresso", Folha de São Paulo, 07 de agosto de 2021. Disponível em https://www1.folha.uol.com.br/poder/2021/08/engolidos-pela-velha-politica- novatos-que-surfaram-onda-de-2018-submergem-no-baixo-clero-do-congresso.shtml (visualizado em 04/01/2022).

[203] Ver SIMONI JÚNIOR, Sérgio et all. O perfil biográfico do "alto clero" da Câmara dos Deputados no Brasil (1995-2010)

Ao longo do período analisado, os autores identificaram aumento da participação de protestantes no baixo clero, ao contrário do que ocorreu na elite parlamentar.

Em outro estudo, Débora Messenberg[204] analisa o perfil do alto e baixo cleros na Câmara dos Deputados, durante o período de 1995 a 2007. A autora destaca que a influência do parlamentar nesta casa legislativa tem relação com o capital político "herdado", ou seja, "em função do pertencimento a núcleos familiares que gozam de reconhecimento de longa data na esfera política, constituindo-se em verdadeiras "dinastias políticas""[205]. Outra característica dos líderes da Câmara de Deputados é a experiência em cargos públicos. Nas suas palavras:

> "A ocupação de cargos públicos de destaque na máquina estatal e partidária garante aos seus ocupantes, além da visibilidade social, o acesso a recursos de poder que podem ser distribuídos a certos grupos sociais, que funcionarão como redes de apoio a serem acionadas para a conquista e manutenção de mandatos eleitorais. De outro lado, a transmissão de capital político por "herança familiar" envolve também a patrimonialização de bens e serviços públicos por famílias que influenciam o poder há longo tempo."[206]

A autora identifica que 58,3% dos deputados ocuparam cargos públicos, com destaque para os que ocuparam cargos como secretários de estado ou município (39,6% do total dos parlamentares).

Em seguida, define o conceito de elite ou "alto clero" nesta casa parlamentar. Para autora, são deputados que se inserem em quatro critérios fundamentais: a) a ocupação de postos estratégicos (Presidente e 1º secretários das Mesas Diretoras, lideranças partidárias e de governo); b) Relator e/ou autor das principais proposições que foram convertidas em lei durante o período ou das principais CPI´s; c) Presidente de Comissões permanentes e/ou Comissões especiais e CPI´s e; d) parlamentares indicados como membros da elite pela maioria ou totalidade dos congressistas. No período estudado, Messenberg distinguiu 123 parlamentares participantes do alto clero entre os anos de 1995 a 2004.[207]

Além da experiência política anterior, o alto clero se vincula às grandes agremiações: 71% deles estavam filiados aos quatro partidos com maiores

---

[204] MESSENBERG, Débora. O "alto" e o "baixo clero" do Parlamento brasileiro. Cadernos Aslegis, Brasília, v. 40, p. 79-107, mai./ago. 2010. Disponível em: http://www.aslegis.org.br/files/cadernos/2010/Caderno40/08_o_alto_e_o_baixo_clero_do_parlamento_brasileiro.pdf (visualizado em 03/01/2022).
[205] Idem, ibidem, p. 85.
[206] Idem, ibidem, p. 85.
[207] Idem, ibidem, pp. 94-95.

bancadas no período, quais sejam: PFL (19,5% da elite possuía essa filiação); PMDB (19,4%), PSDB (17,6%) e PT (14,3%). Mais: somente 11,4% dos membros da elite eram "novatos" na carreira parlamentar.

Como se percebe, o apoio do baixo clero à campanha de Jair Bolsonaro – que se estenderia ao seu governo –, tem uma motivação de alteração da correlação de forças entre parlamentares experientes e os novatos. O aumento de visibilidade e poder adquiridos durante a gestão de Eduardo Cunha parecia auspicioso para sua escalada no poder institucional do país neste período de grande efervescência e ascensão do discurso de extrema-direita no país, entre 2015 e 2018. Entretanto, a promessa não se confirmou. Como ocorreria com o governo Bolsonaro, o baixo clero submergiu às urdiduras da elite parlamentar identificadas ingenuamente pelos parlamentares novatos de extrema-direita como dificuldades burocráticas para legislar.

O baixo clero, enfim, foi uma base de apoio à campanha de Bolsonaro que mobilizou eleitores a partir de suas redes ramificadas ao longo do país (virtuais, no caso dos novatos no mundo político, ou territoriais, no caso dos membros do baixo clero já instalados no Congresso Nacional). Comportou-se à semelhança do lumpesinato na ascensão de Luís Bonaparte, primeiro presidente eleito da França[208]: teve força para elegê-lo, mas não teve potência para sustentá-lo.

O perfil fascista do bolsonarismo

O bolsonarismo nasceu como uma onda que se sobrepôs às duas anteriores, armadas pelo alto empresariado e pelo movimento macarthista desfechado pela Operação Lava Jato - na qual, contrariamente à tentativa "lavajatista" anterior, denominada de Mensalão, o Supremo Tribunal Federal terceirizou o trabalho sujo de lawfare para a Primeira Instância, mantendo-a tão-somente - e confortavelmente - monitorada. Não se confunde, portanto, com a figura de Jair Bolsonaro. É algo mais amplo, um movimento de massas que envolve diretamente mais de 20 milhões de brasileiros que cultivam valores de extrema-direita.

Assim, o bolsonarismo carrega alguns traços difusos, aparentemente dispersos e episódicos, como a malevolência, certa solércia, a hiperexcitação e o escárnio. Aproxima-se das características do fascismo, mais difuso, que

---

[208] Charles-Louis Napoléon Bonaparte foi o 1.º Presidente da Segunda República Francesa e, depois, Imperador dos Franceses do Segundo Império Francês. Era sobrinho e herdeiro de Napoleão Bonaparte. A tragédia política de sua gestão foi narrada e analisada por Karl Marx, Escrito entre dezembro de 1851 e fevereiro de 1852, registrada no livro "O 18 de brumário de Luís Bonaparte".

absorve e produz trocas com outros ideários – como o religioso – e é anti-intelectualizado, mais dado ao fazer, a "ação pela ação".

Em junho de 1995, o escritor e crítico Umberto Eco publicou um ensaio enumerando 14 características comuns do fascismo. Dentre elas, destacam-se justamente o culto da ação pela ação, a noção de traição como base de uma certa paranoia, o desprezo pelos fracos e o populismo seletivo[209]. São todos traços nitidamente encontrados no discurso bolsonarista.

Tal coincidência vem despertando um debate acadêmico que transborda em alguns momentos nas discussões políticas nacionais a respeito da característica fascista do bolsonarismo.

Rubens Pinto Lyra é um dos autores que sustenta a interpretação que se trata de um discurso e ideário protofascista[210]. O autor destaca o voluntarismo, o destempero e o misoginia como expressões públicas provocadoras e mobilizadoras de Jair Bolsonaro. Contudo, sustenta, não haveria impacto político nacional se não tivesse ocorrido uma "guinada à direita de numerosos trabalhadores temerosos do desemprego ou já desempregados" além de fragilizados pela insegurança pública.[211]

O caldo de cultura marcado pela frustração, ressentimento e medo de amplos segmentos populares foi explorado pelo discurso bolsonarista não como

---

[209] Os 14 traços do fascismo apresentados por Eco são: 1 — O culto à tradição. Basta olhar para o programa de todo movimento fascista para encontrar ali os maiores pensadores tradicionalistas; 2 — A rejeição ao modernismo. O Iluminismo, a Idade da Razão, é visto como o começo de toda a depravação moderna. O fascismo pode ser definido como irracionalismo; 3 — O culto à ação pela ação. A ação, sendo bela por si só, deve ser tomada antes, ou mesmo sem qualquer reflexão prévia. Pensar é uma forma de emasculação; 4 — Discordância é traição. O espírito crítico faz distinções, e isso é uma forma de modernismo. Na cultura moderna a comunidade científica elogia a discordância, como uma forma de aprimorar o conhecimento; 5 — Medo das diferenças. O primeiro apelo de um movimento fascista ou prematuramente fascista é contra os intrusos. Assim, o Fascismo Eterno é racista por definição; 6 — Apelo à frustração social. Um dos mais típicos traços do fascismo histórico foi o apelo a uma classe média frustrada, uma classe que sofre os efeitos de uma crise econômica ou abriga sentimentos de humilhação política, assustada pela pressão de grupos sociais subalternos; 7 — A obsessão por um enredo. Os seguidores devem se sentir sitiados. A forma mais fácil de resolver isso é apelando à sua xenofobia; 8 — O inimigo é ao mesmo tempo forte e fraco. Através de uma contínua oscilação no foco retórico, os inimigos são ao mesmo tempo fortes demais e excessivamente fracos; 9 — Pacifismo é se confraternizar com o inimigo. Para o Fascismo Eterno, não existe a luta pela vida: em vez disso, a vida é vivida para lutar; 10 — Desprezo pelos fracos. Elitismo é um aspecto típico de qualquer ideologia reacionária; 11 — Todos são educados para se transformarem em heróis. Na ideologia do Fascismo Eterno, heroísmo é a norma. Este culto ao heroísmo é estritamente ligado ao culto à morte; 12 — Machismo e armas. O Machismo implica ao mesmo tempo um desdém pelas mulheres e uma intolerância — e condenação — a hábitos sexuais fora do padrão, da castidade à homossexualidade; 13 — Populismo seletivo. No nosso futuro haverá o populismo de TV ou de Internet, no qual a resposta emocional de um seleto grupo de cidadãos pode ser apresentada e aceita como a Voz do Povo; 14 — O Fascismo Eterno fala a Novilíngua de Orwell. Todos os livros didáticos do Nazismo ou Fascismo faziam uso de um vocabulário pobre e de sintaxe elementar, a fim de limitar os instrumentos para um raciocínio complexo e crítico. Ver ECO, Umberto. Ur-Fascism, The New York Review, 22 de junho de 1995. Disponível em https://www.nybooks.com/articles/1995/06/22/ur-fascism/ (visualizado em 01/02/2022).
[210] Ver LYRA, Rubens Pinto. Bolsonarismo. João Pessoa: Editora do CCTA, 2021.
[211] Idem, ibidem, p. 86.

para moldá-lo numa ideologia única, sustenta, nem para neutralizar outros ideários, como é o ímpeto nazista. Para Lyra

> O protofascismo se caracteriza por apresentar aspectos econômicos, sociais e políticos em determinada formação social, aparentadas com o fascismo. Mas existem características do fascismo e do nazismo que não estão presentes no protofascismo brasileiro, como um partido de massas, enquadrado sob rígida disciplina, e adestrando para promover ataques aos adversários. Também são muito diferentes os objetivos proclamados pelos nazifascistas e os perseguidos pelo demiurgo brasileiro. (...) Uma característica do aspirante a ditador tupiniquim radicalmente distinta do nazi-fascismo diz respeito à religião. (...) O Messias e seus apoiadores evangélicos se comportam como baluartes dos costumes, da família tradicional e da moral religiosa a mais conservadora.[212]

Também é distinto no ideário bolsonarismo, em relação ao ideário fascista, a pregação neoliberal ou ultraliberal na condução da política econômica. Embora Trotsky tenha identificado logo cedo o vínculo entre o totalitarismo e o capital monopolista[213], o discurso nazifascista não foi tão explícito a respeito dessa simbiose como o bolsonarismo, dado o foco na criminalização de judeus. Possivelmente em virtude da criminalização do petismo ter sido obra da Operação Lava Jato e do intenso ataque da grande mídia nacional, o bolsonarismo tenha apenas reforçado este movimento para ampliar seu campo temático. Também é relevante a maior ênfase do bolsonarismo em relação à disputa eleitoral que a versão original nazifascista[214].

O discurso público bolsonarista transita pela dubiedade e o movimento errático. Sua ofensiva se dá pelas milícias virtuais, a despeito de fortes

---
[212] Idem, ibidem, p. 111.
[213] TROTSKY, Leon. A Luta Contra o Fascismo: Revolução e Contrarrevolução, São Paulo: Sundermann, 2019.
[214] O nazismo não desprezou o campo eleitoral para confirmar sua ascendência política na Alemanha em meio à crise econômica avassaladora que tomou o país após o *crash* de 1929. Com um índice de desemprego triplicado já no início dos anos 1930, o partido nazista (Nationalsozialistische Deutsche Arbeiterpartei ou NSDAP) obteve 32% dos votos no pleito de 1932, o que forçou a nomeação de Hitler como chanceler. A partir daí, o NSDAP passou a liderar uma campanha ofensiva para ampliar sua base parlamentar que não logrou o efeito desejado. As eleições federais realizadas em 5 de março de 1933, após a tomada do poder pelos nazistas e apenas seis dias após o incêndio do Reichstag, alicerçada numa campanha de violência contra o Partido Comunista (KPD), os esquerdistas, os sindicalistas, o Partido Social-Democrata e o Partido do Centro Alemão, deram 43,9% dos votos aos nazistas, muito aquém do seu objetivo, aumentando o foco na implantação do terror e desmontagem do sistema partidário vigente. O governo nazista passou a governar através de decreto de exceção em virtude da impossibilidade de obter maioria parlamentar. No caso do fascismo italiano, desde a década de 1920 os "camisas negras" criaram uma força miliciana muito popular que teve como seu momento de demonstração de força em 27 de outubro de 1922, quando realizaram a Marcha sobre Roma. A manifestação, que tomou as ruas da capital italiana, exigia que o rei Vitor Emanuel III passasse o poder para as mãos do Partido Nacional Fascista, levando Benito Mussolini ao poder. Nas eleições de 1924, os fascistas ganharam a maioria no parlamento. Foi o início da escalada totalitária. Entre 1927 e 1934, milhares de civis foram mortos, presos ou deportados, os órgãos de imprensa foram fechados, os partidos políticos (exceto o fascista) foram colocados na ilegalidade, os camisas negras incorporaram-se às forças de repressão oficial e a pena de morte foi legalizada.

indícios de vínculos com milicias organizadas, em especial, instaladas na região sudeste.

Outros autores trilham a mesma interpretação sobre o processo de fascistização na sociedade brasileira com a ascensão do bolsonarismo. Este é o caso de Guilherme Simões Reis e Giovanna Soares[215] que sugerem que o fortalecimento do voo religioso – hostil à laicidade do Estado e ultraconservador nos costumes – e a ofensiva política contra a esquerda – baseada no ódio e na proposição de soluções autoritárias -, abriu a vaga fascista no Brasil.

Quanto à ascensão do poder político evangélico, os autores apontam o ano de 2016 como inflexão autoritária da Frente Parlamentar Evangélica, quando apoia a queda de Dilma Rousseff. Até então, e desde sua origem em 1986, a bancada evangélica no Congresso Nacional se pautava por projetos que raramente interferiam na ordem social, dizem Reis e Soares.

Segundo os autores, o fascismo brasileiro cresce nas classes médias alimentado pela crise econômica e pelo ativismo do judiciário e mídias tradicionais que disseminam a intolerância com a pluralidade de interesses e visões de mundo. Mais "como mobiliza emocional e não racionalmente os simpatizantes, tende a um forte anti-intelectualismo, a rejeição ao acumulado conhecimento acadêmico", ao forte personalismo que se "dá via idealização de líderes, em discurso repetitivo."[216] Daí o destaque que Reis e Soares conferem ao discurso de Bolsonaro, enfático quanto ao nacionalismo, à família tradicional, à manutenção da ordem a ao recurso da violência como garantidor desta Pax Social. O conjunto discursivo apresenta o líder Bolsonaro como um *outsider* puro e absolutamente franco em meio a um campo político institucional infestado de corruptos ardilosos. A corrupção, neste caso, é ampliada para além dos desvios de recursos públicos, mas também dos costumes tradicionais onde vicejariam os desonestos, marginais, estupradores e bandidos.

Os programas sociais e a plataforma de direitos humanos são explorados como fruto de uma elite intelectualizada que tomou as universidades brasileiras e por mancomunados do banditismo brasileiro. Tais programas sociais seriam discricionários e objetivam promover indolentes.

---

[215] REIS, Guilherme & SOARES, Giovanna. O Fascismo no Brasil: o ovo da serpente chocou. Revista Desenvolvimento em Debate, v. 5, n. 1, 2017. Disponível em https://revistas.ufrj.br/index.php/dd/article/view/32164 (visualizada em 01/02/2022). Vale destacar o artigo premonitório de Alexandre Vasilenskas intitulado "O Ovo da Serpente Nacional", publicado na revista Sinal de Menos em 2014. O autor destaca a "apologia de ideias de extrema-direita há pelo menos vinte anos não se constitui mais em tabu" o que estaria alimentando "ideologias cada vez mais conservadoras representadas pela ´teologia da prosperidade´ e pelo conservadorismo difuso, típicos de programas policiais vespertinos". Ver VASILENSKAS, Alexandre, O ovo da serpente nacional. Revista Sinal de Menos, Ano 6, n. 10, vol. 11, 2014. Disponível em https://www.sinaldemenos.org/2014/03/15/sinal-de-menos-10/ (visualizado em 01/02/2022).

[216] REIS, Guilherme & SOARES, Giovanna. O Fascismo no Brasil: o ovo da serpente chocou, op. cit., p. 56.

Como todo discurso fascista, o discurso bolsonarista é conversivo, ou seja, tenta converter o interlocutor, assim como multifacetado[217].

Finalmente, o psicólogo e psicanalista Luís Carlos Petry também destaca as marcas fascistas do discurso bolsonarista. Citando Adorno, o autor sugere que traços do discurso autoritário fascista já se pronunciavam na ação legislativa de Jair Bolsonaro, antes de se eleger Presidente da República. Destaca, dentre os traços marcantes do discurso fascista: a manipulação com multidões ocasionais com as quais entra em contato e que gradativamente formam uma massa excitada; o contato com microgrupos ocasionais cuja imagem construída pelos líderes sugere que são muitos e que são homogeneamente organizados e; progressivamente, exposto aos canais de comunicação de massa, articula um processo de arregimentação de coletivos e grupos que até então se apresentavam de maneira dispersa[218].

O discurso bolsonarista opera, então, centrado nos seguintes valores morais e políticos:

1. Lealdade cega a determinados valores, costumes e ideias, nos quais os valores adequados, morais e aceitáveis pelo grupo se contrapõem à corrupção moral vigente;
2. Família evocada ardorosamente a partir de uma idealização que remete à família patriarcal, de natureza nuclear ou tradicional (pai, mãe e filhos);
3. Etnocentrismo que considera que tudo o que é seu (ideias e moral) mais adequado, incluindo sua sexualidade, reificando seus mais lascivos desejos;
4. Continuada vivência dentro de uma cultura do medo que tem características nacionalistas e xenofóbicas;
5. Exaltação de suas conquistas em detrimento do reconhecimento das conquistas do outro, do semelhante, em uma retinta inveja;
6. Tentativa do estabelecimento de uma liderança do tipo agressiva, na qual seus interesses egóicos sempre estão em primeiro plano, desprovidos de empatia e solidariedade.

Petry sustenta que o *tradicionalismo* é anterior ao fascismo. Mas o acréscimo do fascismo é que ele postula que não pode haver avanço no saber, interditando contradições e dúvidas.

---

[217] Em 1978, em sua aula inaugural para o Collège de France, Barthes chegou a afirmar: "a língua, como performance de toda a linguagem, não é nem reacionária, nem progressista: ela é, simplesmente: fascista; o fascismo não é impedir de dizer, é obrigar a dizer". Este aforismo é levado ao limite pelo discurso bolsonarista.

[218] Ver PETRY, Luís Carlos. a psicologia das massas do nazi-fascismo e a realidade atual da ultra direita. Aula 3, Belo Horizonte: Instituto Cultiva, 2021.

Também é peculiar do ideário e prática fascista o *uso intensivo da tecnologia como instrumento político*. Tecnologia empregada como um instrumento de disseminação de ideias baseadas nos pressupostos anteriores ao iluminismo francês.

A este padrão, soma-se o *irracionalismo e o elogio à ação pela ação*. Tal voluntarismo exacerbado e histérico é edificado, pois ele prescinde de toda e qualquer reflexão.

Outro aspecto fundante do discurso fascista-bolsonarista é a *busca do consenso forçado*, motivada pelo medo da diferença. Discordar é um sinal de diversidade, de liberdade, algo insuportável para o discurso corporativo fascista que almeja a eliminação da diferença e um pensamento homogêneo ao redor do líder.

Finalmente, segundo Petry, *as ideias fascistas facilmente se conectam com os ressentimentos da classe média*, a qual pode estar frustrada em relação à não conquista dos padrões de vida das elites e temerosa com os efeitos de um desenvolvimento econômico que promove a ascensão do padrão de consumo das classes subalternas, reforçando um profundo ressentimento. Os adeptos da ideologia fascista devem se sentir humilhados pela riqueza das elites e das classes trabalhadoras. Na raiz da psicologia fascista habita a obsessão pela conspiração paranoica, na qual o outro [o semelhante] é visto como um inimigo que trabalha para a sua derrota.

O que se pretendeu neste capítulo foi construir as bases analíticas para identificar a terceira onda como nitidamente fascista e direcionada para a tomada efetiva e imediata do poder.

Não se tratava mais de um mero ativismo político-ideológico ou caça às bruxas, mas de um complexo discursivo marcado pela violência e exclusão social. A Ação pela ação, não se bastando à denúncia e mobilização emocional das multidões.

O bolsonarismo é reacionário, movido pela reação aos avanços dos direitos identitários e de classe, que considera uma ameaça à ordem tradicional e ao modo de vida brasileiro. O que impele à construção de um cardápio de valores tradicionais defensáveis e à uma peculiar etiqueta popular, antielitista.

A demagogia, assim, é parte constitutiva do bolsonarismo, esta versão contemporânea brasileira do fascismo. O líder não só expressa sua interpretação do modo de vida popular – que traduz como debochado, irônico e sádico -, como pratica esse padrão estético marcado pelo ressentimento: a piada de gosto duvidoso, a verborragia, o jeito desajeitado, o descaso, o egoísmo.

O bolsonarismo pretende reconstruir o Brasil, valorizando o jeito simplório das camadas socialmente marginalizadas, acenando às classes médias e empresariais com o ataque frontal às esquerdas e movimentos sociais. Agregou, ainda, a agenda ultraliberal na condução da política econômica que suavizou os possíveis riscos para o *establishment*. Este é outro paralelo que inicialmente afastava o alto empresariado do nazismo e fascismo europeus: o caráter excessivamente popular e grosseiro dos discursos de suas lideranças que foram suavizados com a defesa do alto capital nacional.

A terceira onda, enfim, fez eclodir o ovo da serpente, que vinha sendo chocado desde antes da Constituinte de 1987.

O QUE É FASCISMO?

A diferença entre direita e extrema-direita

O que a imprensa internacional quer sugerir quando afirma que o governo Jair Bolsonaro é de extrema-direita?

O que este livro quer sugerir quando afirma que o bolsonarismo e o governo Jair Bolsonaro são fascistas?

Para responder estas questões vale inicialmente nos questionarmos melhor sobre o que é *direita*.

Há muitas formulações a respeito do conceito de direita. Mas, formou-se certo consenso a partir da definição de Norberto Bobbio em seu livro "Direita e Esquerda: razões e significados de uma distinção política"[219]. Ao apresentar o livro, Bobbio, numa pequena nota de rodapé, a nota 15 que se encontra à página 12, sustenta que a liberdade pode ser tanto de direita quanto de esquerda, pois "a verdadeira disputa entre esquerda e direita repousa em atribuir maior estima à igualdade ou diversidade". Mais adiante, à página 20, o autor italiano sugere que "a direita é inigualitária" porque considera que as desigualdades entre os homens são não apenas inelimináveis, mas também úteis.

Em contrapartida, Bobbio sustenta que

> Nenhuma pessoa de esquerda (*sinistrorso*) pode deixar de admitir que a esquerda de hoje não é mais a de ontem. Mas, enquanto existirem homens cujo empenho político seja movido por um profundo sentimento de insatisfação e de sofrimento perante as iniquidades das sociedades contemporâneas (...), eles carregarão consigo os ideais que há mais de um século têm distinguido todas as esquerdas da história.[220]

---

[219] BOBBIO, Norberto. Direita e Esquerda: razões e significados de uma distinção política. São Paulo: Editora Unesp, 1995. Há uma imensa literatura a respeito da definição da esquerda que prolifera desde os anos 1990. Este é o caso, dentre outras obras e autores, de HABERMAS, Jurgen. La necesidad de revisión de la izquierda. Madrid: Editorial Tecnos, 1996; CLARK, T. J., Por uma esquerda sem futuro. São Paulo: Editora 34, 2013; SAFATLI, Vladimir. A esquerda que não temem dizer seu nome. São Paulo: Três Estrelas, 2012; FAUSTO, Ruy. Caminhos da Esquerda, São Paulo: Companha das Letras, 2017; FORNAZIERIE, Aldo & MUANIS, Carlos (orgs.), A crise das esquerdas, Rio de Janeiro: Civilização Brasileira, 2017.

[220] Idem, ibidem, pp. 23-24.

Direita e esquerda são, assim, termos antitéticos. Não se trata de um mero posicionamento político numa régua ideológica imaginária, mas um posicionamento frente à igualdade social e à liberdade individual.

A direita defenderia o ideário da liberdade individual em seu extremo. O que significaria que a natureza da espécie possui distinções comportamentais e psicológicas – alguns indivíduos são mais esforçados que outros; alguns mais inteligentes que outros; alguns mais bem-aventurados que outros; alguns mais ambiciosos ou mais bem preparados – e isso levaria à inevitável desigualdade social. Ao Estado caberia tão-somente preservar a vida e dar condições de competição justa entre os indivíduos. Contudo, é o esforço e o engajamento individual que definirão o futuro de cada indivíduo. Assim, qualquer interferência externa neste engajamento individual implicaria em desequilibrar a ordem natural que rege a vida social.

Bobbio também se dedicou a definir o que seriam os extremismos. Para o autor italiano, o contraste entre libertários e autoritários corresponde a uma distinção que não se relaciona necessariamente à uma justaposição em relação ao ideário de esquerda ou de direita. Sustenta ele:

> (...) o que a revolução ou a contrarrevolução têm em comum não depende do pertencimento a dois alinhamentos opostos tradicionalmente chamados de esquerda e direita (...). A verdade, em minha opinião, é outra: o que os autores revolucionários e contrarrevolucionários, e os respectivos movimentos, têm em comum é o fato de pertencerem, no âmbito dos respectivos alinhamentos, à ala extremista contraposta à ala moderada. A díade extremismo-moderantismo não coincide com a díade direita-esquerda e obedece, como veremos, a um critério de contraposição no universo político diverso do que conota a distinção entre direita e esquerda.[221]

O extremismo poderia ser assim definido como a negação da convivência com o ideário oposto. Mais que isso: a autoafirmação do extremista se dá pela eliminação ou ameaça de eliminação de qualquer ideário ou ideologia que não sejam os seus.

Bobbio qualifica os extremismos de antidemocráticos, o anti-iluminismo irracionalista, que foge do pensamento lógico e se aproxima da prática intuitiva, muitas vezes alimentando-se de certo discurso místico e carismático, que excita seus seguidores e enseja a ação violenta.

Por este motivo, o ideário e o discurso extremistas são catastróficos e fatalistas. Segundo esse filósofo político e ex-senador vitalício italiano, a história, para os extremistas, é compreendida aos saltos, representados por

---
[221] Idem, ibidem, p. 51.

mudanças qualitativas que ocorrem por rupturas, quase sempre violentas ou violentadoras.

Os extremistas valorizam

> (...) as virtudes guerreiras, heroicas, da coragem e da ousadia, contra as virtudes consideradas pejorativamente mercantis da prudência, da tolerância, da razão calculadora, da paciente busca da mediação, necessárias nas relações de mercado e naquele mais amplo mercado de opiniões, de ideias, de interesses em conflito, que constitui a essência da democracia na qual é indispensável a prática do compromisso. Não é por acaso que tanto extremistas de esquerda quanto os de direita mantêm sob suspeita a democracia (...). No linguajar de uns e outros, democracia é sinônimo de mediocracia, entendida como domínio não só da camada média, mas também dos medíocres.[222]

Temos, aqui, uma descrição clara sobre o ideário político de Jair Bolsonaro e seus seguidores: uma rejeição a qualquer proposta de promoção da igualdade social – por considerarem artificial, não fundada na natureza humana, distinta por definição – que se forja na prática como uma cruzada ideológica de rejeição violenta de toda força política e social que lhe pareça postiça, antinatural e falsa.

A ação pela ação, o ato violento ou ameaça do uso da força contra a esquerda e qualquer outra força política ou social que pregarem políticas equitativas. Este é o *leitmotiv* da prática da extrema-direita bolsonarista.

---
[222] Idem, ibidem, p. 57.

O bolsonarismo como um mosaico multifacetado

Mas, o bolsonarismo não se reduz a figura de Jair Bolsonaro ou a de sua família. Ao contrário, trata-se de uma força política que, embora difusa, envolve entre 15 e 25 milhões de brasileiros que possuem valores racistas, misóginos, beligerantes, intolerantes. As diversas pesquisas realizadas nos últimos 5 anos indicam uma variação que vai de 8% a 12% da população adulta brasileira.

Algumas dessas pesquisas são tratadas na parte deste livro dedicada à gênese e desenvolvimento da extrema-direita brasileira contemporânea, aquela forjada desde a década de 1980. Porém, é possível adiantar que não é fácil medir o percentual de brasileiros que se autodefinem de direita ou extrema-direita. Vários institutos de pesquisa incluem na composição dos indicadores de autodefinição ideológica o papel do Estado e agenda econômica que não são passíveis de alinhamento imediato. Para uma parcela ultranacionalista de direita, o Estado centralizador e interventor faz parte de seu ideário; contudo, para a direita neoliberal ou ultraliberal, o discurso é exatamente o inverso.

No mesmo sentido, a pauta de costumes adotada por diversas pesquisas que procuram definir o perfil ideológico dos brasileiros não é de fácil operacionalização com a agenda econômica ou papel do Estado: para segmentos populares que se autodefinem de direita, a pauta de costumes tende a ser sempre a mais conservadora, mas a defesa do Estado e de políticas de transferência de renda estão presentes na sua agenda, quase sempre alinhada à recriminação das políticas de privatização de estatais e de serviços públicos.

Estas nuances raramente são incorporadas nas pesquisas quantitativas que são desenvolvidas periodicamente por institutos renomados, como Datafolha.

Pedro Henrique Marques, ao aprofundar a análise dos dados tabulados no Projeto de Opinião Pública da América Latina de 2017[223], identifica que 29,1% da população brasileira se autolocaliza à esquerda. Porém, somente 65% apresentam opiniões sobre o papel do Estado, agenda econômica e pauta

---

[223] MARQUES, Pedro Henrique. Dimensão e Determinantes do Pensamento Ideológico entre os Brasileiros. Agenda Política. Revista de Discentes de Ciência Política da Universidade Federal de São Carlos Volume 8, Número 1, São Carlos, 2020, 78-105.

de costumes coerentes com o corolário de esquerda. Com esta depuração das respostas, chega-se a 18,91% da amostra total dos eleitores que efetivamente parecem identificados com o ideário de esquerda, segundo o autor. Já os que se autodefiniram como de direita, que perfaziam 21,9% dos brasileiros, 61% são mais liberais nos costumes do que conservadores.

Somados, os eleitores autolocalizados à esquerda e à direita que possuem sistemas de crenças ideologicamente estruturadas em relação à dimensão econômica, ou seja, aqueles que pontuaram acima de zero na variável de consistência econômica, mal chegam a 23% da amostra total da população brasileira.

Como se percebe, é ínfima a parcela de brasileiros que se autodefine coerentemente no espectro ideológico. O mais comum é revelarem um profundo ecletismo marcado pela superficialidade e confusão conceitual. Isso não implica dizer que no resto do mundo seja muito diferente, até porque não analisamos dados globais.

O certo é que o bolsonarismo não foge à esta regra.

Uma parte significativa envolve agrupamentos dispersos cujas identidades são grupais, afetivas, quase sempre definidas pela negação à segmentos sociais ou políticas sociais às quais se opõem.

No final de 2018, Isabela Kalil identificou 16 "clusters" ou nichos de apoio a Bolsonaro que se forjaram a partir de identidades muito específicas e que não eram convergentes[224]. Esta é uma característica do bolsonarismo importante de ser ressaltada: a dispersão e miríade de valores que se agregam na negação de políticas inclusivas e no ódio a públicos atendidos pelas políticas que rejeitam.

A pesquisa realizada por Kalil adotou como público-alvo os eleitores e potenciais eleitores de Jair Bolsonaro, e analisou suas expectativas em relação ao seu futuro governo. Trata-se de uma pesquisa de natureza antropológica, realizada a partir da experiência de levantamento de dados etnográficos em protestos realizados em junho de 2013 e várias manifestações que se seguiram até o ano de 2018, na cidade de São Paulo. O estudo compôs o esforço de uma pesquisa internacional em 10 países da América Latina sobre conservadorismo coordenado pelo *Sexuality Policy Watch*.

Os bolsonaristas, segundo esta pesquisa, adotam como conceito articulador ou de identidade o de *"cidadão de bem"*.

De bem seria o cidadão que adota uma conduta individual "correta" que se distingue da dos bandidos, que, portanto, não exclui os políticos corruptos

---

[224] KALIL, Isabela Oliveira. Quem são e no que acreditam os eleitores de Jair Bolsonaro. São Paulo: Fundação Escola de Sociologia e Política de São Paulo, outubro de 2018. Disponível em https://www.fespsp.org.br/upload/usersfiles/2018/Relat%C3%B3rio%20para%20Site%20FESPSP.pdf (visualizado em 03/03/2022).

nem os cidadãos que os apoiam, por exemplo. Trata-se de um conceito que se relaciona com uma determinada conduta na vida privada e com uma agenda política específica. Percebe-se que de uma motivação de comportamento individual, a da negação do diferente ou daquele que estaria excluído desta identidade comportamental do grupo, é que os cidadãos de bem chegam à construção de uma agenda político-ideológica. Uma agenda ideológica que refuta todo ideário de "comunistas", "petistas" ou "de esquerda", muitas vezes identificados como os mesmos personagens, que profanariam os valores morais adequados, que seriam os mais tradicionais da sociedade brasileira.

Outro elemento de coesão dos apoiadores de Bolsonaro identificado pela pesquisa em tela é a de *defesa da redução do Estado* e a substituição de políticos profissionais por figuras *outsiders*, como solução para a superação da má conduta (o que inclui a superação da corrupção). Aqui, temos um salto conceitual.

O Estado é percebido como fonte e habitat de agentes corruptos. E haveria uma canalização dos tributos pagos pelos "cidadãos de bem" para pessoas de interesses escusos, que se apropriariam da dinâmica democrática para se legitimarem a partir da baixa educação política dos mais pobres e desvalidos.

O Estado seria, então, passivo em relação ao assalto que agentes políticos impuros e ardilosos fazem aos cofres públicos. Eliminar as oportunidades que o Estado oferece reduziria, assim, o alimento dos corruptos.

Por correspondência, os líderes que não se locupletam com tais práticas corruptas, porque não fazem parte dos escaninhos do poder político tradicional do país, seriam os mais aptos a governar. O <u>outsider</u> ou o membro do baixo clero parlamentar, aquele segmento político que é alijado da elite política tradicional, apresenta-se como o político ideal, o não contaminado pelos atos e desejos impuros, um provável "cidadão de bem".

Este salto conceitual é dos mais importantes para desvelarmos a lógica da cultura de extrema-direita brasileira deste século XXI. Um salto que passa pela identidade de conduta individual e, pela negação, constrói um ideário de busca de um político igual ou próximo deste ideário, a despeito de ser um político profissional. Desde que não faça parte da elite partidária ou mesmo parlamentar, desde que rejeite todos os grupos tradicionais da política, assim como suas propostas e condutas, pela negação, passa a ser um candidato merecedor da confiança e dos votos dos "cidadãos de bem".

O salto conceitual – do indivíduo de bem para o líder político – produz, ainda, um diagnóstico sobre o Brasil que revela urgência. O líder escolhido deve *combater a desordem de costumes e valores* que colocaria em risco o próprio cidadão de bem, assim como os valores tradicionais e a noção de decência e dignidade.

Pesquisas realizadas após 2019 entre moradores de favelas do país ou segmentos populares evangélicos, identificaram uma declarada relação entre o papel da família e a construção da noção de ordem, respeito e dignidade[225]. Em suma, a ordem social tem como inspiração e fonte moral a família.

Aqui se articulam as diversas corrupções, sendo a corrupção moral a gênese das alterações de comportamento que levam ao desvio das condutas privadas mais virtuosas, sexuais inclusas.

Estes elementos do ideário bolsonarista convergem em diversos grupos de apoiadores de Jair Bolsonaro. E, a partir desse ideário, as fragmentações e divergências se multiplicam.

Isabela Kalil identifica 16 segmentos sociais que possuem, cada um, uma visão de mundo específico. Vários se opõem a outros desses segmentos, o que os impede de se relacionarem, obrigando o núcleo político da campanha de Jair Bolsonaro a acompanhar e alimentar suas discussões e ações separadamente. Este acompanhamento central segmentado é, inclusive, identificado como padrão dos ideólogos da extrema-direita mundial (Arthur Finkelstein, conselheiro de Viktor Orban, na Hungria; Andrew Breitbart e Steve Bannon, nos EUA; Gianroberto Casaleggio, na Itália; dentre outros) por Giuliano Da Empoli. Em seu livro "Engenheiros do Caos" Da Empoli reproduz a orientação dada por Casaleggio sobre o sistema de manipulação de diversos grupos como um formigueiro:

> É preciso que os participantes sejam numerosos, que se encontrem por acaso e que não tenham consciência das característica do sistema no seu todo. Uma formiga não deve saber como funciona o formigueiro, do contrário, todas as formigas desejariam ocupar os melhores postos e os menos cansativos, criando, assim, um problema de coordenação.[226]

Assim, o sistema montado a partir da identificação de identidades grupais aproximadas é construída com uma fachada descentralizada, sem que nenhum agrupamento tenha noção do projeto geral, no que se parece com uma "não-organização", com forte estímulo à participação no interior de cada comunidade criada. Os ideólogos da extrema-direita contemporânea usam sofisticadas "engenharias do caos" representadas por complexos algoritmos pensados para este fim", que tornam a internet um poderoso instrumento de controle político-ideológico.

---

[225] Ver entrevista de Juliano Spyer ao jornal Folha de São Paulo. SPYER, Juliano. "'Igrejas evangélicas são estado de bem-estar social informal', diz antropólogo", 17/10/2020. Disponível em https://www1.folha.uol.com.br/cotidiano/2020/10/igrejas-evangelicas-sao-estado-de-bem-estar-social-informal--diz-antropologo.shtml (visualizado em 03/03/2022);
[226] EMPOLI, Giuliano Da. Os engenheiros do caos. São Paulo: Vestígio, 2019, p.52.

A participação no interior das bolhas criadas para cada comunidade, contudo, não possibilita que as "formigas" formulem críticas ou tomem inciativas não controladas externamente. Cada comunidade é conectada a um centro coordenador - que nunca se apresenta como tal e dificilmente é identificado por esta tarefa - cuja função é alimentar as comunidades de conteúdos a serem disseminados e manter uma comunidade afastada da outra. A coordenação central terá funções específicas: conhecer a opinião dos componentes de cada bolha a respeito de temas específicos e repercutir os discursos do líder, discursos pouco lógicos, cuja encargo é excitar os participantes da bolha ao limite do fanatismo e manejo das emoções grupais.

Vejamos os 16 nichos bolsonaristas identificados por Isabela Kail.

1. *As pessoas de bem*: bolha composta por pessoas de classe média, acima dos 35 anos, que se preocupam com a segurança de seus filhos. Repudiam a violência entre os cidadãos e desejam que as instituições sejam fortalecidas. As opiniões nesta bolha variam desde a proposta de que a Polícia Federal deveria substituir o Supremo Tribunal Federal, até aqueles que clamam pela volta da ditadura militar ou uma "intervenção militar temporária e constitucional". A pauta que os unifica é a rejeição à "corrupção" e à "impunidade" no Brasil.
2. *Masculinidade viril*: a distinção com o grupo anterior é que esta bolha prega a justiça com as próprias mãos. Composto por homens entre 20 e 35 anos de idade, identifica na violência urbana uma ameaça constante, o que justifica o porte de armas para a defesa individual, incluindo a reação a bandidos e abusos estatais pregados por comunistas.
3. *Nerds, gamers, hackers e haters*: composto majoritariamente por homens entre 16 e 34 anos de idade. Associam-se em fóruns virtuais restritos, jogos online e caixas de comentários de sites de cultura pop. Haters e trolls são figuras presentes em portais de notícias e disseminaram a imagem de Bolsonaro nas redes sociais, popularizando o termo "bolsomito" que o identificou durante a campanha eleitoral de 2018. Atacam perfis progressistas, feministas, lésbicas e gays, disseminando o ódio em tom jocoso no que se conhece como #ComicsGate e em campanhas de boicote a filmes que abordam as questões de gênero e racismo.
4. *Militares e ex-militares*: homens e mulheres envolvidos com corporações policiais ou militares, envolvidos com a pauta da segurança pública.

5. *Femininas e "bolsogatas"*: mulheres de 20 a 30 anos de idade, formam uma nova geração de direita, presente na classe média e classes mais abastadas. São independentes financeiramente e projetam seu sucesso individual. Disseminam críticas ácidas contra a "vitimização" de coletivos feministas, empregando o lema "sou feminina, mas não sou feminista".
6. *Mães de direita*: mulheres entre 30 a 50 anos de idade, combatem toda "ideologia de gênero". De classe média baixa, esta bolha se articula a partir da defesa dos filhos, matriculados em escolas públicas o que transforma a educação em grande campo de batalha ideológica.
7. *Homossexuais conservadores*: composto por pessoas de 20 a 40 anos de idade, maioria masculina, que disseminam valores moralistas que ressaltam o papel da família, se considerando gays corretos, o que os aproxima dos "cidadãos de bem". Pregam o extermínio de corruptos e bandidos, propondo a adoção de penas mais rígidas para coibi-los. Se opõem ao movimento LGBTQIA+ porque desprezaria pautas mais urgentes e composto por homossexuais vulgares e sem compostura.
8. *Etnias de direita*: composto por homens e mulheres negros, indígenas, orientais e imigrantes, pregam maior autonomia e sustentam que minorias étnicas que apoiam Bolsonaro são perseguidas e ofendidas em seu direito de opinião e escolha. Afirmam que governos de esquerda fragmentaram a unidade nacional e atacam o discurso da "vitimização".
9. *Estudantes pela liberdade*: trabalhados desde as comunidades do Orkut forjadas em 2004, envolve adolescentes e jovens de 14 a 30 anos de idade que disseminam valores ultraliberais e libertarianos (cultura hiperindividualista disseminada nos EUA), se referindo com frequência às teorias do Instituto Mises. Criticam a "doutrinação marxista" que afetaria o ambiente escolar. Envolve estudantes de ensino médio privado que são contrários às políticas públicas que possibilitam acesso dos jovens de ensino público na universidade e atacam qualquer mecanismo de cota que "facilite" ou "privilegie" certas camadas sociais em detrimento de outras.
10. *Periféricos de direita*: criticam a impunidade e os problemas que vivem nas periferias dos grandes centros urbanos (desemprego, serviços públicos de má qualidade, insegurança). Em sua leitura, a esquerda não dá atenção para tais questões. Procuram se distinguir entre "os outros pobres" por se considerarem esclarecidos. Por Estado Mínimo consideram a menor interferência possível em questões

relacionadas à religião ou vida íntima, não significando privatização ou redução dos serviços públicos.
11. *Meritocratas*: bolha formada por pessoas de classe média e classes mais abastadas, com alto nível de escolaridade, envolvendo empresários, advogados, médicos e professores que defendem o esforço pessoal para obtenção de sucesso e prosperidade. O antipetismo é seu mote mobilizador, identificando o Partido dos Trabalhadores com a proliferação da corrupção no país e a profusão de programas sociais que promovem privilégios que causam passividade e dependência. Tais programas ofereceriam muitos direitos e nenhum dever.
12. *Influenciadores digitais*: próximos do perfil meritocrata, são produtores de conteúdo para as redes sociais e atingem um amplo público jovem. Não se alinham totalmente ao discurso e projeto de Jair Bolsonaro, mas acreditam ter chegado a hora de "arrumar a casa". Envolvem celebridades, convertidos (que foram gays, feministas ou ateus), intelectuais e jornalistas afinados com a direita internacional. Denunciam o "autoritarismo da esquerda".
13. *Líderes religiosos*: defendem a família tradicional e se vinculam a grandes redes de comunicação vinculados ao entretenimento e à ajuda social e pessoal. Atacam a "ideologia de gênero" e denunciaram, em 2018, o "kit gay" que estaria sendo disseminado em escolas públicas. Seu alvo preferencial são os movimentos feministas e LBTQIA+.
14. *Fiéis religiosos*: envolvem evangélicos, católicos e espíritas, dentre outros fiéis, que denunciam a "islamização do mundo" e a ameaça à "família tradicional". Assim como os líderes religiosos, denunciam a "ideologia de gênero" e o "kit gay". Acreditam que nos últimos anos houve inversão de valores onde o criminoso é defendido em seus direitos e as vítimas esquecidas.
15. *Monarquistas*: pregam o retorno a um passado glorioso e organizam-se em encontros realizados no Rio de Janeiro e São Paulo, buscando apoio político a Luiz Philippe de Orleans e Bragança, considerado príncipe na linha sucessória, chegando a defender compor a chapa de Bolsonaro, como vice-presidente, em 2018. O "passado glorioso" envolveria o período monárquico, mas também o do governo militar. Abominam o momento atual, marcado pelo caos que colocaria em risco a propriedade privada, a livre iniciativa, a estabilidade social e a unidade nacional.
16. *Isentos*: sustentam que política não é tema de discussão porque marcado pela discórdia. Acreditam que o PT disseminou a corrupção e

abalou o sistema político nacional. Repudiam a violência e a polarização política que, sugerem, foi iniciada pelo PT, dado que a esquerda seria "agente de violência".

Esses 16 agrupamentos sociais identificados apresentam uma miríade de valores morais e estruturas discursivas. Umas, mais fundadas na religião; outras, mais focadas na meritocracia, autoafirmação e rejeição de políticas sociais inclusivas; uma terceira vertente, nitidamente saudosista e disciplinadora. Não há uma unidade orgânica entre eles.

Este foi o campo de *apoio social à candidatura de Jair Bolsonaro* em 2018 e que se mantém de maneira difusa na sociedade brasileira, mantendo um piso de apoio atualmente entre 20% e 30% do eleitorado brasileiro. Uma apoio difuso, inorgânico que, para se mobilizar, necessita de provocação constante realizada por uma coordenação externa.

Se o apoio social é difuso, o apoio político, ou seja, o apoio organizado e estruturado em fóruns políticos mais articulados, é mais sólido e exigente. Por ser organizado e exigente, promove constantes negociações a partir de sua pauta de interesses, com o governo Bolsonaro. Mantém, assim, certo nível de independência e autonomia, aproximando-se ou ameaçando o governo federal.

O *apoio político* em questão é o que envolve a *articulação empresarial* (inicialmente composta por pequenos e médios empresários do setor de serviços e comércio varejista, mas que se ampliou consideravelmente, envolvendo o sistema financeiro, após a posse de Jair Bolsonaro), *militares* (liderados pelos comandantes da missão de paz brasileira enviada para o Haiti), líderes *evangélicos* articulados na Bancada da Bíblia do Congresso Nacional e o *baixo clero parlamentar* (catapultado ao centro do cenário político do país com a eleição de Severino Cavalcanti e Eduardo Cunha para a presidência da Câmara de Deputados). Estes segmentos orgânicos de apoio político ao governo Jair Bolsonaro são analisados mais profundamente no capítulo deste livro dedicado à Terceira Onda da constituição da extrema-direita contemporânea no Brasil.

Contudo, é possível reforçar que a organicidade não se dá a partir da figura de Jair Bolsonaro. A organicidade é interna a cada um dos quatro blocos de identidade, o que, até o momento, não configura um bloco histórico, conceito gramsciano inspirado em Georges Sorel. Em Gramsci, bloco histórico significa

> (...) a relação entre intelectuais e massas populares, entre dirigentes e dirigidos, entre governantes e governados [que] ocorre por meio de uma adesão orgânica na qual o sentimento paixão se torna compreensão e, portanto, saber (não

mecanicamente, mas de forma viva), apenas então se cria uma relação real de representação e se realiza a vida do conjunto, a única que é força social, e se cria, assim, o bloco histórico.[227]

O bolsonarismo é difuso. Não possui tal organicidade política e social. Mas, ao mesmo tempo, a multiplicidade de valores racistas, inigualitários, antidemocráticos, ofensivos, de pregação à volta à uma ordem tradicional e patriarcal que adota traços de imposição intransigente e até mesmo violenta, aproxima-se da lógica fascista que também, ao contrário do nazismo, é difuso.

Por este motivo, a definição de fascismo merece uma leitura mais rigorosa. É o que nos propomos a seguir.

---

[227] LIGUORI, Guido & VOZA, Pasquale (orgs.). Dicionário Gramsciano, São Paulo: Boitempo, 2017, p. 66.

O conceito de fascismo

Não há consenso entre especialistas sobre o caráter fascista ou neofascista do bolsonarismo e do governo Jair Bolsonaro. Alguns autores preferem denominar de *protofascista*.

Esta é a proposição de Rubens Pinto[228].

Para este autor, algumas características do discurso bolsonarista e pauta de governo Bolsonaro não se alinham com o ideário clássico fascista, como a agenda neoliberal ou ultraliberal, inexistente na versão original. Também não estaria calçado por um partido de massas, enquadrado em rígida disciplina. Haveria, ainda, uma ênfase muito acentuada na pauta de costumes, com valorização da família tradicional e moral religiosa conservadora, algo que fugiria da agenda original. Finalmente, o bolsonarismo valoriza a disputa eleitoral no seu projeto de poder, muito mais acentuadamente que na versão italiana das décadas de 1920 e 1930.

Já Enzo Traverso considera que todas as versões atuais que são próximas do ideário fascista – caso dos governos e ascensão de forças políticas francesas, austríacas, gregas, húngaras, polonesas, ucranianas e estadunidenses – seriam mais bem caracterizadas como *pós-fascistas*. Traverso sustenta que

> O pós-fascismo pertence a um regime particular de historicidade – começo do século XXI -, o que explica seu conteúdo ideológico errático, instável e contraditório, no qual se misturam filosofias políticas antinômicas.(...) O pós-fascismo também deve ser distinguido do neofascismo, que é uma tentativa de perpetuar e regenerar o velho fascismo.[229]

Discorre, ainda, sobre a denominação que alguns estudiosos propõem de se caracterizar a nova extrema-direita de nacional-populismo[230]. Ocorre que o populismo é antes uma maneira de agir que uma ideologia. A eleição de Trump teria levado à interpretação de um processo de fascistização dos

---

[228] LYRA, Rubens Pinto. Bolsonarismo. João Pessoa: Editora do CCTA, 2021. A proposição deste autor é objeto de análise no capítulo dedicado à Terceira Onda da emergência da extrema-direita contemporânea brasileira.
[229] TRAVERSO, Enzo. As novas faces do fascismo. Belo Horizonte: Âyiné, 2021, pp. 17-18.
[230] Ver ROSANVALLON, Pierre. Counter-Democracy. Cambridge: Cambridge University Press, 2008, p. 22.

EUA com forte rejeição ao *establishment* político e econômico, o que induziu certas análises a perceber elementos populistas de direita em sua liderança. Com efeito, Trump defendeu as classes populares que sofriam – e sofrem – com a desindustrialização crescente do seu país e a crença no futuro abalada com a crise econômica de 2008. Contudo, segundo Traverso, ao contrário das lideranças clássicas fascistas, Trump teria atraído as massas de indivíduos atomizados, consumidores empobrecidos e isolados, integrantes de uma configuração social típica da financeirização do capitalismo que promove o individualismo competitivo e a precariedade endêmica[231].

A tese da conceituação da extrema-direita contemporânea como nacional-populista sustenta que, assim como o populismo tradicional, a versão atual pregaria a antipolítica. O nacional-populismo seria, assim, uma forma patológica da política que vampiriza a ordem democrática e esvazia a própria prática política.

Ocorre que esta forma patológica da política é justamente uma marca do fascismo clássico: a ação pela ação e o ataque à institucionalidade pública vigente, pois o fascismo sempre identificou o sistema partidário como nefasto. O fascismo clássico se definia como revolucionário, uma nova visão de mundo. Portanto, não se trata de populismo, mas uma filiação discursiva e ideológica fascista, embora adaptada às condições atuais.

Vale, ainda, um breve comentário sobre a generalização que o conceito de populismo comporta.

O conceito de populismo foi e é empregado para nomear um espectro teórico e político extremamente amplo, o que gera certa imprecisão técnica. Da experiência do Partido do Povo (1892 e 1896) aos *narodniks* (1860), passando pelo boulangismo francês e varguismo brasileiro. Refere-se, comumente, às práticas clientelistas articuladas por lideranças carismáticas que hipnotizam massas desorganizadas e desassistidas em períodos de forte transição econômica e social.

Francisco Weffort sustentou que o populismo na América Latina surgiu com a emergência das massas populares na política, quando da adoção do sufrágio universal e urbanização acelerada na metade do século XX[232]. Para o sociólogo brasileiro, a prática populista se configura numa espécie de *transformismo*, termo gramsciano que simboliza uma antecipação das elites políticas às mudanças sociais e econômicas demandadas pelas massas urbanas para manter a ordem política. Weffort cita um célebre slogan do senador brasileiro Antonio Carlos de Andrada que, nos anos 1930, teria

---

[231] TRAVERSO, Enzo. As novas faces do fascismo, op. cit., p. 41.
[232] Ver WEFFORT, Francisco. O Populismo na Política Brasileira. Rio de Janeiro: Paz e Terra, 1980.

dito: "façamos a revolução antes que o povo a faça". Nesse período, os interesses – e o voto – populares passam a ingressar no jogo político e são operados por lideranças urbanas de classe média a partir de um forte clientelismo tendo nos recursos públicos e aparato estatal a sua estrutura básica de manipulação.

Já o cientista político argentino Ernesto Laclau procurou construir uma conceituação positiva ao termo. Em seu livro "A Razão Populista"[233], Laclau sugere que o populismo trata de um processo de construção de um discurso hegemônico que parte de demandas populares difusas que desenham um imbrincado jogo de equivalências. Esse jogo, por seu turno, cria um amálgama que acaba se projetando como uma exigência – para além da reivindicação popular – endereçada ao Estado. O discurso de tipo populista seria, então, embalado numa forte comoção afetiva em que setores populares que se encontram fora do campo institucional empreendem um salto organizativo e de identidade coletiva. Este autor sugere que populismo não é um conceito, mas uma categoria política, um fenômeno político não transitório, mas de estruturação da vida política que está sempre presente[234].

Atualmente, o termo é empregado pelas vertentes ultraliberais a partir do final do século XX que pregam a austeridade fiscal e sustentam que gastos sociais considerados excessivos provocariam desequilíbrio fiscal de tipo populista[235].

O termo, enfim, é amplo e seu uso vem sendo lapidado e transformado tanto na arena teórica-acadêmica, quanto na arena da disputa ideológica entre forças políticas.

Conceitos tão genéricos são mais descritivos de uma prática que analíticos. Não conformam uma teoria e nem mesmo um conceito, mas procuram descrever uma categoria ou expressão política. Se a prática bolsonarista possui elementos populistas, ela vai além e se configura num tipo de fanatismo

---

[233] LACLAU, Ernesto. A razão populista. São Paulo: Três Estrelas, 2013.

[234] Ver a interpretação da pedagoga Myriam Southwell em SANTOS, João Vitor, "Populismo é conceito-chave para pensar a política hoje". IHU Online, Edição 508, 07 de agosto de 2017. Disponível em https://www.ihuonline.unisinos.br/artigo/6940-populismo-e-conceito-chave-para-pensar-a-politica-hoje (visualizado em 06/03/2022).

[235] Em seu livro "Liberalismo e Democracia", o jurista italiano Norberto Bobbio sustenta que "um Estado liberal não é necessariamente democrático: ao contrário, realiza-se historicamente em sociedades nas quais a participação no governo é bastante restrita, limitada às classes possuidoras. Um governo democrático não dá vida necessariamente a um Estado liberal: ao contrário, o Estado liberal clássico foi posto em crise pelo progressivo processo de democratização produzido pela gradual ampliação do sufrágio até o sufrágio universal". Numa longa digressão sobre o neoliberalismo, Bobbio sustentou que a crítica desta vertente política e econômica aos excessivos gastos sociais provenientes da intenção popular expressa no voto denota uma vocação antidemocrática neoliberal, antes, uma vocação plutocrática em que as políticas públicas desconsideram os interesses da maioria, substituindo-a pelo governo das elites. Ver BOBBIO, Norberto. Liberalismo e democracia São Paulo: Brasiliense, 2006.

permanentemente mobilizado para coibir o contraditório. Se alia ao alto empresariado e projeta uma interdição à competição econômica e política. Essas características formam a identidade fascista[236].

Porém, se o conceito é pouco preciso, a proposição sobre a fascistização da sociedade civil, destacado pelos autores que sustentam o conceito de nacional-populismo para nomear a extrema-direita contemporânea, merece atenção.

Boaventura Santos vem ressaltando a emergência do *fascismo societal* ou fascismo social. Para este autor,

> O ideal democrático continua a captar a imaginação dos que aspiram a uma sociedade que combine a liberdade com a justiça social, mas na prática a democracia está cada vez mais longe deste ideal. Entre as opiniões que abordam este problema a partir da esquerda, há duas posições principais. Para uns, a democracia realmente existente está de tal modo descaracterizada que só por inércia ou distração se pode considerar como tal. Vivemos em regimes autoritários que se disfarçam com um verniz democrático. É, por exemplo, a posição de Alain Badiou. Para outros, entre os quais me incluo, vivemos em democracias de baixa ou muito baixa intensidade que convivem com regimes sociais fascistas. Daí o meu diagnóstico de que vivemos em sociedades que são politicamente democráticas, mas socialmente fascistas[237].

O autor português sugere que as situações de fascismo social ocorrem sempre que pessoas ou grupos sociais estão à mercê das decisões unilaterais daqueles que têm poder sobre eles, sem que possam se defender.

Sustenta que o fascismo não tem apenas a face violenta, mas também a face benevolente da filantropia. Na filantropia, sugere, quem dá não tem dever de dar e quem recebe não tem direito de receber. E conclui afirmando que quanto mais vasto é o número dos que vivem em fascismo social, menor é a intensidade da democracia.

---

[236] Bolsonarismo se refere à base social do presidente Jair Bolsonaro. Trata-se de uma base fortemente mobilizada que prega uma agenda comportamental ultraconservadora e a intervenção em instituições públicas – como os tribunais superiores e o Congresso Nacional – para coibir qualquer limitação na adoção de políticas de desregulamentação do mercado e controle de todo processo político. A agenda ultraliberal que adota se articula ao redor da defesa de uma agenda comportamental ultraconservadora. A retórica adotada é beligerante, extremamente agressiva e sustenta uma excitação permanente das suas bases sociais mais fanáticas. O paralelo mais próximo na América Latina é a do fujimorismo que se refere ao programa e discurso ideológico do ex-presidente peruano, Alberto Fujimori, e ao culto à personalidade alimentado por seu núcleo político. Recentemente, diversas agremiações partidárias adotaram a agenda e práticas fujimoristas, como é o caso do Cambio 90, Sí Cumple, Peru 2000, Alianza por el Futuro (2006-2010) e Fuerza Popular (desde 2010).

[237] MACHADO, Ricardo. A difícil reinvenção da democracia frente ao fascismo social. Entrevista especial com Boaventura de Sousa Santos. Revista IHU Online, 08 de dezembro de 2016. Disponível em https://www.ihu.unisinos.br/159-noticias/entrevistas/563035-a-dificil-reinvencao-da-democracia-frente-ao-fascismo-social-entrevista-especial-com-boaventura-de-sousa-santos (visualizado em 05/03/2022).

Neste sentido, o fascismo social se apresenta como um processo civilizatório inacabado ou incompleto já que se caracteriza pela crise ou negação do contrato social, onde os princípios da igualdade, da justiça, da solidariedade e da universalidade deixam de ter valor na sociedade. Por ser social, o fascismo manifesta-se no campo político, mas, em especial, no campo das relações civis, alimentado pelo discurso da insegurança pessoal e no ressentimento para com as autoridades públicas.

Para a reflexão que nos debruçamos a respeito do fascismo contemporâneo, esta noção dos valores sociais fascistas é importante porque revela o substrato cultural que legitima a liderança fascista. O que nos faz retomar a defesa do conceito de fascismo para analisar a experiência bolsonarista, para além da figura de Jair Bolsonaro e seu governo.

Ocorre que o fascismo, desde sua versão original, é multifacetado e heterogêneo porque absorve outros ideários, incluindo o religioso (no caso, o católico italiano). Benito Mussolini liderou o Partido Socialista italiano até sua expulsão. Em 1911, Mussolini já era um dos principais dirigentes socialistas da Itália e entre 1912 e 1914, foi redator do jornal socialista "Avanti", sendo que foi expulso deste partido em 1915, no contexto e desenrolar da Primeira Guerra Mundial. Seu ideário amalgamava elementos de nacionalismo, corporativismo, anticapitalismo, sindicalismo nacional, expansionismo, progresso social, antiliberalismo e anticomunismo e suas posições se alteraram frequentemente em relação à guerra, às greves italianas e às ações de massa.

Em suma, o fascismo desde sempre foi cambiante e um desairoso mosaico. Mas, há sim elementos centrais que o identificam.

Um deles é a *masculinização* da política e seu *caráter patriarcal*. Este caráter é herdado do futurismo italiano, lançado em 1909. No seu Manifesto Futurista, Marinetti[238], que estaria ao lado de Mussolini durante grande parte de seu percurso até assumir o poder na Itália, se apresenta um nítido desprezo à mulher e a valorização do poder masculino, como fica perceptível nesta passagem:

> Queremos celebrar o homem que segura o volante, cuja haste ideal atravessa a Terra, lançada a toda velocidade no circuito de sua própria órbita.[239]

---

[238] Filippo Tommaso Marinetti foi um escritor, poeta, editor, ideólogo, jornalista e ativista político italiano. Foi o fundador do movimento futurista, cujo manifesto foi publicado no jornal parisiense Le Figaro, em 20 de fevereiro de 1909.

[239] Ver BERARDI, Franco. Depois do futuro. São Paulo: Ubu, 2019, p. 24. Marine Le Pen é uma exceção como liderança feminina de um partido neofascista no mundo, a Frente Nacional. Assumiu a presidência deste partido em 2011, substituindo seu pai, Jean-Marie Le Pen. Nos últimos anos, contudo, vem refutando a pecha de extremista, afirmando que suas propostas não são extremas, "seja qual for o assunto", chegando a defender as classes populares contra as políticas de austeridade econômica propostas pelas instituições de controle monetário europeu. Sustenta querer transformar o sistema político "por dentro".

A imagem fálica se articula com a velocidade e o poder metálico da máquina numa peculiar fusão de força e progresso.

Deste primeiro elemento peculiar, o fascismo articula a *modernização* e a *militarização* como projeto político.

Um outro elemento central é o *uso ou ameaça do uso da violência* para coibir ou eliminar adversários. Aqui, o objeto do discurso é o campo de disputa política – os adversários do campo eleitoral ou o antípoda ao seu ideário -, mas o *leitmotiv* é um pretenso perigo externo: a usura judia, o comunismo latente ou o terrorismo muçulmano. A ameaça externa é enfeixada por um alerta emocional pelo líder carismático cuja personalidade totalitária projeta uma psicose no campo político: o da eliminação do impuro para construção da paz e do progresso. Na versão nazista, o objetivo a ser alcançado é o da raça pura, fundada na natureza pura e imaculada, uma forte distinção com o discurso fascista.

Parte do discurso bolsonarista se articula a partir dessas ideias-força: moções homofóbicas, de crueldade, de humilhação ao sexo feminino, racistas, de ódio ou desprezo em relação aos pobres e desvalidos. Mas, também, evocando a tortura como instrumento de punição, projetando o uso da força para eliminação das oposições.

O discurso do líder carismático fascista provoca a *solidariedade por contágio*, baseada em uma percepção inconsciente que se conecta subjetivamente ao núcleo da intenção política. Não se trata, portanto, de uma operação política que cria vínculos racionais e lógicos, mas, antes, do investimento numa unidade mais poderosa, subjetiva, que une a todos em identidades solidárias, que sugere horizontalidade, comunhão, tendo como base a rivalidade ou oposição ao mal exterior.

É a partir deste mecanismo subjetivo que se apresenta o líder como um guia demagógico, que aparece como um igual, mesmo sendo evidentemente mais poderoso que os demais. Um líder obstinado, autoritário e até mesmo brutal, cruel e debochado que estabiliza as angústias de uma massa ressentida e reprimida em seus desejos de prosperidade e estabilidade social. Como sugere Reich, a base da liderança fascista opera sobre uma profunda perturbação emocional.[240] O discurso fascista esvazia qualquer conteúdo amoroso como ato político, embora opere numa espécie de sublimação que o transfere para uma idealização da pátria como a projeção de uma instância pacificadora,

---

[240] Ver REICH, Wilhelm. Psicologia de massas do fascismo. Porto/Portugal: Publicações Escorpião, 1974. Neste livro, Reich analisa como a ideologia transforma a estrutura psíquica, tornando-se força ativa. Mais: sustenta que as contradições de uma estrutura econômica são representadas nas estruturas psicológicas da massa dos oprimidos. Assim, à página 59, Reich sugere que "o fascismo, ideologicamente, é o estertor de uma sociedade na agonia".

eliminando qualquer possibilidade de autonomia individual nas escolhas políticas.

O fato é que o discurso e ideário fascistas são mais movediços e permutáveis. Ao contrário do discurso nazista, monolítico e inflexível.[241]

O fascismo se estrutura como uma *bricolagem*, um mosaico que adiciona, ainda que de maneira pouco nítida e organizada, diferentes ideias-força políticas e filosóficas que se apresentam como uma "contradição organizada" em inúmeras derivações.

Se todo discurso fascista é agregador, não se pode sugerir que o bolsonarismo seja protofascista ou pós-fascista, vez que o foco é o mesmo e será sempre totalitário, violento, excludente e patriarcal. Neste sentido, o termo neofascismo, por ser menos marcado, é o mais aceitável.

O discurso totalitário é, ainda, *mobilizador*, ao contrário do discurso autoritário, e rejeita qualquer campo de oposição. De tal maneira que confunde o projeto de nação com o do próprio líder carismático fascista, reduzindo a imagem do Estado e Governo em instrumentos de operacionalização dos desejos das massas mobilizadas. Líder e nação transformam-se numa única expressão do desejo popular.

Finalmente, o fascismo é um *projeto de direita*, inigualitário.

A situação mundial, marcada pela exclusão social e agravada pela pandemia, exacerba os sentimentos xenófobos, racistas e de disputa por domínio político. Não raro, tais sentimentos deságuam numa cultura de castas, excludente e limitadora da convivência social e da cidadania.

Como sugere Christopher Bollas[242],

> Enquanto o presidente fermentava o nacionalismo branco e a extrema direita, angariando o apoio de seus fãs, a palavra "vírus" tornou-se um significante que se bifurcou para identificar dois fenômenos aparentemente não correlacionados: a transmissão de um vírus biológico e a transmissão de notícias falsas.

O autor sugere que o ambiente gerou uma "sobredeterminação" entre a insegurança social na vida contemporânea, a insanidade de governantes, a pandemia e certa percepção de desordem civil, criando uma "realidade mental impensável". A tese central do autor é que nos encontramos ante processos grupais psicóticos que estariam sendo cultivados pela extrema-direita contemporânea.

---

[241] Esta é a tese de Umberto Eco sobre a imprecisão e deslocamento do discurso fascista. Ver ECO, Umberto. O fascismo eterno. São Paulo: Record, 2020.
[242] BOLLAS, Christopher. Os insatisfeitos na civilização, In STAAL, Ana de & LEVINE, Howard (orgs.), Psicanálise e vida covidiana: desamparo coletivo, experiência individual. São Paulo: Blusher, 2021, p. 28.

Os estados grupais psicóticos provocam um impulso de simplificação da interpretação da vida, eliminando interpretações complexas. Em suas palavras,

> O processo psicótico, por outro lado, pretende eliminar o conflito psicótico – o conflito entre as partes do *self*. Isso é realizado pela recusa (*denying*) de conflitos mentais e pela cisão da personalidade, de modo que as partes indesejadas da vida mental são banidas da consciência ao serem projetadas nos outros. O ódio das partes expulsas do *self* produzem um medo globalizado do outro, o qual foi vítima dessa violência mental e virá atrás de vingança, o que leva a uma retirada paranoica em enclaves de apoiadores para garantir o suporte e para contrabalancear o isolamento[243].

---
[243] Idem, ibidem, p. 33.

A insegurança, o ressentimento e a angústia como elementos manipulados pelo fascismo contemporâneo

Trata-se, portanto, de uma reação a um estado de angústia e desolação.

O fascismo contemporâneo opera a partir desse sentimento de orfandade de um mundo complexo, competitivo, violento e imprevisível que aumenta significativamente a angústia e a dúvida em relação ao futuro corroído pela incerteza instalada com a pandemia.

Como sugere Michael Rustin, processos inconscientes existentes em todos os grupos sociais e comunidades, marcados pela profunda desigualdade social – caso brasileiro – e pela angústia, são facilmente moldados por discursos ideológicos radicais que encontram terreno fértil para se espraiar[244]. O autor salienta que vivemos o colapso de muitas estruturas que contém a angústia o que, por seu turno, leva à negação, especialmente quando grupos sociais acreditam que a sociedade em que vivem, e especialmente os que estão no poder os negligenciam, os detratam e mesmo os brutalizam[245].

O contexto de incerteza possibilita, então, o florescimento de soluções que dialogam com a psicologia das massas, onde opiniões de todos os tipos e a busca por teorias que expliquem o caos, muitas delas exacerbadas, ocorrem como certa normalização da interpretação do mundo caótico. Algo que Darwin já havia sugerido quando afirmou que "a ignorância gera mais frequentemente a confiança que o conhecimento".[246]

---

[244] RUSTIN, Michael. A pandemia da Covid e seus sentidos, In STAAL, Ana de & LEVINE, Howard (orgs.), Psicanálise e vida covidiana: desamparo coletivo, experiência individual. São Paulo: Blusher, 2021.
[245] Idem, ibidem, p. 62.
[246] A frase completa é "a ignorância mais frequentemente gera confiança do que o conhecimento: são os que sabem pouco, e não os que sabem muito, que afirmam de uma forma tão categórica que este ou aquele problema nunca será resolvido pela ciência." DARWIN, Charles. A Descendência do Homem e Seleção em Relação ao Sexo, São Paulo: Editora Hemus, 1982.

O ressentimento e a insegurança passam a ser poderosos alimentos para a adesão ao discurso do ódio e à pregação negacionista em períodos de incertezas quanto ao futuro.

Com efeito, Arlie Hochschild, em seu livro *Strangers in their Own Land*[247], identificou o ressentimento dos eleitores republicanos no sul estadunidense quando se sentiram excluídos das oportunidades oferecidas pelo "sonho americano", ao contrário dos cidadãos residentes ao norte, desencadeando a queda do voto democrata que levaria à vitória de Trump. Este ensaio trata da raiva e luto pela direita americana presente nas comunidades de apoiadores do Movimento *Tea Party* na Louisiana.

Já Fintan O'Toole[248] analisou a base emocional dos ingleses frente à campanha do *Brexit*, tendo novamente o ressentimento como base da afirmação de um passado glorioso. O eleitorado britânico, que já teve colônias envolvendo ¼ do planeta, de maneira que, em seu império, o sol nunca se punha, passou a se sentir como uma nação oprimida que precisaria reagir. A saída da União Europeia foi explorada a partir da ascensão silenciosa do nacionalismo inglês, que o autor sugere ser "a força que não ousa falar seu nome".

Alguns estudiosos do comportamento humano denominaram este movimento do século XXI de *ultracepidanismo* ou efeito Dunning-Kruger, o viés cognitivo pelo qual pessoas com baixa habilidade em determinadas tarefas superestimam essa habilidade. As pesquisas realizadas por David Dunning e Justin Kruger revelaram que as pessoas no quarto inferior da escala de desempenho tendem a se ver como parte dos dois quartos superiores. Uma forma de construírem – ou reconstruírem – sua autoestima e capacidade de se aceitarem num mundo extremamente competitivo e exigente.

Numa situação em que somos envolvidos por uma corrida pela divulgação de informações contraditórias que se anulam umas às outras assim que são emitidas, o tempo de absorção é mínimo e frequentemente comprometido. A angústia provocada pelo sentimento contínuo de vulnerabilidade leva à um estado traumático que não consegue se cicatrizar, diminuindo a capacidade de metabolizar experiências e situações negativas. A tendência imediata, então, é a da absorção e valorização de discursos e notícias tóxicas, num estado circular e autorreferente de sofrimento mental.

Durante a pandemia, há registros do sentimento de paralisia frente ao perigo, desencadeando um sentimento contínuo de vulnerabilidade e medo da morte.

---

[247] HOCHSCHILD, Arlie Russell. Strangers in Their Own Land: Anger and Mourning on the American Right, New York: The New Press, 2018.
[248] O'TOOLE, Fintan. Heroic Failure: Brexit and the Politics of Pain Paperback. London: Apollo, 2018.

Felipe Catalani, na apresentação à edição brasileira do livro de Adorno, "Aspectos do Novo Radicalismo de Direita"[249], destaca justamente a permanência das condições que gestaram o fascismo e o nazismo europeus. É dizer, o fascismo continuou rondando a Europa e todo o planeta. Hannah Arendt em seu "Eichmann em Jerusalém" já alertava que uma vez que o ideário nazifascista foi criado, ele estará sempre à mão como uma possibilidade. No mesmo sentido, de Bertolt Brecht, como Arendt também testemunha ocular do nazifacismo, vale lembrar a famosa frase: A cadela do fascismo está sempre no cio.

Catalani retoma uma palestra que Adorno proferiu em 1967 para a União dos Estudantes Socialistas da Áustria, em que o pesquisador da Escola de Frankfurt vaticina que as décadas seguintes seriam marcadas pelo potencial desmoronamento e desintegração social e política. Adorno percebia, no final da década de 1960, um desejo potencialmente suicida que sugeria uma revolução ao avesso: uma versão mórbida e destrutiva[250] alimentada por uma imaginação escatológica à direita. E, concluía: "há uma tendência objetiva, fermentando na realidade social, que serve de lastro para essa fantasia".

Não esquecer o nazismo e o fascismo, sugeria Adorno, não bastaria para evitar a repetição do horror. A barbárie subsistiria enquanto as condições que a produziram perdurassem.

O fascismo não surgiu por acaso, não foi uma fatalidade.

E o Brasil, em pleno século XXI, vivenciou o amadurecimento das condições que gestaram o seu fascismo.

---

[249] ADORNO, Theodor. W. Aspectos do Novo Radicalismo de Direita, São Paulo: Editora Unesp, 2020.
[250] Idem, ibidem, p. 36.

O fascismo italiano e brasileiro no século XX

O debate político brasileiro sobre o fascismo italiano é meramente conceitual. Raramente analisa o processo histórico imbrincado que envolveu, em especial, momentos de grande tensão política, como a virada de 1919 para 1920, articulando guerra e afirmação nacional, greves e a instabilidade do movimento operário, manifestações públicas de força e ataques violentos. 1919 foi um ano decisivo para a Itália. Um ano muito acelerado com sequências dramáticas, como o incêndio da sede do *Avanti!* (jornal que havia sido dirigido por Mussolini e que publicou artigos de Gramsci).

1919 foi o ano dos grandes debates sobre o papel das comissões de fábrica que hesitaram em tomar as fábricas de Turim. E foi o ano da derrota eleitoral de Mussolini (apenas 4 mil votos em Milão contra 170 mil dos socialistas). Foi o ano da guinada. A esquerda italiana não entendeu nitidamente o que se passava.

Já a discussão política sobre o integralismo brasileiro não supera o anedotário e comumente é folclorizado como uma passagem excêntrica e acidental da vida política nacional que durou apenas quatro anos. Contudo, a Ação Integralista Brasileira (AIB) foi o primeiro partido nacional com uma organização de massas implantado em todo o país. O discurso bolsonarista reproduz parte da conjugação discursiva e dos elementos articuladores do integralismo, revelando certa estrutura atávica que confere identidade à extrema-direita nacional.

Dado que o fascismo é uma composição discursiva que muito absorve e sequestra para seu ideário principal, ignorar, como ocorre no Brasil, o processo histórico sinuoso italiano que levou ao fascismo ou as propostas e práticas potentes do integralismo brasileiro, é um erro arrogante que pressupõe que o presente dialoga nas margens com o passado.

Este capítulo será dedicado à uma análise, ainda que breve, da experiência do fascismo italiano, em especial, sua constituição e ascensão nos anos que projetaram Mussolini como líder totalitário, da sua guinada nacionalista no Partido Socialista (PSI), em 1919, até a marcha fascista sobre Roma, em 1922.

Também será analisada a tortuosa experiência fascista brasileira, o integralismo.

As duas experiências têm algo em comum – e a intenção deste capítulo é ressaltar essa característica – um corpo doutrinário que se constrói tortuosamente e se amolda às condições do momento político.

No integralismo, esta metamorfose ambulante é ainda mais impressionante que a do fascismo original, a despeito de ter sido por este declaradamente influenciado. Muitos autores que pesquisaram e escreveram sobre o integralismo ressaltam o encontro de Plínio Salgado com Mussolini, em 14 de junho de 1930, como um marco em sua vida política.

O integralismo, contudo, girou do ultranacionalismo inspirado no fascismo para o catolicismo fanático até a construção de alianças com Juscelino Kubitschek e a ainda mais improvável aliança com Leonel Brizola para, então, apoiar o golpe militar de 1964, já não mais como integralismo, mas como um estranho Partido de Representação Popular (PRP), significativamente a mesma sigla do Partido Republicano Paulista ao qual Plínio Salgado se aproximou em 1920 quando foi trabalhar no Correio Paulistano e, mais tarde, com o qual se elegeria deputado estadual.

O eixo estrutural do fascismo e do integralismo, contudo, esteve sempre presente: o ultranacionalismo, o movimento de massas mobilizado pela cruzada violenta, a cultura e educação doutrinárias, a sobreposição do líder carismático com a organização política, a projeção da nação e o próprio Estado.

O discurso centrípeta do fascismo italiano e a projeção de um futuro glorioso

Em 1935, o líder comunista italiano, Palmiro Togliatti (1893-1964), escrevia:

> É um erro grave acreditar que o fascismo deslanchou com um plano formado. O fascismo não nasceu totalitário, se tornou totalitário. Se observarmos a primeira concepção das relações entre o cidadão e o Estado, encontraremos elementos similares ao anarquismo. O fascismo não pode ser definido de forma estanque, deve ser pensado como algo em desenvolvimento, nunca estático. É preciso observar que o fascismo nasceu do sindicalismo revolucionário. Ele incluiu as pessoas que se distanciaram dos sindicatos no racha intervencionista[251].

---

[251] Em 1934, Togliatti, durante a preparação do VII Congresso da Internacional Comunista, esboça a política das Frentes Populares no enfrentamento do fascismo e nazismo ascendentes. Em outubro de 1934, publicou na revista *L'Internationale communiste* o artigo *"Dov'é la forza del fascismo italiano?"*, destacando a capacidade das organizações fascistas abarcarem "a maioria da população", incluindo setores da classe operária. Entre janeiro e abril de 1935, ministrou um curso na Escola Leninista de Moscou, em que aprofundou o caráter de massas do regime fascista como um de seus aspectos definidores. Ver MELO, Demian Bezerra. Antonio Gramsci, Palmiro Togliatti e o consenso sob

Iniciado como um movimento violento, apoiado pelos *arditi*[252] que eram liderados por Gabriele D´Annunzio (1863-1938), possivelmente a configuração mais conhecida do fascismo veio à tona apenas em 1927, com a *Carta del Lavoro,* que organiza um corpo doutrinário sobre a organização social e sua simbiose com o Estado que se pretendia criar:

> I - A nação Italiana é um organismo tendo fins, vida, meios de ação superiores por poder e duração àqueles dos indivíduos divididos ou agrupados que a compõem. É uma unidade moral, política e econômica, que se realiza integralmente no Estado Fascista.
> III - A organização sindical ou profissional é livre. Mas só o sindicato legalmente reconhecido e submetido ao controle do Estado, tem o direito de representar legalmente toda a categoria de patrões ("datori di lavoro") ou de trabalhadores, pela qual é constituído: de tutelar seus interesses diante do Estado e das outras associações profissionais; de estipular seus contratos coletivos de trabalho, obrigatórios para todos os que pertencem à categoria; de impor-lhes contribuições e de exercitar em relação a eles, funções delegadas de interesse público.
> VII - O Estado corporativo considera a iniciativa privada no campo da produção como o instrumento mais eficaz e mais útil no interesse da Nação. A organização privada da produção sendo uma função de interesse nacional, o organizador da empresa é responsável pela direção da produção diante do Estado. Da colaboração das forças produtivas deriva reciprocidade de direitos e deveres. O prestador de serviço, técnico, empregado ou operário, é um colaborador ativo da empresa econômica, cuja direção cabe ao patrão ("datore di lavoro") que por ela é responsável.
> VIII - As associações profissionais dos patrões têm a obrigação de promover de todos os modos o aumento, o aperfeiçoamento da produção e a redução dos custos. A representação daqueles que exercem uma profissão liberal ou uma arte e as associações dos dependentes públicos ("publici dipendente") concorrem para a tutela

---

o fascismo. Revista Outubro, n. 26, julho de 2016. Disponível em http://outubrorevista.com.br/wp-content/uploads/2016/07/06_Demian-Melo-.pdf (visualizado em 08/03/2022).

[252] Termo que significaria "os mais ousados" adotado pela tropa de assalto de elite do exército italiano na Primeira Guerra Mundial, quando, em 1914, se formula o conceito italiano de tropa de assalto que pudesse penetrar além das trincheiras. Também conhecidos como "Companhias da Morte", patrulhas destacadas de engenheiros e infantes cuja função era destruir arame farpado. Os *arditi* foram formalizados em 1917 pelo Capitão Giuseppe Alberto Bassi, com o nome original de *Riparti di Assalto*. Ver *Arditi*, Tormento Pabulum, 15 de novembro de 2015. Disponível em https://tormentopabulum.wordpress.com/2015/11/15/arditi/ (visualizado em 12/03/2022).

dos interesses da arte, da ciência e das letras, para o aperfeiçoamento da produção e para a consecução dos fins morais do ordenamento corporativo.[253]

O alerta de Togliatti, contudo, deve ser observado na análise de toda trajetória de constituição do fascismo italiano. Até a origem do conceito político de fascismo parece controverso.

Se *fascio* remetia à *fasces*, ferramenta simbólica composta por uma lâmina atada a um feixe de varas, carregada pelos lictores que acompanhavam os cônsules durante os desfiles romanos à frente dos magistrados (representando o direito que tinham de aplicar punições), o conceito contemporâneo parece ter surgido com Charles Maurras (1868-1952).

Maurras foi um poeta monarquista francês, jornalista, dirigente e principal fundador do jornal nacionalista e germanófobo *Action Française*, teórico do *nacionalismo integral*. Entendia, como tantos outros conservadores (caso de Edmund Burke) e ultraconservadores europeus, que a Revolução Francesa havia promovido a decadência de seu país. A restauração da monarquia, em sua formulação, não se daria como contraposição ao capitalismo, que defendia, mas como ato contrarrevolucionário, com a reconstrução da identidade romana recuperada no *Fascio*.[254] Sua doutrina nomeada como nacionalismo integral sugeria uma figura central da política nacional, forte e intransponível, autor dos atos de punição que garantiriam a ordem. O nacionalismo integral sustentava, assim, a superação de qualquer divisão social ou de classe a partir de um Estado forte e ditatorial que unificasse à nação para progredir aceleradamente, sem conflitos internos, suprimindo direitos democráticos que haviam sido conquistados com a Revolução Francesa[255].

Outro autor francês que alimentou o mosaico fascista de Mussolini teria sido Georges Sorel (1847-1922). Sorel era engenheiro e teórico francês do sindicalismo revolucionário, muito popular na Itália. Controverso, aliou o marxismo às teses de Proudhon e Nietzsche, chegando a se aproximar da extrema-direita monarquista. Era leitor voraz de Charles Maurras e, mais tarde, Lênin. Em seu livro *Réflexions sur la violence*, de 1908, distingue o uso da violência da mera força bruta e ressalta a importância do mito político como arma na luta política

---

[253] DORIA, Pedro. Fascismo à brasileira. São Paulo: Planeta, 2020, p. 21. A íntegra da Carta del Lavoro pode ser acessada, em português, pelo website https://periodicos.uff.br/trabalhonecessario/article/view/4604/4240 (visualizado em 08/03/2022).

[254] DORIA, Pedro. Fascismo à brasileira, op. cit., p. 25.

[255] Agradeço a Sálvio Kotter pela indicação da apresentação feita por Breno Altman a respeito deste autor. Ver ALTMAN, Breno. 20 Minutos História - O que é o fascismo?, Opera Mundi, 26 de setembro de 2018. Disponível em https://www.youtube.com/watch?v=LVuMFTU2iig&t=539s (visualizado em 08/03/2022)

dada sua capacidade mobilizadora, de promoção da ação política. Para Sorel, a "massa dos sentimentos" pode ser acionada por esta liderança, produzindo imagens fortes e subjetivas que levam à ação política decidida.

Os temas da organização e ação autônoma e direta das massas, caros ao ideário fascista, eram centrais no pensamento dos sindicalistas revolucionários, dos franceses em especial, liderados por Sorel, Lagardelle e Berth. Sugeriam que os sindicatos, não os partidos, constituiriam a forma autêntica de organização do movimento operário e da revolução socialista[256]. O que, por coerência, ressignificava o papel da greve como fenômeno que mobilizava as camadas populares na direção de uma conjuntura revolucionária[257].

Uma terceira influência na composição do fascismo liderado por Benito Mussolini foi Enrico Corradini (1865-1931), articulando o nacionalismo à capacidade de intervenção militar como força de coesão nacional. Corradini foi um romancista, jornalista e dirigente da Associação Nacionalista Italiana. Em 1923, esta associação se fundiu com o Partido Nacional Fascista, de Mussolini, e Corradini desempenhou cargos de destaque no regime, tanto no Senado como no Grande Conselho do Fascismo.

Entre 1908 e 1910, Corradini se empenhou em caracterizar a Itália como "nação proletária", uma nação homogênea, unificada pelo trabalho. Sendo o trabalho a unidade articuladora desta nação, a solidariedade entre classes passou a ser o mote de sua pregação política. Criticava, ainda, as aspirações que considerava individualistas como justiça e condições de vida dignas. A aspiração maior que pregava era a supremacia nacional. Na sua concepção, cada nação encontrava sua identidade e razão de ser – ou sua afirmação - no combate pela sua supremacia frente às outras nações. Em 1908, sugeriu:

> As nações surgiram porque houve um antagonismo e, de certo modo, elas mais não são do que a consolidação de um estado de guerra permanente de uns contra os outros.[258]

O fascismo italiano nasce desta miríade de influências que gravitaram ao redor da valorização da violência como recurso político. Outro elemento central foi

---

[256] Ver ANDRADE, Joana El-Jaick. Georges Sorel e as massas revolucionárias. MÉTIS: história & cultura – v. 4, n. 7, p. 33-57, jan./jun. 2005, p. 38.

[257] Sorel era influenciado pela metafísica bergsoniana do movimento e da mudança, que no pensamento do teórico do sindicalismo revolucionário, significava incorporar elementos irracionais e emocionais que atuariam como forças concretas no processo histórico. Sorel considerava as crenças e ideologias para a explicação do comportamento humano e invocava os estudos da psicologia. Ver ANDRADE, Joana El-Jaick. Georges Sorel e as massas revolucionárias, op. cit., pp. 40-41.

[258] Ver BERNARDO, João. Ainda não sabiam que eram fascistas: Corradini e os sindicalistas revolucionários. Passa Palavra, 16/03/2014. Disponível em https://passapalavra.info/2014/03/92734/ (visualizado em 08/03/2022).

a forte carga popular em todo projeto fascista, que valoriza o trabalhador e atribui ao esforço pessoal a superação das mazelas sociais e familiares. Algo que se repete até mesmo nos ideários totalitários da atualidade, como na versão formulada por Steve Bannon[259].

A ascensão do fascismo em meio à guerra e o furor nacionalista

A ascensão do fascismo italiano ocorre no bojo de uma nítida desolação social.

Os vinte primeiros anos da Itália como nação (a unificação total da Itália se deu em 1870, tão tardiamente quanto a unificação da Alemanha[260]) foram marcados pelo florescimento da produção agrícola nacional ao lado de um regime fiscal draconeano. A indústria era pouco desenvolvida até então.

Contudo, a queda dos preços agrícolas ao longo da década de 1870 estimulou investimentos industriais e o crecimento da base operária italiana, apoiada numa forte política estatal protecionista. Há registros dos investimentos do *Banca Nazionale* e da fundação de empresas de produção de locomotivas, além da fundação de altofornos de Terni, financiados pelo *Banca Generale* e *Credito Mobiliare*[261]. Este é o momento da fundação do Partido Socialista Italiano – ao qual Gramsci e Mussolini aderirão – e do movimento *fasci* siciliano.

A virada do século foi palco de mais um impulso industrializante, que se manteve até o início da 1ª Guerra Mundial, em 1914 e, mais uma vez, tendo as políticas protecionistas estatais como motor deste processo. Também foi o início da fusão do capital bancário com o industrial, promovendo uma forte

---

[259] Steve Bannon, o estrategista da campanha eleitoral que levaria Donald Trump à Casa Branca em 2016, sustenta que a classe trabalhadora e o campesinato formam uma casta que define e ampara moralmente a sociedade contemporânea. Afirma que, na sociedade moderna, os guerreiros quase sempre vêm da classe trabalhadora, quase nunca vêm das elites. "Aristocratas não lutam!", ressalta. Ver TEITELBAUM, Benjamin. Guerra pela Eternidade: o retorno do Tradicionalismo e a ascensão da direita populista. Campinas: Editora Unicamp, 2020, p. 79.

[260] No século XVIII, o Tratado de Utrecht submeteu o país à dominação dos Habsburgo da Áustria. Entre 1792 e 1799, a Itália permaneceu sob a influência da França. Entre 1802 e 1804, Napoleão Bonaparte conquistou o conjunto da península e instituiu, no norte, a "República Italiana". Entre 1805 e 1814, esta tornou-se Reino de Itália, tendo Napoleão Bonaparte como soberano; o reino de Nápoles, ocupado em 1806, foi confiado a José Bonaparte e depois (1808) a Joaquim Murat. Em 1814, a Itália reassumiu a divisão anterior e a dominação austríaca foi restaurada no norte e no centro. A oposição dos italianos ao domínio austríaco manifestou-se em um sentimento cada vez mais forte em favor da unidade nacional e da independência, alimentando uma rede de sociedades secretas que foram reprimidas no início dos anos 1820. Entre 1831 e 1833, eclodiram revoltas populares. Em 1860, emergem movimentos revolucionários na Itália central e no Reino de Nápoles, conquistado por Garibaldi. Em 1861, o reino da Itália é proclamado, tendo Turim como capital. A unificação completa do país, entretanto, foi concluída apenas em 20 de setembro de 1870, quando Roma foi conquistada, tornando-se a capital.

[261] Ver PARIS, Robert. As origens do fascismo. São Paulo: Perspectiva, 1993, p. 19.

oligopolização setorial. A indústria automobilística se expandiu entre 1904 e 1907, criando 12 mil empregos no setor, com destaque para a pujança de Turim, onde a FIAT se afigurava.

O início do século XX foi, também, palco de uma onda nacionalista na Itália que levou à fundação da Associação Nacionalista Italiana, em 1910, fundada por Enrico Corradini. Sua intenção era incentivar a expansão colonial da Itália. Pregava "a vontade da guerra vitoriosa", disseminando um discurso nostálgico do período imperial. Recordemos que Corradini era, naquele momento, um jovem intelectual oriundo do sindicalismo revolucionário que sofria influências do nacionalismo integral francês.

O movimento nacionalista italiano se espraiava pelo país por organizações e publicações como a revista *Il Regno*, que havia sido fundada em 1903 e que incentivava a reação ao "estado de decadência em que se encontra a Nação" italiana[262]. Segundo as correntes italianas nacionalistas, a Líbia, que já fora colônia romana, deveria ser reconquistada, como busca de novos mercados para a exportação da indústria florescente e como solução territorial para o crescimento populacional do sul do país.

Envolvido por este clima nacionalista, o então primeiro-ministro Giovanni Giolotti ordenou uma declaração de guerra ao Império Otomano, do qual a Líbia fazia parte, em outubro de 1911, conquistando a Líbia e as ilhas do Dodecaneso. Em 1914, embalada pelo entusiasmo popular nacionalista, a Itália ocupou o porto albanês de Vlorë. No outono de 1916, a Itália iniciou a ocupação do sul da Albânia, que desaguou na proclamação, em 1917, do sul e centro deste país como seu protetorado (ficando a outra parte com a Sérvia e Montenegro), só recuando em 1920, quando eclodiu uma rebelião na Albânia.

Em 1915, a Itália ingressou na 1ª Guerra Mundial ao lado da França e do Reino Unido, recebendo como promessa a anexação dos territórios alemães[263].

Este é o clima nacionalista e expansionista no qual emergirá o fascismo.

---

[262] Idem, ibidem, p. 28. *Il Regno* será substituída, em 1908, pela revista *La Voce*, fundada por Prezzolini e Papini. Giovanni Papini (1881-1956), transitou pelo anticlericalismo radical, seguidor de Max Stirner e Nietzsche, para o catolicismo fervoroso. Nos anos 1930, aderiu finalmente ao fascismo, sendo avesso ao nazismo para, finalmente, se arrepender. Em 1903 Papini fundou, juntamente com Giuseppe Prezzolini e um grupo de artistas, a revista *Leonardo* que pregava a "guerra a todas as academias dentro dos muros de uma academia" e perseguiam o "individualismo contra a solidariedade e o frenesi socialista que então amorteceu os espíritos da juventude".

[263] A Primeira Guerra Mundial foi motivada pelas disputas envolvendo alianças entre as potências europeias que compreendia a "Tríplice Entente" (Grã-Bretanha, França e Rússia) e a "Tríplice Aliança" (Alemanha, Império Austro-Húngaro e, inicialmente, a Itália). A Grã-Bretanha, a Rússia e a Alemanha governavam impérios coloniais que queriam expandir e proteger. Em julho de 1914, o assassinato do arquiduque Franz Ferdinand, herdeiro do trono Austro-Húngaro, promoveu tensões entre a Tríplice Entente e a Tríplice Aliança a partir da acusação, pela Áustria-Hungria de envolvimento da Sérvia neste assassinato. Imediatamente, a Rússia apoiou a Sérvia. Um mês depois, a Áustria-Hungria declara guerra à Sérvia, iniciando a 1ª Guerra Mundial.

O nacionalismo, contudo, não foi a única fonte do fascismo. A ele se somou o futurismo.

O Manifesto Futurista, formatado por Filipo Tommaso Marinetti, foi publicado no jornal francês *Le Figaro*, em 20 de fevereiro de 1909, assinado por Papini e outros tantos escritores e artistas italianos. Este primeiro manifesto estimulou a publicação de vários outros, em sequência, como o Manifesto contra o Luar e o Manifesto da Literatura Futurista, dentre outros. Desde o início, houve tentativas de aproximação com a corrente dos sindicalistas revolucionários por terem "inimigos comuns". Marinetti sustentava que a guerra era a única higiene do mundo. O programa futurista, uma ode à força máscula e ao progresso industrial, propunha-se imperialista, guerreiro e nacionalista.

Em 1914, os futuristas organizaram manifestações contra a Áustria. Aproximaram-se, como no caso de Mario Carli[264] (que conhecera Marinetti em 1910), dos *arditi*, especializados em ataques relâmpagos.

Em 1918, passaram a publicar o jornal *Roma Futurista*, editado por Marinetti, Mario Carli e Emilio Settimelli e nele publicam o programa do Partido Futurista. O programa propunha a socialização das terras, a extensão do sufrágio universal às mulheres, a representação corporativa no parlamento e o Estado Corporativo. No final deste ano, surgiram os primeiros *fascis* futuristas e a Associação dos *Arditi* da Itália.

Em janeiro de 1919, Marinetti se encontra com Mussolini. Em março, em Milão, Mussolini cria os primeiros esquadrões fascistas, o embrião do futuro Partido Nacional Fascista. Marinetti estava presente e é eleito membro do seu Comitê Central.

Nesta época, Corradini pregava uma reação ao socialismo internacionalista, reivindicando um "socialismo nacional" a partir de uma fórmula original, a da "nação proletária". A guerra, para os nacionalistas, realizaria uma verdadeira "revolução mundial", corroborando os "princípios essenciais da doutrina nacionalista", segundo os termos do IV Congresso da Associação Nacionalista ocorrido em Roma, em março de 1919, alguns dias após Mussolini fundar os *Fasci di Combattimento*.

Assim, o fascismo foi se construindo com um amálgama dos mais complexos e heterodoxos.

---

[264] Carli era jornalista e membro da chamada *pattuglia* azzurra (pelotão Azul) dos futuristas. Se vinculou aos *arditi* depois da 1ª Guerra Mundial e esteve envolvido com D'Annunzio quando da ocupação de Fiume. Vinculou-se ao movimento e, mais tarde, tomaria parte da dissidência fascista conhecida como "fascistas de esquerda". Na década de 1930, Carli foi cônsul geral da Itália em Porto Alegre.

Mussolini

A carreira política de Benito Mussolini ilumina a trajetória e concepção tortuosa do fascismo italiano. No curto período de 1919 a 1922 Mussolini transita do sindicalismo revolucionário – e da filiação ao Partido Socialista Italiano – para o nacionalismo bélico e, finalmente, para o fascismo, com o qual chega ao poder.

O estado de ebulição do início do século XX – emoldurado por greves, como a ocorrida entre 16 e 30 de setembro de 1904, que contou com ocupações de fábrica e criação de conselhos operários -, estimulava as convicções revolucionárias de parte do sindicalismo italiano[265].

Aos poucos, alguns expoentes teóricos que tinham alguma convergência em relação à construção da "pátria operária" e o uso da violência como método político foram gradualmente se aproximando, caso de Corradini, Labriola[266] e D´Anuzzio[267]. Em 1906, durante o congresso de criação da CGL (central sindical), os sindicalistas revolucionários vinculados a esta vertente teórica constituíram uma corrente interna denominada "Ação Direta". Esta corrente realizou, no ano seguinte, um congresso envolvendo 200 mil militantes[268].

Em 18 de outubro de 1914, Mussollini publicou um artigo no jornal socialista que dirigia, o *Avanti!*, sugerindo uma mudança na postura do PSI contra a guerra. Afirmava que o partido socialista não deveria permitir que uma visão literal de socialismo destruísse o espírito do socialismo, sugerindo o apoio socialista ao ingresso da Itália na 1ª Guerra Mundial. Sem apoio da

---

[265] Desde o final do século XIX, Georges Sorel se tornara referência para o movimento sindical, em especial, o napolitano. Dois aspectos da teoria soreliana eram valorizados por esta corrente sindical: o uso da violência e o papel revolucionário das greves, em especial, da greve geral.

[266] Antonio Labriola (1843-1904) foi um filósofo e é considerado o primeiro teórico marxista italiano. Foi um ácido crítico da vertente do socialismo italiano que compreendia o marxismo como uma variante do evolucionismo positivista. Durante a guerra com a Líbia, escreveu: "É possível que a ação na Líbia seja a iniciativa mais importante e mais séria tomada até hoje em benefício do sul do país" para, então, concluir: "Ah, camaradas, sabem por que razão o proletariado na Itália não pode fazer uma revolução? Eu digo-vos. Porque ele nem sequer é capaz de fazer uma guerra". Este era o ponto de contato com Corradini: o nacionalismo radical. Ver BERNARDO, João. Ainda não sabiam que eram fascistas: Corradini e os sindicalistas revolucionários, já citado.

[267] Gabriele D'Annunzio (1863-1938), pseudônimo de Gaetano Rapagnetta, foi poeta e dramaturgo italiano. Serviu a aviação italiana, é ferido em 1916 e, três anos depois, toma a cidade de Fiume (hoje Rijeka na Croácia). Instaura um governo em que ele se torna o dirigente máximo, produz uma constituição (*Carta del Carnaro*) e passa a armar apoiadores que usavam camisas negras e que adotavam como saudação braços inclinados para a frente com a mão espalmada para baixo, revivendo os anos do império romano. Em seguida, é deposto, mas é festejado pelo fascismo emergente. A *Carta del Carnaro* apresenta elementos da *Carta del Lavoro* de Mussolini: estabelece um estado corporativista, com nove corporações para representar diferentes setores da economia (empregados, trabalhadores, profissionais) e declarava que a música era o princípio fundamental do Estado.

[268] Em 1910, a CGL possuía 300 mil afiliados e as organizações católicas sindicais, 100 mil. As correntes que se definiam como independentes somavam 250 mil. Ver PARIS, Robert. As origens do fascismo, op. cit., p. 39.

direção do PSI, renuncia ao cargo no jornal. Em seguida, funda o jornal *Il Popolo d'Italia* e se aproxima do *Fascio Rivoluzionario d'Azione Interventista*, uma organização de esquerda pró-guerra que recebia apoio de empresários como Giovanni Agnelli (fundador da FIAT) e Pio Perrone (empresário do setor bélico).

Em 1918, havia sido fundada a *Unione Italiana del Lavoro* (UIL), de inspiração nacionalista que, no seu segundo congresso, realizado em 1919, aprovou um programa que seria inspiração para Mussolini. Fundava-se no conceito de socialismo dos produtores e destacava a audácia como motor da história. A UIL sustentava que a classe trabalhadora aspirava gerir a produção e defender a Itália durante a guerra europeia.

O ano de 1919, como já destacamos, foi definitivo para a história do fascismo.

O final da 1ª Guerra Mundial tinha sido humilhante para a Itália. O Tratado de Versalhes, assinado em junho de 1919, jogou por terra a promessa de Trieste e Trentino se tornarem italianas, assim como a península de Ístria e as ilhas do Dodecaneso. A promessa de anexação de territórios não havia se confirmado. Em quase quatro anos de guerra, a Itália perdeu 600 mil soldados e mais de 1 milhão deles ficaram feridos. Estima-se que 7% da mão-de-obra foi consumida nesta guerra, não retornando aos postos de trabalho. Entre 1914 e 1920 a lira derreteu, perdendo 80% do seu valor.

A humilhação fomentou o espírito nacional.

Mussolini teria afirmado, neste momento, que a Segunda Internacional havia morrido em meio àquela tragédia[269].

A tensão aumentou e, em março de 1919, uma fábrica em Dalmine, cidade próxima de Bérgamo, foi tomada por 2 mil metalúrgicos, a maioria sindicalizada à UIL, que hastearam no telhado da empresa a bandeira da Itália. A ocupação se manteve por dois dias, quando foi desfeita pelo exército. Mussolini valorizava a luta da classe sem, contudo, esquecer da nação – razão de hastear a bandeira.

O clima cada vez mais beligerante na Itália gerou uma vaga de greves e ocupações de fábricas: greve dos funcionários dos correios, dos ferroviários, ocupações de fábrica entre março e junho de 1920.

Em agosto, uma nova onda de ocupações de fábricas envolveu centenas de empresas de Milão, Turim e Gênova. As fábricas ocupadas passaram a ser adornadas por bandeiras pretas e vermelhas. Motorneiros de bondes romanos hasteavam as mesmas bandeiras. Esses meses intensos ficaram conhecidos como o *Biennio Rosso* (1919-1920), somando 1.663 greves em 1919 e 1.881 em 1920.

---
[269] DORIA, Pedro. Fascismo à Brasileira, op. cit., p. 31.

Em 3 de setembro de 1920, os metalúrgicos de Turim e Milão tomaram, armados, centenas de fábricas. Alguns comunistas italianos, como Antonio Gramsci, imaginaram que emergiam os embriões dos *sovietes* italianos.

Giovanni Giolitti, que ocupava o cargo de primeiro-ministro pela quinta vez, aos 77 anos, percebia que se empregasse o uso de força, aumentaria a revolta popular e majoraria a popularidade dos socialistas, que ocupavam 30% das cadeiras no parlamento.

Contudo, anarquistas e dirigentes da central sindical CGL não avançaram na radicalização do movimento grevista. Havia sugestão de lideranças anarquistas de Turim para ocupação do porto de Gênova e outros portos da Ligúria, não levada à cabo.

O jornal dirigido por Mussolini, o *Popolo d'Italia* se solidarizou com as ocupações de fábrica, embora rejeitasse qualquer pauta para além das reivindicações econômicas.

O fascismo neste período, contudo, se desenvolveu no meio rural italiano. Foram criados "conselhos de fazenda" pelas ligas católicas, duramente rechaçadas pelas autoridades municipais. Entre dezembro de 1920 e janeiro de 1921, algumas Câmaras do Trabalho são incendiadas. Os fascistas, que somavam 20 mil militantes no final de 1920, saltaram para 200 mil militantes no final do ano seguinte.

As disputas no Partido Socialista se avolumavam, gerando uma cisão, em janeiro de 1921, entre a corrente reformista e a corrente comunista do partido (pró-III Internacional). Mussolini, em agosto de 1921, promoveu a assinatura de um pacto de pacificação com os socialistas, que acabou por gerar uma rejeição no interior dos *fasci*. Poucos meses antes, em janeiro, quatro caminhões lotados de fascistas, vestidos com suas camisas pretas, destruíram a sede de um sindicato de trabalhadores agrícolas. Os móveis do sindicato formaram uma imensa fogueira na frente do prédio. Um trabalhador foi assassinado pelos fascistas com três tiros. Entre janeiro e março ocorreram 57 ataques contra sindicatos e cooperativas, sendo 25 deles incendiados[270].

Não havia clima para pacificação. Os atos de violência recomeçaram como efeito imediato de rejeição ao tratado.

A política italiana entra em ritmo frenético.

Começaram a se multiplicar as "uniões de combate" fascistas que patrulhavam as ruas sempre de camisas pretas como signo de uniformização.

O primeiro-ministro Giulitti alterou seu gabinete, atraindo lideranças de direita. Ele percebia nos *fasci* uma possível solução política. Já eram 150 mil italianos afiliados às uniões de combate.

---

[270] DORIA, Pedro. Fascismo à Brasileira, op. cit., p. 46.

Mussolini conseguiu eleger 35 deputados ao parlamento nas eleições de maio de 1921. Os socialistas haviam perdido 33 cadeiras. Em novembro, Mussolini transforma o seu movimento em *Partito Nazionale Fascista*.

Em maio de 1922, já eram 63 mil os camisas-negras na Itália. Marcharam sobre Ferrara, na região da Emília-Romagna, e ocuparam as ruas por dois dias. Em seguida, marcharam sobre Bolonha.

Em 31 de julho de 1922, uma nova ofensiva violenta toma a prefeitura de Milão, liderada por D´Annunzio.

Em 11 de agosto, Mussolini declara que a Marcha sobre Roma havia começado. Obtém apoio da Confindustria, da Confagricoltura e da Associação Bancária, além de tranquilizar a monarquia e, assim, neutralizou qualquer reação do exército.

A violência fascista seguiu descontrolada e ignorada pelo governo italiano e ocupou, em agosto, as cidades de Milão, Trento e Bolzano. Uma greve liderada e organizada pelos socialistas foi violentamente reprimida. Os fascistas já dominavam todo centro e norte da Itália.

A Marcha sobre Roma, lançada por Mussolini em agosto, assumia contornos dramáticos, sendo interpretada como a tomada do poder pela demonstração de força. A intenção de Mussolini não era, necessariamente, um golpe de Estado, mas uma forte pressão política que obrigasse o rei italiano, Vitor Emanuel III, a nomeá-lo como primeiro-ministro.

Em 16 de outubro de 1922 o comando fascista planeja a ocupação de prédios em cidades do centro e do norte da Itália e das vias que ficavam nos arredores de Roma.

Dez dias depois, milhares de fascistas dirigiram-se a Roma. No dia 28 de outubro de 1922, os arredores de Roma eram tomados por 40 mil fascistas que esperavam a ordem do líder Mussolini para adentrarem na capital.

A Itália estava em convulsão.

O então primeiro-ministro da Itália, Luigi Facta, solicita autorização do rei para decretar estado de emergência e mobilizar o exército para reprimir a ameaça fascista. Como não foi atendido, apresentou sua renúncia.

Em 27 de outubro o governo cai. Mussolini recebe um telegrama do rei, dois dias depois, convidando-o a organizar o novo governo.

A chegada de Mussolini ao poder, em 1922, desencadeou uma sucessão de ações ofensivas que acabou por instaurar o poder fascista. Uma estrutura de poder que fundiu Estado, Nação, Partido e líder numa única expressão política[271].

---

[271] Ver SASSOON, Donald. Mussolini e a ascensão do fascismo. Rio de Janeiro: Agir, 2009. Ver, também, DE FELICE, Renzo. Explicar o fascismo. Lisboa: Edições 70, 1977; SILVA, Francisco Carlos

Em 1929, Mussolini e o Papa Pio XI assinaram o Tratado de Latrão. O tratado versava sobre um desentendimento que existia entre o governo italiano e a Igreja Católica desde a segunda metade do século XIX[272], de onde surgiria o Estado do Vaticano, que se tornou um país soberano e recebeu o palácio de Castel Gandolfo e três basílicas de Latrão. Essa aproximação motivou mais uma mudança na trajetória de Mussolini, que passou a se apresentar como católico.

O Estado Fascista estava pronto.

O fascismo italiano como ideário inclusivo e de massas

O movimento errático de Mussolini e do próprio fascismo, absorvendo uma diversidade de correntes político-ideológicas que se agregaram ao ideário que parecia em formação contínua confundiu boa parte da esquerda italiana por um período considerável.

A dirigente comunista alemã Clara Zetkin (1857-1933) teria afirmado, em 1923, que o partido comunista italiano errou ao considerar o fascismo como um movimento militar-terrorista, e não como um movimento de massas, com profundas bases sociais.[273]

Por algum tempo, embora o dirigente comunista Antonio Gramsci percebesse a inserção de massas do fascismo, chegou a imaginar sinais de decadência logo após a ascensão de Mussolini como Primeiro-Ministro da Itália[274].

As análises mais precisas dos comunistas italianos foram se esboçando ao longo do governo Mussolini, na medida em que suas medidas ficavam mais nítidas.

Havia, até então, uma orientação da Internacional Comunista, sob o domínio de Stalin, que não considerava o caráter de massas do fascismo,

---

Teixeira da. Os fascismos. In: FERREIRA, Jorge; REIS FILHO, Daniel Aarão; ZENHA, Celeste. (Orgs.). O século XX. O tempo das crises: revoluções, fascismos e guerras. 4. ed. V. 2. Rio de Janeiro: Civilização Brasileira, 2008.

[272] Em 1849, Pio IX foi destituído por revolucionários, gerando um conflito que ficou conhecido como *questão romana*. O ano de 1848 sediou revoltas na Sicília e uma onda de protestos populares e um dos ministros que tinham sido nomeados pelo Papa foi assassinado em 15 de Novembro. O levante acabou cercando o Papa que exigia a proclamação de uma República. Um canhão até foi apontado na direção dos portões do palácio. O Papa conseguiu escapar, disfarçado de pároco, para o Reino de Nápoles, ficando a cidade de Roma nas mãos dos revoltosos.

[273] Ver MELO, Demian Bezerra. Antonio Gramsci, Palmiro Togliatti e o consenso sob o fascismo. Revista Outubro, n. 26, julho de 2016. O autor cita, nesta passagem, o livro POULANTZAS, N. Fascismo e ditadura. Porto: Portucalense, 1972, p. 94. Disponível em http://outubrorevista.com.br/wp-content/uploads/2016/07/06_Demian-Melo-.pdf (visualizado em 12/03/2022).

[274] O assassinato do deputado socialista Giacomo Matteotti, que denunciava a violência fascista, em junho de 1924, teria sugerido à Gramsci que a evidente participação dos fascistas geraria uma reação importante por parte do empresariado, igreja e reinado.

classificando-o como ditatura terrorista aberta ao capital financeiro[275]. A mudança de interpretação da Internacional só ocorreu em meados de 1934.

Contudo, outras correntes de esquerda identificavam o fascismo a partir de seu caráter popular.

Este é o caso das correntes trotskistas, acompanhando as elaboração de Leon Trotsky (1879-1940) que do exílio em que se encontrava desde 1920, criticava a leitura stalinista sobre o nazismo e o fascismo. Trotsky destacava o caráter policial e a sua organicidade com o movimento de massas[276].

Mais tarde, o psicanalista Wilhelm Reich (1897-1957), após a tomada do poder pelos nazistas na Alemanha, desenvolveu um amplo estudo sobre o caráter de massas do nazismo e fascismo e o apelo discursivo e piscológico que envolveu as classes trabalhadoras.

Retornando aos dirigentes comunistas italianos, Gramsci teria compreendido o fascismo como um fenômeno do que denominou *revolução passiva*, uma forma de introdução do fordismo na Itália, superando uma crise política e de hegemonia na condução do capitalismo italiano.

A revolução passiva assumiria um caráter reformista, com ausência de iniciativa popular no desfecho político, onde um segmento ou fração política das classes dominantes acolhem em parte as demandas das classes subalternas. Conceito que se apoia na constatação da escassez e insuficiências das forças políticas nacionais[277].

Segundo Gramsci:

> (...) ter-se-ia uma revolução passiva no fato de que, por intermédio da intervenção legislativa do Estado e através da organização corporativa, teriam sido introduzidas na estrutura econômica do país modificações mais ou menos profundas para acentuar o elemento "plano de produção", isto é, teria sido acentuada a socialização e cooperação da produção, sem com isso tocar (ou limitando-se apenas a regular e controlar) a apropriação individual e grupal do lucro. No quadro concreto das relações sociais italianas, esta pode ter sido a única solução para desenvolver as forças produtivas da indústria sob a direção das classes

---

[275] Tese aprovada no VI Congresso da Internacional, em 1928 no bojo da chamada política de "Classe contra Classe". A partir de então, os partidos alinhados à Internacional deveriam construir a unidade política e de ação do proletariado pela base, a partir da atuação unitária nas organizações de massas operárias, aumentando sua presença na vida cotidiana dos trabalhadores e suas organizações, inclusive culturais e esportivas.

[276] Ver TROTSKY, Leon. Revolução e contrarrevolução na Alemanha. São Paulo: Editora Ciências Humanas, 1979.

[277] O conceito gramsciano de revolução passiva se refere ao *Risorgimento* italiano, período de unificação da Itália compreendido entre 1815 e 1870. Ver LIGUORI, Guido & VOZA, Pasquale. Dicionário Gramsciano, op. cit., pp. 700-701. Em 8 de novembro de 1926, a polícia italiana prendeu Gramsci e o levou à prisão romana de Regina Coeli. Do período em que esteve preso, seus ensaios, redigidos em cadernos brochura, geraram obras póstumas: as Cartas do Cárcere, contendo mensagens escritas a parentes ou amigos, e os 32 Cadernos do Cárcere, de 2.848 páginas, que trazem reflexões e anotações redigidas entre 8 de fevereiro de 1929 e agosto de 1935, dentre elas, as teses aqui apresentadas.

dirigentes tradicionais, em concorrência com as mais avançadas formações industriais de países que monopolizam as matérias-primas e acumularam gigantescos capitais"[278].

Outro dirigente comunista italiano, Palmiro Togliatti, adotou inicialmente a mesma perspectiva da Internacional Comunista, embora percebesse ações fascistas que envolviam a vida social italiana no campo cultural, acompanhando toda trajetória de vida dos cidadãos, da infância à morte[279].

Togliatti ressaltou em suas análises sobre o fascismo o papel da *Opera Nazionale Balilla*, criada em abril de 1926 tendo como objetivos "unificar, educar, doutrinar e disciplinar crianças até 14 anos de idade", assim como os *Fasci Giovanili di Combattimento*, criados em outubro de 1930 para aliciar e organizar jovens de 18 aos 21 anos[280]. A operação de envolvimento da vida social dos trabalhadores se ampliou, segundo Togliatti, com a fundação da *Opera Nazionale Dopolavoro*, criada por Mussolini para promover atividades recreativas, esportivas, artísticas e culturais dos trabalhadores italianos.

Togliatti identificará, entretanto, que a força maior do fascismo estava no interior dos sindicatos, tendo à frente a capacidade política de Mussolini como ex-dirigente socialista.

Mais que uma trajetória errática – que efetivamente ocorreu -, o fascismo italiano se tornou hegemônico porque absorveu diversas correntes políticas, da esquerda soreliana à direita liderada por Corradini – e as enfeixou num projeto social e cultural totalitário, de extrema-direita, que dialogava com a promoção social dos trabalhadores.

Uma amálgama, antes de tudo, que definiu um ideário movediço, ao mesmo tempo lúbrico e garantidor da ordem.

Desde sua origem, portanto, o fascismo foi multifacetado, esponjoso e sedutor. Características que mantém nas experiências fascistas contemporâneas.

---

[278] Ver MELO, Demian Bezerra. Antonio Gramsci, Palmiro Togliatti e o consenso sob o fascismo, op. cit., p. 134.
[279] TOGLIATTI, P. Lições sobre o fascismo. São Paulo: Ciências Humanas, 1978.
[280] Ver MELO, Demian Bezerra. Antonio Gramsci, Palmiro Togliatti e o consenso sob o fascismo, op. cit., pp. 136-137.

A primeira experiência fascista do Brasil: o integralismo

O integralismo foi a primeira versão do fascismo no Brasil, que se ergueu em meio a um acelerado processo de urbanização, concentrado em cidades-polo do Centro-sul e Nordeste do país. É dizer, se deu durante a emergência de multidões: um processo de deslocamentos de massas rurais rumo a novas oportunidades, gerando mudanças de monta na perspectiva civilizatória. Esse componente de migração interna durante a emergência do integralismo se dava num país cujas práticas políticas regionais, frequentemente violentas, se transfiguravam de forma velocípede, por meio da montagem de um "Estado-demiurgo", que a tudo enquadrava e criava, e que protegia uma sociedade civil tida como infantil e selvagem.

Era, portanto, o momento do início do cosmopolitismo das grandes cidades brasileiras, transmutadas em núcleos de atração para os fluxos migratórios.

O nacionalismo autoritário, que embasou o integralismo, já estava presente nos movimentos tenentistas e culturais da década de 1920, bem como nos movimentos políticos de Getúlio Vargas.

Originalmente liderado por intelectuais ultranacionalistas dos anos 1920[281], o integralismo se tornou um movimento de massas, a um só tempo antiliberal e anticomunista. Se pretendia integrador do país negro, indígena e caboclo, mas também operário, e adotou, assim como o partido europeu que o inspirou, forte simbolismo estético.

Se a figura nacional adotada pelos integralistas era a do caboclo, brasileiro, que não estaria ainda maculado pelos estrangeirismos, paradoxalmente, a estética integralista foi fascista. Até porque o integralismo, como o fascismo, é uma ampla bricolagem. Se do tupi vinha a saudação mais famosa dos

---

[281] Esta é a tese de Pedro Doria. O autor sustenta que o integralismo foi um movimento que nasceu entre intelectuais, não uma formação fundada em soldados de tropa de elite testados na guerra, como na Itália. Também não havia no Brasil, naquele momento, legiões de operários e trabalhadores urbanos como na Itália dos anos 1920, quando da guinada de Mussolini da esquerda para a extrema-direita. Ver DORIA, Pedro. Fascismo à Brasileira. São Paulo: Planeta, 2020, p. 246.

integralistas, o *Anauê!*, era dos bandeirantes que manava a energia política para a integração nacional. Nesse sentido, o integralismo foi fiel à fagocitose cultural do fascismo. E, nesta mesma seara, não demoraria para o catolicismo ingressar na miscelânea de correntes de pensamento que se enfeixaram tanto fascismo italiano quanto no integralismo brasileiro.

Plínio Salgado, seu futuro líder autocrático, era um intelectual, um intelectual profundamente arrivista. Ele havia participado do movimento "verdeamarelismo"[282] que já prenunciava a divisão na leitura sobre a cultura nacional expressa na Semana de Arte Moderna de 1922. A esse tempo, Plínio já despontara com seu romance *O Estrangeiro,* que sugeria um Brasil ultranacionalista, construído sobre a figura do caboclo, do indígena, do negro e do bandeirante, tudo trespassado por certo misticismo católico. Uma fusão tão original quanto estranha e improvável, mas típica das bifurcações fascistas.

Liderando o mosaico que sempre foi o integralismo, Plínio bebia as águas do evolucionismo alemão e inglês – Ernst Haeckel e Herbert Spencer –, do conservadorismo francês – Gustave Le Bom -, da esquerda alemã – Karl Marx – do catolicismo – que incluía o cearense Raimundo de Farias Brito. Mais adiante, se aproximou do "futurista" brasileiro Menotti del Picchia, com quem lideraria a divisão conceitual dos artífices da Semana de Arte Moderna, entre os ultranacionistas – da qual faziam parte – e os cosmopolitas – que congregava Oswald de Andrade e Tarsila do Amaral.

Motivou a guinada política de massas a visita de Plínio Salgado a Mussolini[283], viagem financiada pelo banqueiro paulista Alfredo Egídio de Sousa Aranha, primeiro dono da Eucatex e tio de Olavo Setúbal.

Importante destacar que, desde 1924, parte da comunidade italiana em São Paulo era objeto de apreensão e investigação pelos organismos de repressão paulista, devido a certas inclinações fascistas. De fato, o governo italiano destinava verbas ao "Fascio de São Paulo", fundado em 1923, para promover a unidade dos italianos sob a identidade do período do Império Romano. A partir de então, de 1924 a 1945, a Delegacia de Ordem Política e Social do Estado de São Paulo (DOPS) chegou a fichar 120 imigrantes e alguns

---

[282] O Movimento Verde-Amarelismo foi criado por Menotti del Picchia, Plínio Salgado, Guilherme de Almeida e Cassiano Ricardo em 1926, em meio a um intenso debate entre modernistas que lançavam manifestos em profusão. Desses manifestos nasceram quatro correntes distintas: Pau-Brasil (fundada por Oswald de Andrade, preconizava um olhar brasileiro para a cultura nacional, a despeito das influências europeias), Verde-Amarelo (nacionalismo ufanista), Escola da Anta (que sucedeu o verdeamarelismo em 1927, com nítidas inclinações fascistas e ultrapatriotismo) e Antropofagia (fundada por Oswald de Andrade, Tarsila do Amaral e Raul Bopp a partir de um manifesto de 1928, pregava a aceitação da cultura estrangeira, sem mimetismos, mas como absorção à brasileira).

[283] Plínio Salgado foi recebido por Benito Mussolini no Palácio Venezia, em Roma, às 18h do dia 14 de junho de 1930. Ver GONÇALVES, Leandro Pereira & CALDEIRA NETO, Odilon. O fascismo em camisas verdes: do integralismo ao neointegralismo. Rio de Janeiro: FGV, 2020, p. 10.

ítalo-brasileiros[284]. Em sua maioria, eram os empresários e segmentos mais abastados da comunidade italiana paulista que se identificavam com o fascismo no início da década de 1920. Os operários italianos paulistas, ao contrário, tinham fortes laços com o anarquismo e com o sindicalismo revolucionário europeu.

Plínio já esboçava uma leitura peculiar sobre as causas da frágil identidade nacional no Brasil, que ganharia consistência com a aproximação do ideário fascista italiano. E já havia sido picado pela mosca azul, quando se elegeu deputado estadual, estimulado pelo governador Júlio Prestes. A vitória eleitoral ensejou desejos políticos maiores. Com 32 anos, mirou na revolução política que ocorria na Europa. E foi ao encontro de Mussolini. A estética fascista o deslumbrava. Assim como a ruptura com o liberalismo e o comunismo, que dividia as paixões nacionais. O corporativismo estatal parecia ser a superação das divisões. E o alimento da paixão nacionalista.

Em 4 de outubro de 1930, após retornar ao Brasil abastecido pelo *tour* europeu que teve como ápice o encontro com Mussolini, Plínio iniciou seu projeto político com a criação do jornal *A Razão* e da Sociedade de Estudos Políticos (SEP). Dois anos depois, surgiria a Ação Integralista Brasileira (AIB), apoiada por intelectuais e estudantes da Faculdade de Direito de São Paulo[285]. Em outubro de 1932 vinha à público o Manifesto, lançado em pleno Teatro Municipal de São Paulo, que explicitou as diretrizes ideológicas da AIB, destacando o papel da autoridade, a crítica aos partidos políticos e a defesa da família conservadora e do Estado Integral. A religião católica era apresentada como a base moral do movimento integralista, compondo a tríade "Deus, Pátria e Família". Plínio Salgado era então alçado à condição de "chefe nacional" do movimento.

O conceito central, contudo, era o de Estado Integral, corporativo. Daí viria o símbolo do integralismo, a letra sigma, décima oitava letra do alfabeto grego. O filósofo e matemático alemão Gottfried Wilhelm Leibniz empregou este símbolo para indicar a soma dos infinitamente pequenos. Os integralistas afirmavam que os primeiros cristãos utilizavam o símbolo para representar Deus.

Desde este início, a estética passou a ser um atributo de identificação do fascismo brasileiro. A camisa verde os unificava e deveria estar sempre

---

[284] Durante o período do Estado Novo getulista, a perseguição aos italianos que viviam em São Paulo se tornou ainda mais acentuada. Ver SANTOS, Viviane Teresinha dos. Italianos sob a mira da polícia política: vigilância e repressão no estado de São Paulo (1924-1945). São Paulo: Humanitas, 2008.

[285] A AIB atrairia diversos movimentos de inspiração fascista que se forjaram entre os anos 1920 e 1930, como Ação Social Brasileira (Partido Nacional Fascista), Legião Cearense do Trabalho, Partido Nacional Sindicalista e o movimento neomonárquico Ação Imperial Patrianovista Brasileira. Ver GONÇALVES, Leandro Pereira & CALDEIRA NETO, Odilon. O fascismo em camisas verdes: do integralismo ao neointegralismo, op. cit., p. 15.

impecável, sendo que nunca poderia ser usada em jogos, danças ou qualquer tipo de entretenimento. A simbologia era considerada como referência da doutrina, algo que se assemelhava à estética nazista, que usava uniformes pretos bem talhados, desenhados por Hugo Ferdinand Boss[286].

A unidade e fidelidade eram princípios inquestionáveis e se expressavam pela saudação tupi *Anauê* (cujo significado é "você é meu parente") repetida três vezes com o braço direito estendido, erguido bruscamente até a posição vertical, para demonstrar a energia e afirmação nacionalista[287]. Questionava o liberalismo e o comunismo por ambos serem materialistas[288].

Como o fascismo e o nazismo, o integralismo brasileiro organizou legiões segmentadas, como as femininas e as juvenis[289].

A AIB montou sede em São Paulo, mas tinha forte influência em Pernambuco (que contou com a liderança de Joevá Mota, único integralista eleito para compor a Assembleia Nacional Constituinte de 1922, e do então padre Helder Câmara[290]) e Minas Gerais (com Olbiano de Melo). Montou, ainda, um forte braço militar que revelou sua potência nos últimos anos de existência do integralismo. Chegou a organizar núcleos em Montevidéu, Buenos Aires, Filadélfia, Genebra, Zurique, Porto, Berlim, Varsóvia e Roma[291].

---

[286] O livro "Hugo Boss, 1924-45" do historiador Roman Köster, docente da Universidade de História Militar de Munique, revelou que o proprietário da grife Hugo Boss foi nazista e chegou a manter escravizados em sua fábrica em Metzingen, 180 prisioneiros de guerra (140 franceses e 40 poloneses). Uma versão resumida do livro pode ser acessada em https://group.hugoboss.com/fileadmin/media/pdf/corporate/EN/Study_on_the_Company_s_History_Abridged_Verson_en_final.pdf (visualizado em 22/02/2022).

[287] Ver GONÇALVES, Leandro Pereira & CALDEIRA NETO, Odilon. O fascismo em camisas verdes: do integralismo ao neointegralismo, op. cit., p. 19.

[288] Este é um traço marcante de todo pensamento ultranacionalista conservador. Atualmente, o movimento Tradicionalista – tendo como seguidores mais conhecidos Steve Bannon e Alexandr Dugin - reafirma os mesmos princípios.

[289] O esporte era um dos elementos de promoção da unidade e disciplina integralista, em especial, o futebol (incluindo a equipe de futebol Bolão Futurista). Às mulheres era incentivada a prática de alongamentos. O trabalho feminino fora do lar e a busca a satisfação dos desejos materiais eram censurados. A Secretaria Nacional de Arregimentação Feminina e dos Plinianos era responsável por desenvolver atividades exclusivas para as mulheres, como puericultura e economia doméstica. O integralismo criou a revista Brasil Feminino para se comunicar com sua militância feminina. A alfabetização era estimulada e havia recomendação para que cada núcleo da AIB organizasse uma sala de aula dentro de sua sede com uma biblioteca com livros indicados pelo próprio Plínio Salgado. Havia batizados integralistas. A criança era integrada às fileiras da juventude integralista, organizados em núcleos infantis, vanguardeiros, lobinhos e pioneiros. Eram adotados muitos rituais e protocolos integralistas como o de erguer o braço direito verticalmente e pronunciar juramentos. Algumas datas eram marcantes, como a Vigília da nação, a Noite dos tambores silenciosos e as Matinas de abril. Pratos, xícaras e louças, cigarros, pasta dental com símbolos do integralismo eram consumidos na noite de Natal para receber a visita do Vovô Índio, uma tentativa não muito exitosa do integralismo substituir a imagem do Papai Noel. Como neste início de século XXI, o integralismo contrapunha o projeto comunista à paz das "famílias de bem".

[290] Alceu Amoroso Lima foi a mais importante liderança leiga do catolicismo brasileiro, apoiou os candidatos integralistas. Além de expoentes católicos, o integralismo contou com apoio de protestantes e espíritas, como o luterano Dario de Bittencourt e o metodista Oscar Machado.

[291] Ver GONÇALVES, Leandro Pereira & CALDEIRA NETO, Odilon. O fascismo em camisas verdes: do integralismo ao neointegralismo, op. cit., p. 20.

Foram cinco anos de integralismo, de 1932 a 1938[292], nos quais se tornou o mais poderoso movimento político, que só pôde ser destruído pela astúcia de Getúlio Vargas. A astúcia, aliás, é a ausência mais fragorosa nos fascismos brasileiros: marcados pela falta de habilidade. O episódio de desmontagem do integralismo por Getúlio Vargas, como veremos, foi construído com crueldade e astúcia. Revelou assim a quase inocência política do movimento extremista, que, contudo, contagiava massas e organizava ofensivas e demonstrações públicas de grande alcance. O integralismo foi mesmo, antes de tudo, um movimento esteta, votado à demonstração pública de sua força e beleza.

Márcia Carneiro, contudo, relata que "nos comícios dele [Plínio Salgado], era o povão que ia"[293], o que contrasta com a pretensão integralista.

Entre os anos de 1933 e 1934, o contingente integralista saltou de 24 mil para 160 mil membros[294], chegando mais tarde a superar a marca de 200 mil filiados. Foram os anos do início da adesão ao movimento do que seria o triunvirato que comandaria o integralismo: Plínio Salgado, Gustavo Barroso[295] e Miguel Reale[296]. Os três conformariam o programa anticomunista, antissemita, de negação ao capitalismo internacional e à maçonaria. Este também foi o período de um dos marcos do integralismo: seus desfiles uniformizados, organizados em alas. O primeiro teria ocorrido em 23 de abril de 1933, em São Paulo, em que famílias portanto camisas verdes desfilaram na avenida São João. Há registros de diversas manifestações do tipo, como a ocorrida em Blumenau e Vitória, durante o I Congresso da AIB.

Em 1934, começaram a surgir confrontos armados entre integralistas e antifascistas (que envolviam comunistas, trotskistas e socialistas, dentre outras forças organizadas). Em 7 de outubro os integralistas organizaram um desfile com 10 mil camisas-verdes que teria como ápice um comício na praça da Sé, na capital paulista.

---

[292] A AIB foi fundada em outubro de 1932 e posta na ilegalidade em dezembro de 1937.
[293] DORIA, Pedro. Fascismo à Brasileira, op. cit., p. 92.
[294] Idem, ibidem, pp. 32-33. O número de associados é objeto de muita controvérsia. Plínio Salgado citava 1 milhão de afiliados, mas chegou a confidenciar que nunca passaram de 200 mil. A AIB foi, contudo, o maior partido de massas do período, numa década em que o Brasil possuía 30 milhões de habitantes. Ver DORIA, Pedro. Fascismo à Brasileira. São Paulo: Planeta, 2020, p. 11.
[295] Segundo Leandro Gonçalves e Odilon Caldeira Neto, Barroso era um intelectual consolidado quando se vinculou ao integralismo, foi presidente da ABL e fundador do Museu Histórico Nacional, romancista e tradutor. Escreveu dezenas de livros sobre o antijudaísmo. GONÇALVES, Leandro Pereira & CALDEIRA NETO, Odilon. O fascismo em camisas verdes: do integralismo ao neointegralismo, op. cit., p. 26.
[296] Miguel Reale, advogado, lia os teóricos do fascismo e foi considerado um dos principais ideólogos do integralismo. Segundo Gonçalves e Caldeira Neto, foi a principal referência para o Novo Código Civil Brasileiro de 2003. GONÇALVES, Leandro Pereira & CALDEIRA NETO, Odilon. O fascismo em camisas verdes: do integralismo ao neointegralismo, op. cit., p. 29.

A Frente Única Antifascista organizou, então, uma ofensiva de contenção da manifestação integralista[297]. Dois grupos foram organizados para impedir o ato integralista, adotando a palavra de ordem "abaixo o fascismo e viva a liberdade". Batalhões de Infantaria da Polícia Militar, do Corpo de Bombeiros, Regimento de Cavalaria e Guarda Civil, envolvendo 400 militares, foram deslocados para conter os arroubos.

Os integralistas desfilavam rumo à Praça da Sé, para o comício final, quando foram surpreendidos pelas palavras de ordem proferidas pelos militantes da Frente Única Antifascista. A polícia deu tiros para o alto e, a partir deste momento, perdeu o controle da situação. Um tiroteio teve início, com balas partindo do alto de um dos prédios do entorno da Sé, visando os camisas-verdes. Desesperados, os integralistas retiravam suas camisas, evitando continuar alvo do tiroteio, e as jogavam para o alto. Esta cena seria imortalizada pela sátira de Barão de Itararé que criou a irônica imagem da "revoada dos galinhas-verdes".

O saldo após quatro horas de confronto parecia um alerta para o que teria ocorrido na escalada fascista na Itália: 6 mortos e 50 feridos.

Este não foi o único confronto violento entre as duas correntes ideológicas. Se repetiram em São Sebastião do Caí (RS) e Campos dos Goytacazes (RJ) e acabaram por estimular uma nova ofensiva de recrutamento por parte dos integralistas.

Além das milícias e manifestações públicas, os integralistas inovaram nos processos de recrutamento e uso de meios de comunicação de massa[298].

Em março de 1935, durante o II Congresso Integralista, ocorrido em Petrópolis, alterou-se o estatuto jurídico do movimento, transformando-o em partido político[299]. Em 1936, a AIB elegeria vereadores, prefeitos e deputados estaduais.

---

[297] A Frente Única Antifascista (FUA) envolvia anarquistas, sindicalistas, antifascistas independentes e vários coletivos socialistas, o Partido Socialista Brasileiro (PSB), o Grêmio Universitário Socialista e a Aliança Nacional Libertadora (ANL), uma frente única contra o fascismo liderada pelo PCB. Ver, sobre este episódio na praça da Sé, GONÇALVES, Leandro Pereira & CALDEIRA NETO, Odilon. O fascismo em camisas verdes: do integralismo ao neointegralismo, op. cit., pp. 63-66.

[298] Os líderes da AIB realizavam "bandeiras" pelo interior do país para divulgar e recrutar adeptos, organizando viagens para o Norte e Nordeste do país. Assim como ocorreu na Alemanha nazista, o integralismo empregou o uso da rádio como meio de comunicação de massas e criou uma sociedade cinematográfica integralista (Sigma Film).

[299] O II Congresso da AIB estruturará o integralismo brasileiro, criando regras, normas e modelo institucional. O papel das milícias, até então uma ameaça com nítida inspiração fascista, perdeu sua centralidade, até mesmo como tentativo de Plínio Salgado em diminuir o papel de Gustavo Barroso, o segundo nome na liderança da AIB líder paramilitar da organização. Neste congresso são criados a Câmara dos 40, instância consultiva; o Conselho Supremo, que reunia chefes provinciais e secretários nacionais; e a Corte do Sigma, que congregava as suas maiores lideranças. O processo de institucionalização da AIB promoveu certa acomodação das lideranças e organizações fascistas que passaram por um processo de fagocitose acelerada pela nova organização. As estruturas paramilitares, contudo, se mantiveram ao longo da história da AIB e cresceram de importância quando da

Em 1937, os integralistas se preparavam para participar das eleições que estavam previstas para o início do ano seguinte, quando em novembro daquele ano, Getúlio Vargas desfechou o golpe que implantaria o Estado Novo e o manteria no poder até 1945, dando cabo a uma manobra política que vinha arquitetando há meses, e que pegou Plínio Salgado desprevenido, induzido a acreditar que teria forte participação no governo ditatorial.

Em 10 de novembro de 1937, tropas federais fecharam o Congresso Nacional e Getúlio Vargas anunciou que estava instituído o Estado Novo. As eleições de 1938 foram suspensas, os partidos políticos foram dissolvidos e os governadores dos estados foram substituídos por interventores indicados por Getúlio Vargas.

O ardil Getulista

O fechamento político do país em novembro de 1937, Getúlio Vargas vinha armando já desde 1936.

Enquanto isso, dava nítidas demonstrações de aproximação com o Eixo, em especial, com a Alemanha nazista. Sinalizações até mesmo pueris, como a viagem de sua esposa e filhas para a Feira Internacional de Amostras de Milão, em pleno governo Mussolini para, em seguida, aportarem na Hungria antissemita do primeiro-ministro Kálmán Darányi.

Sorrateiramente, Getúlio foi desarticulando o pleito que deveria ocorrer em janeiro de 1938.

Tentou primeiramente demover a candidatura do governador paulista Armando Sales ao governo federal, quando então fixou seu alvo no então governador gaúcho, Flores da Cunha, que havia denunciado à imprensa as intenções golpistas de Getúlio Vargas. Ironicamente, o governador gaúcho seria usado por Getúlio justamente para efetivar o golpe. E o mote foi a compra de armas pelo governo do Rio Grande do Sul. As armas seriam

---

ruptura de Plínio Salgado com o governo de Getúlio Vargas. A Milícia Integralista era organizada em quatro seções: controle da organização, serviço de informações, instrução e operações militares e setor de material e serviços. Ver, a respeito, BERTONHA, João Fábio. Plínio Salgado: biografia política (1895-1975); São Paulo: Edusp, 2018; CAPELATO, Maria Helena. A imprensa na história do Brasil. São Paulo: Contexto/EDUSP, 1988; CAVALARI, Rosa Maria Feiteiro. Integralismo: ideologia e organização de um partido de massa no Brasil (1932-1937). Bauru: EDUSP, 1999; LUCA, Tania Regina de. História dos, nos e por meio dos periódicos. In: PINSKY, Carla Bassanezi (Org.). Fontes Históricas. 2. ed. São Paulo: Contexto, 2008, p. 111-153; TRINDADE, Hélgio. A tentação fascista no Brasil: imaginário de dirigentes e militantes. Porto Alegre: Editora da UFRGS, 2016; TRINDADE, Hélgio. Integralismo: o fascismo brasileiro na década de 30. Porto Alegre: DIFEL/UFRGS, 1979.

contrabandeadas da Polônia e Tchecoslováquia e ingressariam no país pelo Paraguai[300].

O início do ardil getulista se deu por uma ofensiva armada por seu irmão, Benjamin Vargas, que visava gerar cisão na Assembleia Legislativa gaúcha, passando a delatar as compras irregulares de armas como justificativa para a intervenção federal do Estado.

No final de abril de 1937, Getúlio já tinha em sua mesa o primeiro esboço de um novo texto constitucional, elaborado por seu ministro da Justiça, Francisco Campos. Desde março de 1936, como resposta ao movimento revolucionário liderado pelo PCB em 1935, conhecido como Intentona Comunista, o Brasil vivia sob censura na imprensa e restrição na participação política. Esse cenário é resultado do estado de guerra decretado no país[301] naquele março de 1936, sob o mesmo pretexto de combate ao comunismo, que seria empregado por Getúlio para coibir setores militares contrários ao projeto de Góes Monteiro (Chefe do Estado-Maior do Exército entre 2 de julho de 1937 e 27 de dezembro de 1943) de construção de um Exército forte.

Getúlio acenava para o integralismo, a força política brasileira com maior capacidade de mobilização naquele momento. Em seus discursos, afirmava que nenhuma bandeira tremularia acima da nacional, atacando movimentos regionalistas, tal como pregava a AIB. Sustentava, ainda, que não permitiria novos movimentos separatistas, como o paulista de 1932.

O cerco getulista aumentava à medida em que se configurava a articulação oposicionista envolvendo Rio Grande do Sul, São Paulo, Bahia e Pernambuco. Getúlio tensionava mais a cada semana. Negociou, em maio, para que o governo de Minas Gerais cedesse suas forças militares estaduais para a eventual contenção de alguma reação paulista, caso houvesse intervenção federal no Rio Grande do Sul.

Enquanto isso, aumentava o descontentamento por parte de algumas dezenas de generais com os planos governamentais em relação ao Rio Grande do Sul. Góes Monteiro temia pela cisão do Exército. A reação de Getúlio foi rápida e lembrou as lições de César Bórgia, o príncipe acalentado por Maquiavel: destituiu, transferiu e prendeu vários generais, e iniciou um rodízio nos comandos.

Enquanto isso, aumentou a ofensiva contra o governo de Flores da Cunha. Exigiu que o governo gaúcho devolvesse todo armamento fornecido

---

[300] Ver NETO, Lira, Getúlio: do governo provisório à ditadura do Estado Novo (1920-1945). São Paulo: Companhia das Letras, 2013, p. 281.
[301] Ver, a respeito, "Anos de Incerteza (1930 - 1937), Golpe do Estado Novo", CPDOC/FGV, disponível em https://cpdoc.fgv.br/producao/dossies/AEraVargas1/anos30-37/GolpeEstadoNovo (visualizado em 25/03/2022).

para ao Estado quando da reação nacional ao movimento paulista de 1932. Contudo, a decisão sobre a intervenção federal no Rio Grande do Sul continuava rondando o governo federal.

Em setembro de 1936, Getúlio decidiu reagir em definitivo e sugeriu a Góes Monteiro uma "revolução de cima para baixo"[302]. Ainda em setembro, decidiu antecipar as homenagens às vítimas do levante de 1935 – data-símbolo para a escalada autoritária do governo federal –, o que assanhou os quadros integralistas do governo federal. O general Newton Cavalcanti chegou a rechaçar a intenção do "judeu moscovita" de conspirar contra a dignidade nacional, despertando acusações de parlamentares que se acusavam mutuamente de provocações comunistas e integralistas. O clima de radicalização estava dado, mas construído pelo próprio Getúlio.

Setembro de 1936 foi também o mês de uso e abuso de um plano fictício de assalto ao poder pelos comunistas brasileiros, mas que era um mero exercício elaborado pelo coronel Olímpio Mourão Filho a pedido de Plínio Salgado. Mourão Filho era chefe das milícias integralistas e responsável pelo caráter militar dos desfiles da AIB, inspirado na estrutura militar dos *arditi* italianos. A ficção se apoiou em um artigo publicado na revista francesa *Revue des Deux Mondes* que tratava do levante húngaro de 1919, liderado por Béla Kun[303]. Mourão teria apresentado o texto ao general Álvaro Mariante, ministro do Supremo Tribunal Militar que, inadvertidamente, o repassou a Góis Monteiro. A peça, conhecida como "Plano Cohen", se prestava a azedar ainda mais o clima político.

Dois ministros militares, Eurico Gaspar Dutra e Aristides Guilhem, passaram a recomendar o regime de exceção a Getúlio, dado o cenário de retomada da ofensiva comunista.

Partes do "Plano Cohen" são divulgados no programa de rádio Hora do Brasil, provocando uma reação do Congresso Nacional, que aprova a volta do estado de guerra. Em seguida, o governo federal federaliza a Brigada Militar do Rio Grande do Sul e a Força Pública de São Paulo. Ao governador Flores da Cunha, cercado, restou exilar-se no Uruguai.

A escalada autoritária já tinha um rumo nítido e era irrefreável.

---

[302] NETO, Lira, Getúlio: do governo provisório à ditadura do Estado Novo (1920-1945), op. cit., p. 301.

[303] Béla Kun foi líder da revolução comunista da Hungria e fundador da República Soviética Húngara, que se manteve entre março e outubro de 1919. Foi apoiado por Lênin e Trotsky. A ficção elaborada por Mourão Filho sugeria um plano em que o Brasil seria tomado por greves, incêndios, sequestros e ataques ao clero, procurando causar confusão e desencontro nas forças policiais do país. Em seguida, bancos estrangeiros, dirigidos por judeus, levariam o Brasil à falência, mancomunados com as intenções comunistas, também liderados por judeus. O texto de ficção recebeu o título de Béla Kun, mas Mourão Filho decidiu traduzir o sobrenome para uma identidade judia, transfigurando Kun por Cohen. O título final, que ficaria conhecido nos livros de história, agregou "Plano Cohen" porque a datilógrafa não teria compreendido a mudança do título rasurada por Mourão Filho.

Na manhã do dia 10 de novembro de 1937, o governo federal já estava preparado para publicar a nova Constituição do país, centralizando a administração pública brasileira, retirando dos estados as identidades oficiais – como o uso de bandeiras e hinos estaduais – e mantendo os governadores como interventores federais, com exceção dos que se apresentavam como opositores de Getúlio Vargas.

No dia 27 de novembro as 20 bandeiras dos Estados, mais a do então território do Acre e do Distrito Federal, foram queimadas numa pira acesa no meio da Praça Roosevelt, no Rio de Janeiro.

Plínio Salgado demorou para compreender o que se passava.

No início da década de 1930, foi procurado pelo ministro do Interior, Osvaldo Aranha. Plínio tinha acabado de chegar da Europa. O ministro incentivou a criação de organizações de tipo novo, anticomunistas. O futuro líder integralista foi apresentado a estudantes de Direito. O ministro dava mostras de que apoiava o manifesto que Plínio havia escrito recentemente em que defendia a amplitude do Estado e a defesa da pátria, os direitos sagrados do trabalho e a necessária coordenação central das forças econômicas.

Essas conversas com Osvaldo Aranha estimularam a criação do jornal *A Razão*. Em seguida, surgiu a Sociedade de Estudos Políticos, o SEP, no início de 1932. A defesa do Estado Corporativo ganhava contorno. O apoio inicial do ministro possibilitou a convergência de outras organizações de direita, atraídas pelo discurso ultranacionalista de Plínio Salgado: a Frente Negra Brasileira e a Ação Imperial Patrianovista Brasileira, esta última, monarquista. No mesmo ano, em maio, Plínio sugeria a fundação de um movimento, a Ação Integralista Brasileira.

As ideias autoritárias fluíram a partir de então. A pregação da autoridade forte, para coibir ricos, estrangeiros e grupos políticos que procuravam influenciar, em seu próprio favor, as decisões governamentais. A proposta de desconstrução dos "estados dentro do Estado", de classes lutando contra classes, de políticos fracionando a nação[304]. O Estado Integralista, enfim, aparecia acima de todos e se impunha contra divisões e interesses privados, contra os interesses liberais, egocêntricos, e contra o projeto comunista, materialista e divisionista.

Até que, em 23 de abril de 1933, um grupo de integralistas, paramentados com as camisas verdes, caminharam pelo centro de São Paulo para impetrar o registro da AIB como partido político no Tribunal Superior Eleitoral.

---

[304] Esses são os termos do Manifesto da Ação Integralista Brasileira, de outubro de 1932. Disponível em https://integralismo.org.br/manifesto-de-7-de-outubro-de-1932/ (visualizado em 25/03/2022).

Osvaldo Aranha a tudo assistia. A AIB atraiu também a atenção do general Góis Monteiro[305]. A proximidade com o governo de Getúlio Vargas era, ainda, discreta. Mas, algo se alterou após o levante comunista de 1935[306]. Ainda em 1935, Plínio ofereceu ao governo de Getúlio 100 mil camisas-verdes como apoio à defesa da ordem e da segurança nacional. Naquele momento, nasciam as discussões no interior do governo federal sobre a necessidade de alterar a Constituição Federal. Aos poucos, o regime político se fechou. Emendas à Constituição aprovadas pelo Congresso passaram a permitir: demissão sumária de funcionários públicos acusados de crimes políticos; expulsão de militares envolvidos com atos subversivos; que o Presidente da República decretasse Estado de Guerra em caso de comoção grave no país.

Com a implantação das medidas aprovadas pelo Congresso Nacional, a "ideologia da segurança nacional" foi amplamente empregada como base para ampla perseguição política.

Segundo um relatório do chefe de polícia, de 27 de novembro de 1935 a 31 de maio de 1936 foram detidas, no Distrito Federal, 7.056 pessoas. Alguns pesquisadores estimam um total de mais de 35 mil detenções no final de 1936. Em 23 de março de 1936, forças policiais prenderam quatro deputados oposicionistas: Otávio da Silveira (PR-ANL)[307], Domingos Neto de Velasco (GO-PSR)[308], João Mangabeira (BA-Concentração Autonomista)[309] e Abguar

---

[305] Pedro Aurélio de Góis Monteiro foi convidado por Getúlio Vargas para ser Ministro da Guerra logo após o movimento paulista de 1932. Permaneceu no cargo entre 18 de janeiro de 1934 e 7 de maio de 1935. Góes Monteiro participou do processo de institucionalização do Estado Novo, consolidando seu clã em Alagoas, estado governado por dois de seus irmãos entre 1941 e 1945. Foi o responsável pela Doutrina de Segurança Nacional. Como já citado, foi o responsável pelo uso político da peça de ficção intitulada Plano Cohen. Foi Chefe do Estado-Maior do Exército entre 2 de julho de 1937 e 27 de dezembro de 1943 e, mais tarde, retornou ao Ministério da Guerra. Se elegeu senador pelo PSD em 1947, chefe do Estado-Maior das Forças Armadas entre 15 de fevereiro de 1951 e 1º de dezembro de 1952, ministro do Superior Tribunal Militar, de 15 de dezembro de 1952 até seu falecimento em 16 de outubro de 1956.

[306] Em março de 1935 foi criada a Aliança Nacional Libertadora (ANL), organização política cujo presidente de honra era o líder comunista Luís Carlos Prestes. Embora liderada pelos comunistas, conseguiu congregar os mais diversos setores da sociedade, militares, católicos, socialistas e liberais, desiludidos com o rumo do governo de Getúlio Vargas. Quatro meses após sua criação, a ANL foi posta na ilegalidade, aumentando suas ações contra o governo federal. Em agosto, iniciou os preparativos para derrubar Vargas do poder e instalar um governo popular chefiado por Luís Carlos Prestes. O primeiro levante militar ocorreu em 23 de novembro de 1935, na cidade de Natal, seguido por Recife e Rio de Janeiro (no dia 27). Sem contar com a adesão do operariado, e restrita às três cidades, a rebelião foi debelada. Getúlio Vargas usaria esta tentativa de revolta pelos comunistas para justificar atos autoritários e centralizadores de seu governo. Ver A Revolta Comunista de 1935, CPDOC/FGV, disponível em https://cpdoc.fgv.br/producao/dossies/FatosImagens/RevoltaComunista (visualizado em 25/03/2022).

[307] Otávio da Silveira desempenhou importante papel na formação da Aliança Nacional Libertadora (ANL).

[308] O Partido Social Republicano (PSR) de Goiás foi criado em janeiro de 1933 para concorrer às eleições para a Assembleia Nacional Constituinte. Velasco fazia parte da tendência de esquerda do PSR, que se contrapunha à corrente moderada, composta pela maioria.

[309] Partido político baiano fundado em 2 de julho de 1935. Nas eleições de outubro de 1934, para a Assembleia Constituinte estadual e para a Câmara Federal, a oposição ao getulismo se reuniu na

Bastos (PA-PL)[310], além do combativo Senador Abel Chermont (PA-UPP)[311], integrantes do Grupo Pró-Liberdades Populares, porque haviam apoiado a ANL[312]. Este grupo parlamentar tinha sido constituído em 11 de novembro de 1935 para combater o integralismo.

Ao mesmo tempo, Filinto Müller, o temido chefe da polícia política do governo federal, mantinha contatos próximos com os integralistas. O Integralismo crescia eleitoralmente[313], o que era compreendido pelo governo de Getúlio como oportunidade de alianças e, sentimento ainda mais forte, ameaça. Plínio Salgado também percebia o mesmo e em 1937 se lançou como candidato à Presidência da República para o pleito de janeiro do ano seguinte[314]. E, como pré-candidato, foi recebido por Getúlio no Palácio do Catete.

Em setembro do mesmo ano, o ministro Francisco Campos solicitou um encontro com Plínio Salgado. Campos flertava com o ideário fascista e havia participado da Legião Mineira, organização de extrema-direita. Neste encontro, apresentou ao líder da AIB o esboço da nova Constituição, que desenhava o Estado Corporativo. O ministro da Justiça confidenciou que o integralismo seria a base do Estado Novo. Plínio Salgado acreditou.

Em outubro, Plínio encontrou-se com Getúlio.

Logo em seguida, Plínio Salgado orienta o general Newton Cavalcanti a organizar uma passeata em apoio ao Presidente da República. Organizou uma manifestação com 50 mil integralistas, que se concentraram na Praça Mauá, no Rio de Janeiro, se dividindo em alas de dirigentes da AIB, ala de oficiais da Marinha e do Exército. Da varanda do Palácio Guanabara – residência do Presidente da República -, Getúlio assistiu à demonstração de força[315].

---

legenda do então governador Otávio Mangabeira, elegendo dez deputados estaduais e sete deputados federais, incluindo João Mangabeira). O PSD obteve a maioria na Assembleia estadual, obrigando as oposições a se unirem, constituindo um partido que foi denominado Concentração Autonomista da Bahia.

[310] Em 1934, Abguar Bastos se elege deputado federal pelo Partido Liberal do Pará (PL). Antes de tomar posse assume o diretório nacional da Aliança Nacional Libertadora (ANL), da qual foi um dos fundadores, presidida por Luís Carlos Prestes. Com o fechamento da ANL, participa da fundação da Aliança Popular por Pão, Terra e Liberdade, juntamente com Maurício de Lacerda, Otávio da Silveira e Francisco Mangabeira, numa tentativa de dar continuidade à ação da ANL. No final de 1935, compõe o Grupo Parlamentar Pró-Liberdades Populares.

[311] Político de tradicional família paraense, Abel Chermont, foi um dos líderes do movimento de 1930 em seu Estado. Em 1931, participou da constituição do Partido Liberal Paraense (PLP) e se elege para a Assembleia Nacional Constituinte. Em 15 de junho de 1935, participa da fundação do Partido Popular do Pará (PPP) e, no mesmo ano, apoia a criação da União Popular do Pará (UPP).

[312] Ver A História da Câmara dos Deputados: a 2ª República, disponível em https://www2.camara.leg.br/a-camara/conheca/historia/a2republica.html (visualizado em 25/03/2022).

[313] Em 1934, a AIB obteve 2 mil votos no Brasil; em 1935, saltou para 40 mil votos; em 1936, já atingia 300 mil votos.

[314] Plínio Salgado seria novamente candidato ao cargo em 1955. Desta vez, obteve 8,28% dos votos.

[315] Ver DORIA, Pedro. Fascismo à Brasileira, op. cit., pp. 199-201. Relatório reservado elaborado pelo general Eurico Gaspar Dutra informava que 25% dos oficiais do Exército e 50% dos da Marinha eram simpatizantes ou membro da AIB.

Plínio havia sido tragado pelo conhecido ardil getulista. Faltava-lhe a inteligência política, a capacidade de enxadrista que observa e projeta o jogo. Os integralistas mobilizavam, organizavam massas, mas não sabiam jogar.

Em janeiro de 1938 foram apreendidas armas no núcleo integralista de Juiz de Fora. Alguns dias depois ocorreu o tiroteio e apreensão de armas e a prisão de 24 integralistas no Rio de Janeiro. Em Niterói, a polícia prendeu o proprietário de uma padaria e armas e uniformes escondidos em um depósito.

Em 10 de março, a rádio Mayrink Veiga é invadida, mas a polícia consegue prender os envolvidos na invasão, e são denunciados Otávio Mangabeira e o coronel Euclides Figueiredo, presos com centenas de integralistas. Os dois participavam nos últimos tempos de reuniões secretas com os integralistas, apoiados pelos diretores do jornal *O Estado de S. Paulo* e pelo ex-governador gaúcho Flores da Cunha, apeado do poder por Getúlio Vargas e exilado no Uruguai[316]. Na casa de Plínio Salgado, que se encontrava ausente, a polícia encontrou armamentos e munições.

Os integralistas aumentaram a aposta e iniciam os preparativos para um ataque armado ao Palácio Guanabara e ao Quartel General do Exército.

Em 10 de maio de 1938, durante o Estado Novo portanto, pouco antes da madrugada do dia seguinte, o tenente Severo Fournier deu ordens para milicianos integralistas vestirem uniformes de fuzileiros navais adornados por lenços brancos. Dirigiram-se para o Palácio da Guanabara. Contudo, um dos caminhões deu meia volta. Os que mantiveram o planejamento original renderam os guardas do palácio e, ato contínuo, inicia-se um intenso tiroteio. Contatados, o chefe de polícia, Filinto Müller, e o ministro da Guerra, Eurico Gaspar Dutra, se dirigiram à Guanabara. Dois militares governistas foram mortos. Enquanto Severo Fournier acabou fugindo para os fundos do palácio, alguns outros integralistas eram fuzilados. Naquele mesmo momento ocorria a tentativa de assalto ao Ministério da Marinha (onde havia muitos simpatizantes do integralismo), a tomada do cruzador Bahia, e de algumas estações de rádio. Mais de 1.500 indivíduos suspeitos foram detidos na casa de correção[317].

Em 26 de janeiro de 1939, Plínio Salgado foi preso, mas posto em liberdade três dias depois, por falta de provas do seu envolvimento no levante integralista. Em maio foi preso novamente, permanecendo no cárcere até 22 de junho, quando acabou exilado em Portugal, onde se manteve até 1946.

---

[316] Otávio Mangabeira havia sido ministro de Washington Luís. Euclides da Cunha conspirava desde 1932. Ambos ficaram presos num hospital militar. Ver NETO, Lira, Getúlio: do governo provisório à ditadura do Estado Novo (1920-1945), op. cit. pp. 329-330.

[317] GONÇALVES, Leandro Pereira & CALDEIRA NETO, Odilon. O fascismo em camisas verdes: do integralismo ao neointegralismo, op. cit., pp. 73-74.

Terminava, malograda, a primeira experiência fascista brasileira.

Contudo, o discurso integralista permaneceu como referência para muitos coletivos e agrupamentos de extrema-direita no país[318]. Plínio Salgado ainda tentou se soerguer politicamente, com sucessos tópicos e parciais[319]. A partir daí o integralismo cederia espaço para outras formações fascistas no Brasil.

---

[318] Márcia Carneiro sustenta que "por oito décadas, a história do integralismo se refaz com seus seguidores que evocam a moral solidificadora de um modus vivendi integralista". Ver CARNEIRO, Márcia Regina da Silva Ramos Carneiro. "Uma velha novidade: o integralismo no Século XXI", Boletim do Tempo Presente, nº 03, de 12 de 2012, p. 3. Disponível em http://www.seer.ufs.br/index.php/tempopresente (visualizado em 24/03/2022). A autora destaca o papel do advogado Arcy Estrella como o maior responsável pela rearticulação do integralismo na atualidade. Arcy foi o jornalista responsável pelo boletim do Centro de Estudos do Integralismo (CEDI) até a edição no.23, sendo substituído pelo jornalista gaúcho Dário Pompeu Di Martino. Em dezembro de 2004 ocorreu o "I Congresso Integralista para o Século XXI", na capital paulista. Neste encontro participaram representantes do Partido de Reedificação da Ordem Nacional, o PRONA, da União Católica Democrática, do MV-Brasil, o Movimento pela Valorização da Cultura, do Idioma e das Riquezas do Brasil, alguns militares da ADESG, a Associação dos Diplomados da Escola Superior de Guerra e da União Nacionalista Democrática (UND). Em janeiro de 2005, na Casa Plínio Salgado, seria fundada a Frente Integralista Brasileira (FIB). Também foi criado o Movimento Integralista Linearista do Brasil (MIL-B).

[319] O exílio em Portugal foi negociado entre os governos de Getúlio Vargas e António de Oliveira Salazar. Já em território português, em junho de 1939, Plínio procurou se aproximar do governo nazista alemão. No fim do ano de 1941, suas tentativas deram resultado e, no ano seguinte, Plínio Salgado manteve diálogo com o oficial da SS Walter Schellenberg, que prometeu apoio ao movimento integralista, indicando Adolf Nassenstein como interlocutor. Nassenstein, entretanto, foi denunciado como espião nazista em território português, frustrando as tratativas integralistas com o nazismo. O malogro estimulou uma guinada no ideário do líder integralista, que passa a abraçar um discurso católico doutrinário e ultraconservador. Procurava, assim, organizar sua volta ao Brasil. O passo seguinte foi a formação de um novo partido, o Partido de Representação Popular (PRP), cuja sigla aludia ao primeiro partido de Plínio Salgado. O PRP foi fundado em setembro de 1945. Em agosto de 1946, Plínio retorna ao Brasil, após sete anos de exílio. Segundo Gonçalves e Caldeira Neto, "ao longo de sua existência, o PRP apresentou resultados eleitorais modestos em comparação aos grandes partidos nacionais", assumindo alguns momentos de protagonismo no avanço político brasileiro" como ocorreu em 1950, quando armou uma frente conservadora com o PSD e UDN.

POR QUE O FASCISMO ATRAI MASSAS?

A Histeria Coletiva

O que fez, faz ou fará alguém aparentemente pacato se envolver com uma liderança escatológica, exagerada, que destila ataques e infâmias formuladas para atingirem indiscriminadamente mulheres, gays, negros, indígenas, autoridades eleitas, lideranças religiosas?

O que fez alguém que se apresenta como um "cidadão de bem" acreditar que defender a invasão ou o fechamento de instituições públicas levaria o país ao equilíbrio e à paz?

Não foi mera afinidade ou laço afetivo, ainda que laços afetivos definam qualquer forma de comunitarismo. Ao descrever o comunitarismo, Émile Durkheim indica que pequenos agrupamentos sociais são afetivos e criam uma importante solidariedade interna, cuja identidade coletiva acaba por superar a consciência e determinação individual. Durkheim denominou esta peculiar solidariedade de mecânica[320].

Sennet salienta que sem laços afetivos, de lealdade e fraternidade, "nenhuma sociedade e nenhuma de suas instituições poderiam funcionar"[321]. Então, a excepcionalidade dos vínculos afetivos com lideranças políticas de extrema-direita, exageradas e violentas, não se relaciona com mera identidade ou afeto. Ainda que todas as relações sociais e políticas tenham esses elementos na sua composição.

Nas leituras mais conservadoras, como a de Gustave Le Bon, os vínculos e discursos e práticas irracionais se dá quando indivíduos racionais se veem em meio às multidões. São elas as detonadoras do processo. Le Bon sugeria que o indivíduo se transforma na multidão, pensa e age de "maneira muito diferente daquela que cada indivíduo sentiria, pensaria e agiria se estivesse isolado"[322]. Nas versões

---

[320] A editora Martins Fontes publicou obras de referência de Émile Durkheim, como O Suicídio, As Regras do Método Sociológico, Lições de Sociologia, As formas elementares da vida religiosa e Da Divisão do Trabalho Social.
[321] SENNETT, Richard. Autoridade. Rio de Janeiro: Record, 2001, p. 13.
[322] LE BON, Gustave, Psicologia das multidões. São Paulo: Martins Fontes, 2018

mais contemporâneas do conservadorismo, o desejo de horizontalidade teria o mesmo dom de "igualar os medíocres"[323].

Freud também percebia nas massas uma tendência à regressão e a entregar-se ao mais forte, àquele que povoa as imagens infantis. Na multidão, estaríamos atraídos por figuras fortes, mesmo que ilegítimas. Algo que se aproxima de um "vínculo de rejeição", uma dependência subjetiva com uma autoridade que é idealizada como a única forma de autoridade ou, ainda, como um desafio pessoal de superação deste vínculo[324].

Sennett sugere que a resposta às relações políticas excitadas que envolvem o convite à violência e exclusão tem relação com a solidão, mas também com rituais, fraternidades e autoridade. Quanto mais engajados se tornam os indivíduos com uma causa ou discurso, quanto mais comprometidos emocionalmente, mais se distancia de uma interpretação apropriada do que ocorre ao seu redor, porque mais reduzida fica sua capacidade de compreender racionalmente.

Para Sennett – assim como tantos outros autores que trabalharam a engenharia da psicologia de massas -, a necessidade da autoridade é o fio desta meada.

Se hoje temermos que nossa liberdade individual possa ser ameaçada pela influência das autoridades, a busca de disciplina e os sentimentos de estabilidade e ordem são ainda mais sedutores[325]. O discurso da autoridade promete estabilidade duradoura. Assim, em momentos de grande instabilidade social, em que o futuro fica desfocado, manchado e indecifrável, o sentimento atávico de busca do discurso da autoridade potente é naturalmente acalentado.

As proposições apresentadas sugerem um mecanismo, uma espécie de protocolo das imbrincadas relações entre autoridade e seguidor. Não são relações lineares ou pacificadas. São marcadas por tensões e projeções, de negação da sua própria fraqueza – que atrai o seguidor para o discurso de força

---

[323] SLOTERDIJK, Peter. O desprezo das massas. São Paulo: Estação Liberdade, 2016. O autor sustenta que, citando Canetti à página 15, a experiência das redes sociais é similar a da agregação das multidões: onde "fica tudo preto de gente, lá se revela a essência da massa como pura sucção". Indica, contudo, uma diferenciação: no mundo das redes sociais ocorreria um fenômeno do "individualismo de massa", do "abandono organizado", cujas partes se movimentam isoladamente, em algo que se pareceria com uma "negatividade pré-política". À página 22, conclui: "a massa pós-moderna é massa sem potencial, uma soma de microanarquias e solidões".

[324] Sennett sugere três situações que caracterizam os vínculos de rejeição: a dependência desobediente, em que se procura desafiar a autoridade, mantendo uma relação afetiva de disputa permanente que mantém uma atração e atenção compulsivas do dominado para com a autoridade; a imagem idealizada de autoridade a partir do incômodo que causa, dado que o medo da responsabilidade das escolhas individuais aparecem como mais indesejáveis que a própria relação com o líder dominador; e a fantasia a respeito do desaparecimento da autoridade, ou seja, a associação com um discurso forte de negação de sua própria condição de fraqueza e fracasso como autoafirmação e projeção de um futuro melhor. SENNETT, Richard. Autoridade, op. cit., p. 44 e seguintes.

[325] SENNETT, Richard. Autoridade, op. cit., p. 32.

e autoridade – e da autoridade do dominador – que o leva a autoafirmar e radicalizar seu próprio discurso e ações agressivas.

Há algo, portanto, que remete a uma relação encruada, não resolvida, de dependência doentia.

A dependência política é tema desenvolvido também pelo filósofo Byung-Chul Han. Han sugere que "quanto mais poderoso for o poder, mais silenciosamente ele atuará; onde ele precise dar mostras de si, é porque já está enfraquecido"[326]. O poder maior ocorreria, para o filósofo sul-coreano, quando o subordinado quer aquilo que o poderoso deseja, se antecipando à sua vontade. Em outras palavras, a vontade do poderoso passa a ser interiorizada pelo subordinado e motiva sua ação.

Ora, nesta perspectiva, o poder não se manifesta pela negação ou proibição, mas, pelo contrário, pela afirmação enfática, pela aceitação da vontade do poderoso. Nesta perspectiva, a coerção não seria exatamente o expediente do poder, porque não se trata de impor a vontade do poder contra a vontade de outro.

O poder seria, enfim, uma comunicação que objetiva a aceitação do discurso da ordem. A aceitação da ordem e da autoridade seriam pressupostos deste jogo do poder.

Contudo, já percebemos que se trata de uma atração e de um jogo que ocorrem de maneira tortuosa, enviesada e tensa.

Mas, o que atrairia e envolveria o indivíduo neste jogo quando o discurso do líder é declaradamente destrutivo?

Erich Fromm dedicou um longo estudo aos impulsos destrutivos da humanidade, aos traços de caráter que ativam esta tendência e as formas de motivação social que a alimenta[327]. Trata-se de um denso ensaio sobre o tema que merece atenção.

Fromm, inicialmente, distingue a agressão defensiva, reativa, como sendo uma agressão benigna, da agressão destrutiva, advinda da crueldade e propensa ao controle absoluto. Segundo o autor:

> Temos que distinguir no homem duas espécies inteiramente diferentes de agressão. A primeira, que compartilha com todos os animais, é um impulso filogeneticamente programado para atacar (ou fugir), quando interesses vitais se acham ameaçados. Essa agressão defensiva, "benigna", está a serviço da sobrevivência do indivíduo e da espécie, é biologicamente adaptativa, e cessa quando a ameaça tenha cessado de existir. O outro tipo, o da agressão "maligna", isto é, a crueldade e a destrutividade, é específico da espécie humana e virtualmente não existe na maioria dos mamíferos; não é filogeneticamente

---

[326] HAN, Byung-Chul. O que é poder? Petrópolis: Vozes, 2019, pp. 9-10.
[327] FROMM, Erich. Anatomia da destrutividade humana. Rio de Janeiro: Zahar Editores, 1970.

programado nem biologicamente adaptativo; não tem finalidade alguma e sua satisfação é voluptuosa, lúbrica[328].

A diferença entre a agressão benigna-defensiva e a agressão maligna-destrutiva se localiza nas respostas às necessidades fisiológicas do homem e às paixões que se acham enraizadas no caráter. Há várias formas da agressão maligna vinculadas ao caráter, especialmente em relação ao sadismo e à necrofilia, concretizada no prazer de destruir e despedaçar estruturas vivas, sublimada pelo amor à morte.

A destrutividade e a crueldade, segundo Fromm, não são pulsões instintivas, mas paixões enraizadas na existência total do homem, que dá sentido à sua vida. Portanto, pessoas de caráter sádico aguardariam uma oportunidade para se comportarem sadicamente.

Para ilustrar tal distinção, Fromm compara o comportamento predatório – que não mostra raiva – com o que denomina a agressão defensiva: o homem seria filogeneticamente, ou seja, em todo seu processo evolutivo, um animal não-predatório. A agressão potencial humana se mobiliza frente às ameaças aos seus interesses vitais. Porém, há outras formas de agressão que são típicas da nossa espécie: a propensão a matar e a torturar, sem qualquer razão[329].

Assim, na política, como preparação para a ofensiva agressiva, não é raro governos tentarem despertar o sentimento de que há um inimigo que não possui características humanas. É assim em situações de guerra. É assim em situações de ataques extremados, antidemocráticos, aos adversários políticos.

Retornemos às distinções sobre a agressividade humana. Concentrados na capacidade destrutiva da humanidade.

Há registros de satisfação intensa entre aqueles que se inclinam à destruição do outro. Massas humanas podem ser tomadas de uma paixão por sangue, afirma Fromm. Há registros de ataques às mulheres alemãs pelos aliados que ocupavam Berlim e outras grandes cidades da Alemanha[330]. Há inúmeros registros de ações sádicas durante a guerra da Bósnia. No Brasil, há traços sádicos envolvendo coletividades, que se expressam no número elevado de linchamentos[331].

---

[328] Idem, ibidem, p. 24.
[329] Idem, ibidem, p. 147. Erich Fromm destaca, à página 172, contudo, que há inibições para tais atos, como a "familiaridade e de empatia desempenha seu papel na produção de inibições contra o ato de matar animais. (...) Deve haver um sentimento consciente ou inconsciente de culpa relacionado com a destruição da vida, especialmente quando há uma determinada empatia".
[330] Estima-se que mais de 100 mil mulheres foram violentadas sexualmente apenas em Berlim e mais de dois milhões em todo território alemão. Ver SCHWARZ, Géraldine. Os amnésicos. Belo Horizonte: Âyiné, 2011.
[331] O Brasil é campeão mundial em linchamentos, um por dia, segundo estudo do sociólogo José de Souza Martins. MARTINS, José de Souza. Linchamento o lado sombrio da mente conservadora. Revista

Não se trata de um fenômeno de crueldade herdada hereditariamente ou como instinto de destrutividade, dado que nos casos citados o objeto da violência já estava subjugado, não havendo qualquer risco em jogo.

Além do traço de caráter cruel e destrutivo, um ambiente que estimule a imaginação sobre uma possível ameaça à existência, manipulando lembranças e perigos do passado, pode persuadir uma coletividade a enxergar perigos inexistentes. Fromm denomina esta possibilidade de "lavagem cerebral" implementada por líderes políticos. Sustenta:

> O homem é capaz de ser persuadido e de ser submetido à lavagem de cérebro pelos seus líderes, para o fim de enxergar perigos que, em realidade, não existem. (...) O surgimento da agressão defensiva através das técnicas de lavagem do cérebro só pode ocorrer entre os seres humanos. A fim de persuadir as pessoas de que estão ameaçadas, precisa-se, acima de tudo, do veículo de uma linguagem. Sem ela, a maior parte das sugestões seria impossível. Além do mais, precisa-se de uma estrutura social que forneça base suficiente para a lavagem cerebral.[332]

Fromm ressalta que nossa espécie precisa sobreviver não apenas fisicamente, mas também psiquicamente. Uma possível ameaça à sua própria estrutura de orientação moral ou de estabilidade, pode levar a um estado de alerta passível de uma reação violenta. Se a estrutura de orientação é colocada em xeque, se associando à ameaça aos objetos de devoção pessoal ou grupal – valores, ideais, ancestrais, pai, mãe, a terra, o país, a classe, a religião, dentre outros –, a noção de sacralidade é quebrada e aí a reação violenta pode surgir.

Barrington Moore Jr., em seu livro sobre as bases sociais da revolta[333] destaca a necessidade vital das normas básicas de reciprocidade vinculadas ao código moral de cada comunidade e sociedade, que estabelecem um contrato social para estabilizar as relações sociais. Se tais normas básicas efetivamente estabilizam as relações, são acolhidas como justas, ou melhor, como bases da noção coletiva de justiça social. Se quebradas, configuram um forte abalo nos vínculos coletivos e no próprio senso de previsibilidade e paz social. Segundo o autor, é desse cenário de quebra das regras e do código moral que emerge um profundo sentimento de injustiça que autorizaria a rebelião e os atos revolucionários em massa.

Tempo & Sociedade 8 (2), julho/dezembro de 1996. Disponível em https://doi.org/10.1590/ts.v8i2.86293 (visualizado em 03/04/2022).
[332] Idem, ibidem, p. 266.
[333] MOORE JR., Barrington. Injustiça: As bases sociais da obediência e da revolta. São Paulo: Brasiliense, 1987.

A "coragem moral" que emerge desse sentimento de perigo e ruptura do código de relação social é destacada por Barrington Moore Jr. como qualidades grupais, a saber:

> A primeira qualidade pode ser chamada de coragem moral, no sentido de uma capacidade de resistir a poderosas e ameaçadoras pressões sociais para a obediência a regras ou ordens opressivas ou destrutivas. A segunda qualidade é a capacidade intelectual para reconhecer que as regras e as pressões são de fato opressivas. (...) A terceira capacidade, a inventividade moral, é mais rara (...). É a capacidade de criar, a partir das tradições culturais vigentes, padrões historicamente novos de condenação ao que existe.[334]

O discurso de um líder com habilidade retórica e intenção de mobilizar para o ataque transitará pela manipulação desta "coragem moral".

Fromm ressalta que é bastante frequente, entre os líderes políticos, alto grau de narcisismo e sugere, com certo toque de ironia, que se trata de uma moléstia ocupacional – ou um ativo ocupacional – especialmente entre os que devem seu poder à sua influência sobre grandes massas.

Sua sugestão parece ainda mais valiosa para a análise do caso brasileiro e dos fascismos quando analisa o que denomina de "narcisismo de grupo". O grupo levaria à valorização dos seus membros, gerando autoafirmação. Sustentar que determinado país, determinada nação ou a religião que professa são superiores aos demais, promove uma compensação pelos infortúnios do cotidiano do indivíduo. Fazer parte de um determinado grupo com tais características estimula a autoestima de cada membro e o destaca na sociedade. O grupo em si é a confirmação de seu valor e distinção. Do ponto de vista político, o narcisismo de grupo incrementa a solidariedade e a coesão do grupo, "e faz com que as manipulações sejam mais fáceis ao apelar para os preconceitos narcisistas"[335].

Fromm afirma que o narcisismo de grupo é uma das fontes mais importantes da agressão humana, uma reação a um ataque a interesses vitais.

Qual seria, então, a lógica de convicção e reforço interno que serviria para os membros do narcisismo grupal passarem ao ato, se lançarem ao ataque?

Uma das possibilidades é a reação violenta, segundo Erich Fromm, muitas vezes inconsciente, sempre que um conflito, trauma ou contradição pessoal venha à tona. Trata-se de uma resistência interna, um bloqueio pessoal a qualquer tentativa de trazer tais contradições e mesmo as fantasias à consciência. Freud percebeu que se o analista tocasse em material reprimido,

---

[334] Idem, ibidem, p. 136.
[335] FROMM, Erich. Anatomia da destrutividade humana. Rio de Janeiro: Zahar Editores, 1970, p. 275.

o paciente "resistiria", se defendendo contra a descoberta de material inconsciente como forma de se proteger da punição ou da humilhação que a exposição de seus reais motivos virem a público. A reação, não raro, é agressiva e irracional. Neste caso, o gatilho para a violência não seria totalmente percebido pelo ator, dado que é reação inconsciente, não formulada.

Há um outro aspecto a ser considerado como gatilho à violência que é a obediência. A agressão como fruto da lealdade ao líder e ao grupo ao qual se pertence. Um expediente muito comum em tribos urbanas e gangues. Nas redes sociais deste século XXI, ataques irracionais em forma de estouro de manada já foram fartamente analisados.

A motivação ao impulso agressivo pode ser mera obediência ou demonstração virtuosa de lealdade grupal. Mas, pode ainda, ser ato de defesa pessoal, como ato de demonstração de coragem, afastando a pecha da covardia.

Fromm destaca o quanto a violência grupal é excitante. Sustenta a emoção que a guerra causa, mesmo frente aos riscos de vida. No caso de vivências entediantes e rotineiras, carentes de aventuras, o envolvimento com atos coletivos ofensivos a grupos adversários ou inimigos – mesmo imaginários - "deve ser compreendida como um desejo de pôr fim à rotina maçante da vida cotidiana".[336] Segundo o autor:

> As observações da vida diária mostram que o organismo humano, assim como o organismo animal, tem necessidade de um certo mínimo de exitação e estimulação, do mesmo modo que ambos sentem necessidade de um certo mínimo de repouso. Observamos como os homens reagem avidamente à excitação e como a procuram.[337]

Também é comum que o estímulo ativador da violência seja tão-somente uma fuga ao tédio. Talvez aqui tenhamos uma pista para entendermos parte do atrativo do fanatismo bolsonarista ou ativistas dos atos de extrema-direita na paisagem política brasileira desde 2015, que envolvem pessoas da terceira idade. Muitas pesquisas realizadas em eventos de massa que pregaram o ódio e o fechamento político do país eram compostos majoritariamente por pessoas acima de 50 anos de idade, que se jogaram na aventura do ataque sem tréguas a um inimigo inexistente. "Parece que o consumo de compensação de tédio oferecido pelos canais normais de nossa cultura não preenche a sua função adequadamente", sugere Fromm, "daí, outros meios de alívio de tédio serem procurados (...)."[338]

---

[336] Idem, ibidem, p. 289.
[337] Idem, ibidem, p. 322.
[338] Idem, ibidem, p. 334.

Essa relação tédio-violência como fuga envolve comumente pessoas que se apresentam frias, congeladas em suas emoções, cujo mundo se apresenta como cinzento. Algumas delas, vivem numa situação de depressão endógena psicótica; outras, em depressão crônica. Muitas delas se jogam em formas extremas de destrutividade.

Na prática, as formas mais destrutivas desencadeadas por este tipo de relação mórbida de dependência psíquica são o sadismo e a necrofilia, como já destacado anteriormente.

O sadismo é compreendido comumente como fenômeno sexual. O sádico, nesses casos, necessita infligir dor e sofrimento a fim de sentir-se sexualmente excitado. Mas, o sadismo como perversão sexual constitui uma fração da vasta quantidade de sadismo em que o comportamento não-sexual está presente.[339] O comportamento sádico não-sexual adota como presa um ser desamparado, cuja ação é movida pelo desejo de humilhar e de ferir os sentimentos, a suscetibilidade de outra pessoa. A intenção é de controle absoluto sobre o outro, sufocando-o, manietando-o, pervertendo-o.

Fromm sustenta que se trata de uma experiência da onipotência, cujo sujeito é um "aleijado psíquico", muitas vezes em conflito entre uma orientação sensível à vida e uma orientação sádica. O indivíduo é sádico porque se sente impotente e tenta compensar essa carência tendo poder sobre os outros. Daí o sádico ser estimulado apenas pelo indivíduo desamparado, nunca pelos que são fortes. Uma disputa entre iguais não gera o sentido da dominação e do controle.

A outra expressão da tendência à destrutividade humana é a necrofilia. Assim como no sadismo, a necrofilia não-mesclada ao sexo também pode ser definida por um traço de caráter, o prazer de destruir ou despedaçar estruturas vivas. O sádico acredita que a única forma de superar um conflito é pelo emprego da violência, a força sempre adotada como primeira e única solução de pacificação ou superação de tensões sociais[340].

A necrofilia cultua o ataque, glorifica a violência e a destruição da cultura e, não raro, destila o ódio às mulheres. Nesses casos, encontramos narcisistas

---

[339] Idem, ibidem, pp. 381-382.
[340] Erich Fromm destaca passagens do Manifesto Futurista de 1909, assinado por Marinetti e que fornecerá alguns contornos para o discurso fascista anos adiante, como ilustrações da tendência necrófila. Vejamos algumas dessas passagens: "Queremos cantar o amor ao perigo, o hábito da energia e da falta de medo; A coragem, a audácia e a revolta serão os elementos essenciais da nossa poesia; Queremos exaltar a ação agressiva, uma insônia febril, as largas passadas do caminhante, o salto mortal, o murro e a bofetada; Fora da luta, não há mais beleza. Nenhuma obra que não apresente caráter agressivo não pode mais ser uma obra-prima; Glorificamos a guerra- a única higiene que o mundo conhece; Cantaremos as grandes massas excitadas pelo trabalho, pelo prazer e pelas arruaças; cantaremos as marchas multicoloridas, polifônicas da revolução nas capitais modernas". FROMM, Erich. Anatomia da destrutividade humana. Rio de Janeiro: Zahar Editores, 1970, pp. 459-460.

que sofreram algum fracasso na vida e que não conseguem se recobrar deste trauma, caminhando para a psicose. Seu discurso é montado a partir de uma radical simplificação do mundo, sem manter qualquer proximidade com escrúpulos intelectuais ou morais. Vivem próximos de um viés de confirmação permanente, fabricando argumentos plausíveis dirigidos para pessoas com baixo poder de elaboração crítica.

Muitos desses personagens apresentam hesitações e se deixam levar pela onda dos acontecimentos até que eles definam um rumo por si. Uma vez definido o caminho, passam a adotá-lo com ardor, por uma vontade irracional, uma luta apaixonada alimentada por uma paixão irracional. Uma vontade, como sugere Fromm, que "arrebenta uma represa".[341]

Erich Fromm apresenta um panorama geral dos impulsos destrutivos da humanidade, de seus traços de caráter potencializados por ambientes tóxicos em que uma liderança aciona o gatilho do narcisismo grupal ou do sofrimento mental pessoal.

Trata-se de um jogo mórbido que se tornou frequente na ascensão da extrema-direita neste início de século XXI.

---

[341] Esta é a descrição que Erich Fromm faz da personalidade de Hitler. Afirma que "Hitler atiçava o fogo, fechava cada vez om maior frequência as avenidas que conduzem às retiradas, conduzia a situação a um tal ponto de ebulição que teria, então, de agir como na verdade agia". FROMM, Erich. Anatomia da destrutividade humana, op. cit., p. 567.

Dos estímulos virtuais à histeria coletiva neste início de século

Recentemente, começamos a compreender como lideranças de extrema-direita estimulam o gatilho da violência coletiva em vários países envolvidos com esta aventura política destrutiva, como é o caso brasileiro, mas também, entre outros, dos Estados Unidos, Itália, Ucrânia e Hungria.

Giuliano Da Empoli denomina de "engenheiros do caos" os formuladores das estratégias que mobilizam para a destrutividade das estruturas modernas da política e da democracia.[342] Interessante que o caos é o objetivo de uma corrente político-filosófica estravagante e disseminada entre alguns dos novos jogadores da extrema-direita mundial, como Steve Bannon e Alexandr Dugin. Nesta estranha trama, quase clandestina, figurou Olavo de Carvalho, que atuou politicamente, ainda que de maneira instável e idiossincrática.

Giuliano destaca o papel de Gianroberto Casaleggio que "contratará um comediante, Beppe Grillo, para o papel de primeiro avatar de carne e osso de um partido-algoritmo"[343]. A manipulação dos algoritmos como ação política envolvendo nichos ou bolhas sociais já era de conhecimento de muitos. Mas a estratégia política que envolve esta manipulação, a organização em forma de mosaico e o uso de lideranças histriônicas não era algo tão nítido.

Giuliano Da Empoli também ressalta o papel do diretor da campanha do Brexit que afirmava que o que marcaria a política neste século seria o trabalho dos físicos e de matemáticos, engenheiros do caos por excelência, devido a seus cada vez mais complexos, abrangentes e sutis algoritmos. Dominic Cummings, o diretor da campanha, sugeria a manipulação dos dados disponíveis na Internet para atingir milhões de cidadãos indecisos. A manipulação dos dados como base do gatilho a ser despertado, tal como analisado por Erich Fromm.

---
[342] DA EMPOLI, Giuliano. Engenheiros do Caos, São Paulo: Vestígio, 2019.
[343] Idem, ibidem, p. 19.

Steve Bannon, o mago da campanha de Trump, Milo Yiannopoulos, o blogueiro inglês, ou Arthur Finkelstein, o conselheiro de Viktor Orbán, formaram uma espécie de comitê das manipulações dos algoritmos para projetar lideranças exageradas, aparentemente irracionais, da extrema-direita ocidental.

As manipulações dos algoritmos envolvem *trolls*, termo originalmente usado para nomear uma criatura mítica do folclore escandinavo, mas que no mundo cibernético representa personagens que atuam nas redes sociais com o intuito de tumultuar, quase sempre, pelo escárnio, rompendo com limites morais. Aí está um dos gatilhos que Da Empoli sugere que são "os novos polichinelos que jogam gasolina no fogo libertador do Carnaval populista"[344]. Os *trolls* operam com o absurdo, com a ultrapassagem das fronteiras do comportamento social.

Assim, a manipulação dos algoritmos relaciona comportamento, cultura e ruptura de práticas sociais (até então limitadas aos códigos morais vigentes). A ruptura leva ao estresse social e ao conflito imediato. E esta é a intenção. "A política deriva da cultura", diria Andrew Breitbart ao criar seu site de contrainformação – o *Breitbart News* – que acionou o gatilho da extrema-direita estadunidense.

A manipulação dos algoritmos da extrema-direita contemporânea estrutura uma organização verticalizada, quase invisível, que opera sobre cada nicho. Por sua vez, como um *panopticom* do século XXI, nenhum dos nichos dialoga entre si. Sua comunicação se dá a partir de um centro nervoso. O *Movimento 5 Stelle*, da Itália, e o *Brexit Party*, da Inglaterra, se estruturaram assim, como ditadura ao centro de toda organização que aparentemente é composta por adesões afetivas da base. Em outras palavras, a organização manipuladora invisível não propaga sua existência, não cria uma identidade coletiva a partir da própria organização. Ao contrário, estimulam a compreensão de que a individualidade é preservada numa rede aparentemente desorganizada e informal. É a causa e a ação que os laça, este é o mote do poder central invisível. O que significa que tais "físicos do caos" compreenderam a crise da democracia representativa e o desejo difuso popular da horizontalidade entre "os debaixo". Estimulam a expressão coletiva da ideologia da intimidade.

O italiano Gianroberto Casaleggio, da Casaleggio Associati, criou um sistema de comunicação e motivação política a partir de um site. Uma equipe técnica passou a selecionar comentários postados por internautas neste site que acabavam dando origem ao "post do dia", sempre publicado com destaque ao meio-dia. Este procedimento definia os temas mais populares e indicava os algoritmos a serem explorados mais adiante. Empregavam um software

---
[344] Idem, ibidem, p. 22.

– a plataforma *Meetup* – para organizar encontros e discussões com seu público, independente de uma organização política. Na verdade, a organização política era o próprio site e os sistemas de comunicação que dele derivavam.

Já citamos uma orientação de Cassaleggio que vale repetir porque agora compreendemos a estratégia geral em que ela foi formulada. Sustentava:

> É preciso que os participantes sejam numerosos, que se encontrem por acaso e que não tenham consciência das características do sistema como um todo. Uma formiga não deve saber como funciona o formigueiro, do contrário, todas as formigas desejariam ocupar os melhores postos e os menos cansativos, criando, assim, um problema de coordenação[345].

Nenhuma formiga deve conhecer o projeto geral. Mais preciso, ainda: nenhuma formiga deve dialogar com uma igual. A comunicação era toda realizada exclusivamente pela plataforma e por meio de correio eletrônico. Por este motivo que o movimento dele derivado não era exatamente uma associação. Mesmo com a institucionalização do Movimento 5 Estrelas (M5S) como partido político, a estrutura organizativa continuou mantendo as características privadas de relacionamento entre seus membros. Um sistema eficiente e rígido de controle social e político.

Na substituição do prefeito de Roma, em 2016, Casallegio decidiu quem seria a candidata do M5S e a obrigou a assinar um contrato em que abria mão de definir as propostas da alta administração de seu governo, submetendo-as a um comitê, assim como o instrumento de divulgação oficial do seu governo seria justamente o site do Movimento. Tratava-se, portanto, da privatização das decisões de um governo eleito.

Desde 2014, Matteo Salvini[346] equipou-se de um instrumento similar ao adotado pelo M5S que identifica, em tempo real, os índices de popularidade de temas e conteúdo dos sites envolvendo sua base e redes a eles vinculados. Tal instrumento foi construído por Luca Morisi, da Universidade de Verona. Morisi afirma: "nós inventamos, em 2014, um sistema, ´Seja um porta-voz de Salvini´, do qual se falou muito: o usuário se registrava e aceitava tuitar automaticamente conteúdos publicados por Salvini"[347].

Tais plataformas virtuais organizaram agrupamentos políticos, mas também estimularam revoltas e disseminação do ódio pelo planeta afora. Este

---

[345] Idem, ibidem, p. 52.
[346] Matteo Salvini é um político italiano, senador de extrema direita e líder das legendas Liga Norte, desde dezembro de 2013, e o Noi Con Salvini, desde dezembro de 2014, servindo ainda como Eurodeputado de 2014 a 2018. Ocupou, de 2018 a 2019, os cargos de Vice Primeiro-Ministro da Itália e Ministro do Interior.
[347] Idem, ibidem, p. 87.

foi o papel das plataformas 4chan, 8chan e portal Reddit que envolveram milhões de usuários fanatizados por polêmicas contra a estrutura de poder vigente. Uma sanha pela mudança radical dos vínculos sociais e processos de tomada de decisão. Nesses espaços, os usuários publicam anonimamente em subfóruns. No portal Reddit, os usuários podem votar sobre conteúdos, promovendo votações sobre quais histórias e discussões consideram mais importantes[348]. Há, portanto, uma exploração da dinâmica participacionista que, até então, era mote do discurso mais à esquerda.

Nos EUA, a aliança de Steve Bannon e Andrew Breitbart elevou o patamar da manipulação dos algoritmos para fins de mobilização política. A intenção de Breitbart, declarada em entrevistas e publicações, era construir a noção do que seria justo ou injusto, via Internet, em confronto aberto com o que denomina de *Democrat Media Complex*. Bannon hospedou a redação de Breitbart em seus escritórios em Los Angeles e atraiu o milionário Robert Mercer para financiar este projeto com 10 milhões de dólares. O site começou a semear escândalos. Robert e Rebekah Mercer auxiliarão a criação da Cambridge Analytica, lançada em 2014, para desenvolver técnicas de coleta de dados inicialmente do Facebook para compreender as tendências políticas dos usuários, além de suas preferências de consumo e tendências culturais. Esta seria a base para desenvolverem o que passaria a ser conhecido como metapolítica, a abordagem política por meio do discurso cultural.

Bannon, ex-banqueiro do Goldman Sachs e presidente do Breitbart News, o site de extrema-direita criado por Breitbart (herdeiro do *Drudge Report*, dado que Andrew Breitbart foi aprendiz de Matt Drudge), passou a articular lideranças de extrema-direita como Nigel Farage, o líder do partido de direita UKIP da Grã-Bretanha, e Phil Robertson. Em 2012 se tornou presidente fundador da GAI, uma organização de pesquisa apartidária composta por advogados, cientistas de dados e investigadores forenses e que se dedica ao que conceitua como "má conduta governamental", colaborando com a Newsweek, ABC News e 60 Minutes da CBS. Reportagens sobre lobbies no Congresso e fraudes de cartão de crédito nas campanhas presidenciais levaram, muitas vezes, a marca digital da GAI. Um exemplo desta influência sobre a grande imprensa é a matéria do New York Times sobre o magnata da mineração canadense, Frank Giustra, que doou dezenas de milhões de dólares para a Fundação Clinton e depois levou Bill Clinton ao Cazaquistão a bordo de seu jato particular para jantar com o presidente autocrático do país, Nursultan Nazarbayev.

---

[348] Em 2013, o Reddit teve mais de 67 milhões visitantes oriundos de mais de 177 países que visitaram mais de 4,5 bilhões de páginas do site.

Segundo Joshua Green, a residência de Bannon é silenciosa como uma cripta e parece um museu, pois é decorada fielmente com cortinas de seda bordadas e murais pintados com detalhes autênticos da era Lincoln[349]. Um estilo que diz muito da personalidade e interesses de Bannon.

Sua imagem pública conflita com sua real personalidade. Bannon aparenta ser raivoso e coordena um exército excitado em busca da destruição de inimigos. Alguém extremamente racional e focado na destruição. Na verdade, o rico empresário que esteve no olho do furacão da corrida presidencial de 2016 que elegeu Trump é mais complexo que esta descrição. Foi oficial da marinha, banqueiro de investimentos, produtor de Hollywood e empresário político. Mas, antes de tudo, um místico, orientado pela exótica corrente dos Tradicionalistas que analisaremos adiante. Como veremos, Bannon venera os trabalhadores braçais e agricultores estadunidenses. Nada mais contraditório com a concepção elitista da tradicional direita. Mas, algo próximo do fascismo italiano na sua origem. Bannon costuma afirmar que sua origem é "uma família de democratas operários, católicos irlandeses, pró-Kennedy e pró-sindicatos"[350].

Este é um dos principais personagens da manipulação política de algoritmos e ativador de ações destrutivas, da motivação ao pendor destrutivo de muitos cidadãos aparentemente pacatos. Green afirma que "quando Sarah Palin estava no auge de sua fama, Bannon estava sussurrando em seu ouvido". Seu método de influência política tem algo de jornalismo de ataque ao estilo

---

[349] Ver GREEN, Joshua. Por Joshua Green. "This Man Is the Most Dangerous Political Operative in America", Bloomberg Businessweek, 8 de outubro de 2015. Disponível em https://www.bloomberg.com/politics/graphics/2015-steve-bannon/ (visualizado em 05/04/2022).

[350] Nascido em uma família da classe trabalhadora da Virgínia, Bannon passou quatro anos a bordo de um destroier como engenheiro auxiliar no Pacífico e navegador no norte do Mar da Arábia. Quando ele chegou ao Golfo Pérsico em 1979, os EUA estavam preparando seu malfadado ataque a Teerã. Em seguida, foi assistente especial do chefe de operações navais do Pentágono, obtendo um mestrado em estudos de segurança nacional na Universidade de Georgetown. A passagem de Bannon por Harvard coincidiu com o *boom* de Wall Street. Um representante da Goldman Sachs convidou Bannon para uma festa de recrutamento no campus e trava a aproximação com John Weinberg Jr., cujo pai, influenciou a sua contratação pela Goldman. Bannon estará na Goldman em Nova York no auge do boom hostil das aquisições. Aprendeu a operar em aquisições alavancadas e a abrir o capital. Rumou para Los Angeles para se especializar em mídia e entretenimento e lançou a Bannon & Co., banco de investimento especializado em mídia. Com base em dados como vendas de fitas VHS e classificações de TV, desenvolveu um modelo para avaliar a propriedade intelectual da mesma forma que os ativos tangíveis. A Bannon & Co. atuou no financiamento do estúdio da GM e promoveu aquisições quando a Polygram Records entrou no negócio de filmes. Em 1988, a Société Générale comprou a Bannon & Co., Bannon investiu na produção de filmes, incluindo Titus, indicado ao Oscar de Anthony Hopkins em 1999. Criou uma empresa de administração chamada Firm, cujos clientes incluíam Ice Cube e Martin Lawrence. O ataque de 11 de setembro o levaria à política. Em 2004, produziu um documentário elogioso a Ronald Reagan, *In the Face of Evil*. O documentário chamou a atenção de Andrew Breitbart. Breitbart, que também morava em Los Angeles, teve uma profunda influência sobre Bannon, demonstrando o ciclo de notícias e o trabalho de cobertura jornalística. Bannon continuou fazendo documentários sobre as raízes do colapso financeiro e a defesa do Tea Party.

do site criado por Breitbart com uma abordagem mais aprofundada, apoiada no think tank *Government Accountability Institute,* dirigido por Peter Schweizer, que influencia meios conservadores nem sempre tão extremados[351].

Seu alvo é o que denomina de populismos, à direita e à esquerda. Mas, este é o discurso superficial de quem defende as crenças religiosas do passado e da tradição e se indispõe contra o materialismo e o individualismo expressos tanto pelo liberalismo, quanto pelo comunismo. Bannon, afinal, é um Tradicionalista.

Nesses momentos de ataque, sobressai a estratégia de Bannon. A diversificação, os ataques simultâneos, o jogo de esconde-esconde. Costuma dizer que "uma das coisas que Goldman te ensina é, não seja o primeiro cara a passar pela porta porque você vai pegar todas as flechas." Também sugere que os repórteres investigativos, mesmo sendo mais progressistas, nunca deixam que uma boa fonte ou história passe em branco. E é por esse flanco que Bannon atua. Sugere que é por tais brechas que se inocula um vírus.

Bannon atua a partir de ataques virulentos pelas redes sociais combinados com informações plantadas ou oferecidas à grande imprensa que se atém à correção e credibilidade do discurso conservador. Este é o estratagema para garantir sua influência política: o equilíbrio entre os impulsos mais selvagens dos conservadores com o profissionalismo.

---

[351] Bannon adota outras plataformas e instrumentos políticos pouco usuais como os videogames. A partir da experiência do videogame elaborado por Zoe Quinn em 2013, o *Depression Quest*, percebe o nicho de jovens gamers mergulhados numa cultura misógina e violenta. O inglês Milo Yiannopoulos, que já trabalhava na formação de um ideário de extrema-direita entre gamers, é capturado por Bannon e tem início a formação de um exército de gamers e trolls.

O Tradicionalismo como ideário exótico de extrema-direita

O Tradicionalismo é um espectro que sobrenada a vaga de extrema-direita mundial. Do ocidente ao oriente. Não necessariamente orienta todas lideranças e frentes de atuação do fascismo deste século. Mas, o une, o articula. Ao menos, une vários de seus ideólogos.

A começar por Steve Bannon, Alexandr Dugin e Olavo de Carvalho.

Trata-se de uma elaboração que mais lembra uma seita exotérica, mas que motiva a crítica ao modernismo, à ciência e ao materialismo. Excita e explora motivações individuais pelo ressentimento contra os mais abastados e os mais ilustrados. Na visão contemporânea, o Tradicionalismo é berço dos trabalhadores e pobres que desconfiam das certezas científicas – dentre elas, que o planeta tem a forma oval, que as vacinas são eficazes e que a ciência estaria acima das religiões como explicação dos mistérios do mundo – e lamentam o infortúnio da vida material e objetivada no sucesso, no desgastante desempenho exigido a cada dia de labuta.

Trump, Putin e Bolsonaro são compreendidos pelos ícones tradicionalistas deste século como líderes de uma revolta popular contra o mundo moderno.

Teitelbaum define o Tradicionalismo como escola espiritual e filosófica[352] formado por um grupo seleto e minúsculo de seguidores e que alimenta um radicalismo ideológico raro e profundo.

O Tradicionalismo se opõe à modernidade. Condena o Estado-Nação e exalta a cultura religiosa oriental.

Seu primeiro formulador foi René Guénon, um francês muçulmano. Segundo Guénon, teria existido uma religião, que denomina de Tradição perene, que teria se perdido, mas cujos fragmentos estariam em conceitos e práticas difundidas em religiões indo-europeias. Ele entende que um mesmo elemento estrutural estaria presente no hinduísmo, no zoroastrismo e nas religiões pagãs pré-cristãs.

A estrutura básica é a história circular, fundada em quatro grandes ciclos que se repetem continuamente: o ciclo do ouro (da virtude, marcada pela presença dos sacerdotes e, portanto, da autoridade religiosa e da hierarquia), o ciclo da

---

[352] TEITELBAUM, Benjamin. Guerra pela Eternidade: o retorno do Tradicionalismo e a ascensão da direita populista. Campinas: Editora da Unicamp, 2020, p. 18.

prata (cuja marca são os guerreiros, que vivem sobre um código moral rígido que alimenta sua honra e dignidade), o ciclo do bronze (a dos comerciantes e da passagem para a materialidade) e o ciclo das sombras (da decadência, da individualidade e da materialidade caracterizada pelos escravos). A decadência e escuridão profundas do último ciclo anunciaria a retomada do ciclo virtuoso do ouro. Na leitura contemporânea, vivemos justamente este ciclo das sombras, cujo nome seria Kali Yuga, em sânscrito[353].

Cada ciclo é marcado por uma casta, como se percebe, sendo que a casta superior, dos sacerdotes, fundaria uma teocracia. Em oposição, a democracia seria um governo da matéria, do baixo valor da honra e do desprendimento, os valores superiores da humanidade.

O barão italiano Julius Evola sucedeu a René Guénon e configurou o Tradicionalismo como cultura política de extrema-direita. Evola apoiou o nazismo, mais tarde se frustrando com a busca meramente de poder material de Hitler. Evola sugeriu que a hierarquia superior seria formada por uma casta masculina, ariana, sediada no hemisfério Norte do planeta. O tempo, em sua leitura, nivelaria a humanidade por baixo, dissolvendo as diferenças até o seu nível mais rasteiro e inferior, o ciclo dos escravos. A democracia, o comunismo e o liberalismo seriam expressões desta fase inferior e nivelada por baixo.

Steve Bannon, como já destacado, é seguidor desses princípios, mas, como outros Tradicionalistas contemporâneos, possui uma leitura peculiar e específica sobre os ciclos e seus personagens principais.

Seu contato inicial com esta filosofia se deu pelo professor de filosofia Jacob Needleman, da Universidade de São Francisco. Desde então, e já associado a Breitbart, Bannon destacaria da crise do ocidente e da encarnação do compadrio no capitalismo, uma associação estranha, mas poderosa, que ilustra o sucesso individual não pelo mérito, mas pelas trocas de favor entre poderes. Uma ideia que atrai os trabalhadores ressentidos pelo esforço nunca recompensado. Uma explicação para a injustiça. Bannon ressaltou, em algumas conferências mais reservadas, a importância de o capitalismo se subordinar à espiritualidade para conter o instinto pela ganância material.

Sua leitura peculiar destacaria o papel dos trabalhadores como uma espécie de reserva moral dos EUA. Daí os discursos de Trump focarem tanto no desemprego industrial e no sequestro de montadoras que se transferiam para o México. Nos comícios de Trump, era comum o afluxo de trabalhadores rurais,

---

[353] Kali Yuga seria um período que, segundo as escrituras hindus, conformaria a última das quatro etapas que o mundo atravessa, além da Satia Iuga, da Treta Iuga e da Duapara Iuga. A etapa Kali teria começado quando Krishna deixou a Terra, em 23 de janeiro de 3102 a.C., para retornar na sua morada espiritual. Kali Yuga está associado ao demônio Cali, sendo Kali "conflito", "discórdia" ou "disputa".

trabalhadores menos escolarizados. Daí a campanha do futuro presidente dos EUA terminar nas regiões pós-industriais do seu país, aquelas afetadas pelo desemprego. A Cambridge Analytica estimularia esses eleitores a votarem em Trump como ato de revolta e autoafirmação. Era o elo subjetivo que os ligavam à campanha arquitetada por Bannon. Um discurso antissistêmico, antielitista, de defesa das massas trabalhadoras. Esta foi sua tradução do Tradicionalismo: a rejeição da modernidade e a valorização da "verdadeira cultura" que os trabalhadores que se ressentem da sociedade hipermaterialista parecem abominar.

A riqueza dos EUA, a partir dessa leitura insólita, viria justamente da classe trabalhadora. São eles os guerreiros de um dos ciclos virtuosos marcados pela honra e dignidade que professam os Tradicionalistas. Os trabalhadores estariam "fora do tempo", articulando-se diretamente com a autenticidade pré-moderna.

Alexandr Dugin, que se aproximaria de Bannon, se tornou um importante assessor de Vladimir Putin, que governaria a Rússia por mais de duas décadas. Sua trajetória no Tradicionalismo começou quando de sua participação do Círculo Yuzhinksky, um coletivo exclusivamente masculino que se reunia desde a década de 1960, que professava o nacionalismo, o ocultismo e o fascismo. O misticismo exotérico alimentava o rancor e rejeição ao mundo soviético, materialista e totalizante. Nos anos 1980, o Círculo passou a adotar o cumprimento do Terceiro Reich, o "Sieg Heil!", com braços estendidos. Um de seus líderes era leitor de René Guénon e foi por aí que Dugin, com 18 anos de idade, teve contato com o formulador do Tradicionalismo. A KGB rapidamente perseguiu e desarticulou o Círculo Yuzhinsky. Os membros do coletivo só retomariam sua pregação nos anos 1990, quando do debacle da URSS.

Desde então, Alexandr Dugin procurou aliar o Tradicionalismo ao nacionalismo cristão russo. Em determinado momento, chegou a procurar fundir o bolchevismo – como expressão cultural russa – com o nacionalismo, abandonando a miscelânia conceitual logo adiante. Contudo, em 1993, criou o Partido Nacional-Bolchevique que chegou a contar com um núcleo de seguidores no Brasil. Este foi o período em que os contatos do Círculo Yuzhinsky com o Exército Vermelho propiciaram a aproximação de Dugin com o Estado russo. Em 1997, o seu livro *Fundamentos da Geopolítica* chamaria a atenção de militares russos em função da defesa da cultura eurasiana, marca da identidade russa. A Rússia, assim, seria formada por uma cultura federativa e plural, enfeixada pela história eslava. Algo que se contrapunha ao materialismo e imperialismo estadunidense.

Segundo Dugin, a identidade eurasiana levaria a Rússia a:

> Introduzir a desordem geopolítica na atividade interna americana, incentivando todos os tipos de separatismo e conflitos étnicos, sociais e raciais, apoiando

ativamente todos os movimentos dissidentes – grupos extremistas, racistas e sectários, a fim de desestabilizar os processos políticos internos nos EUA[354].

Daqui nasce o conceito de nova "ordem mundial multipolar" que o Kremlin passará a adotar com frequência.

Igor Rodionov, ministro da defesa do então presidente Boris Yeltsin definiu o livro de Dugin como leitura obrigatória na Academia do Estado Maior russo. Dugin se tornaria conselheiro em assuntos geopolíticos de Gennady Seleznev, da assembleia russa e do Partido Comunista. Com a ascensão de Putin à presidência da Rússia em 2000[355], Dugin emplacou Pavel Zaricullin e Valery Korovin como indicados para o novo governo.

Em 2002, Dugin funda o Partido Eurasiano e adota como símbolo as oito setas que traduz, para os Tradicionalistas, o caos.

No início do século XXI, se envolve em missões diplomáticas russas, como nas negociações do Kremlin com líderes chechenos locais, quando do final da segunda guerra na Chechênia. Também foi enviado à Turquia em 2004 para demover este país de sua intenção de ingressar na OTAN.

Sua incursão sobre a intervenção militar se deu quando do enfrentamento do presidente georgiano Mikheil Saakashvili, aliado do ocidente. Justamente um país na fronteira com a Rússia, país aliado da Ossétia do Sul contra o nacionalismo georgiano. Em agosto de 2008, Dugin liderou o ataque às forças separatistas instaladas nas aldeias étnicas georgianas ossetianas[356]. A provocação acabou por gerar a reação da Geórgia em defesa de seus cidadãos residentes nessas aldeias. De volta à Rússia, Dugin desfechou uma campanha televisiva cujo mote passou a ser "Travem uma guerra contra a Geórgia até a tomada de Tbilisi", capital da Geórgia. O governo russo atendeu ao chamado e atacou os georgianos, atingindo Gori, uma cidade fronteiriça, distante 80 km da capital Tbilisi.

Dugin atuava em duas frentes: um movimento de dispersão política da Europa que enfraqueceria o poder dos EUA e na frente expansionista eurasiana. Por este motivo, se aproximou do Movimento por uma Hungria Melhor

---

[354] TEITELBAUM, Benjamin. Guerra pela Eternidade, op. cit., p. 51.
[355] Em julho de 1998, Boris Yeltsin nomeou Putin diretor do Serviço de Segurança Federal (FSB, que sucedeu a KGB), e pouco depois tornou-se secretário do influente Conselho de Segurança. Em 1999, Yeltsin nomeou Putin primeiro-ministro. Em 31 de dezembro de 1999, Yeltsin renunciou ao cargo e nomeou Putin presidente interino que, no ano seguinte, venceu as eleições com 53% dos votos. Como presidente, enfrentou a corrupção e os intitulados "oligarcas" russos (com forte influência na grande imprensa russa), criou uma economia de mercado fortemente regulamentada e centralizou o poder do seu país nas mãos do governo central. Se reelegeu em 2004, iniciando uma troca de cargos – de Presidente e Primeiro-Ministro – com Dmitry Medvedev a partir de 2008. Na virada do século XX para o XXI foi marcada por algumas campanhas militares, inicialmente com a Chechênia, tendo participação ativa de Alexandr Dugin.
[356] As aldeias atacadas foram Zemo Nikozi, Kvemo Nikozi, Avnevi, Nuli, Ergneti, Eredvi e Zemo Prisi.

e do líder tradicionalista húngaro, Gábor Vona. O eurasianismo atraía lideranças nacionalistas da Hungria, principalmente o denominado turanismo[357].

Steve Bannon e Dugin se encontraram em 2018. Justamente quando Bannon se volta para a extrema-direita europeia, aproximando-se das lideranças francesas, holandesas e húngaras. Em 2018, organizou a *Movement*, instituição sediada na Bélgica para apoiar partidos nacionalistas europeus. Bannon e Dugin conversaram sobre a aproximação entre EUA e Rússia para lutarem contra a China e seus aliados.

É deste período o contato de Bannon com Olavo de Carvalho e Eduardo Bolsonaro. Jair Bolsonaro era considerado pela direita dos EUA como o "Trump dos Trópicos". Aparentemente, os dois iniciaram conversações em 2014.

O contato de Olavo de Carvalho com o Tradicionalismo teria se dado em 1977, quando foi presenteado com uma coletânea de textos Tradicionalistas, dentre eles, René Guénon. O percurso de Olavo, contudo, foi tortuoso. Se aproximou de Frithjof Schuon um místico que promovia o sincretismo entre islamismo e religiões indígenas norte-americanas. Seus rituais incluíam a famosa Dança do Sol dos Sioux e algo que lembrava as danças *dhikr* sufistas. Seus participantes, invariavelmente, usam vestimentas exóticas ou nenhuma vestimenta[358]. Desde 1982 havia frequentado uma *tariqa* em São Paulo, tariqas são confrarias esotéricas islâmicas, algo que lhe rendeu frustrações. Em seguida, voltou-se para uma liderança de uma outra confraria islâmica, desta feita sediada em Londres que o levaria a se tornar um *muqaddam*, uma autoridade árabe – título adotado em culturas islâmicas –, que lhe deu o direito de ter sua própria confraria.

Olavo sempre admirou Guénon e em algumas entrevistas chegou a explicitar esta admiração[359]. Contudo, errático e sincrético, base de sua personalidade tortuosa, produziu uma leitura estravagante do Tradicionalismo. Acolhia uma leitura pessimista e conformista das articulações políticas da extrema-direita porque não seria devotada às bases espirituais da nova civilização que almejava. Destacava os avanços no leste europeu que se afastava gradativamente, como na Hungria ou Polônia, da busca que considerava insana de explicações científicas e da satisfação pelo dinheiro e tecnologia.

Como Bannon, compreendia que o que se apresentava como possibilidade positiva no Brasil era o povo pobre, trabalhador, místico. Afirmava que este povo tinha um "instinto de realidade", dado que sua vida era marcada

---

[357] Corrente que prega aliança entre os povos originários da Ásia Interior e Ásia Central. O termo se refere à depressão de Turan, que localizaria a Ásia Central. A aliança proposta envolveria povos europeus e asiáticos que envolvem traços culturais comuns, como finlandeses, japoneses, coreanos, lapões, samoiedos, húngaros, turcos, mongóis, manchus.
[358] TEITELBAUM, Benjamin. Guerra pela Eternidade, op. cit., p. 122 e seguintes.
[359] Idem, ibidem, p. 223.

pelas dificuldades cotidianas e pelo esforço de superação. Além disso, trata-se de um povo religioso, muito cristão[360].

Olavo de Carvalho acreditava no "Brasil Profundo" e, possivelmente, ao se mudar para os Estados Unidos, esta atração o levaria a residir na Virgínia, considerado um Estado com baixa qualidade de vida, segundo o Índice de Bem-Estar construído pelo instituto Gallup.

Na visão Tradicionalista peculiar de Olavo, os ciclos, tal como sugeria Guénon, não existem de fato. Aqui residiria o traço conformista do brasileiro. Os ciclos ocorreriam simultaneamente, em movimentos contraditórios.

Em termos de controle político, sustentava que o Tradicionalismo era dominado pela Rússia, não como projeto de evolução civilizatória, mas como poder político. Por este motivo, se alinhava, sem entusiasmo, às iniciativas de aproximação de Steve Bannon e Dugin. A cultura russa seria desprovida de tradições espirituais, na sua leitura. Porém, era necessário aceitar as contradições. O inimigo, o alvo, deveria ser a China.

A aceitação das contradições também alimentava sua administração da frustração pessoal com o governo Bolsonaro, em especial, com a ala militar. Em algumas de suas últimas declarações – quando criticava o movimento Escola Sem Partido –, sustentou que não era o momento de ganhar as eleições porque a base cultural de direita ainda não era totalmente popular. Não havia sinais de que efetivamente era hegemônica. O Brasil continuava mergulhado na luta pela sobrevivência da maioria, na luta pelo poder, pelo dinheiro e sexo. A religiosidade popular disputava terreno como guia do rumo nacional. Uma sociedade ainda fortemente marcada pelo materialismo. Os militares bolsonaristas seriam, assim, expressões dessa cultura materialista, mergulhados em negócios e manutenção de poder político. Sem projetos fincados em valores superiores, marcados pela dignidade e honra, o Brasil mergulhava em sua "idade sombria".

O Brasil, nesta visão lúgubre, estaria corrompido. A esperança residiria na espiritualidade primitiva dos mais pobres e menos escolarizados. Uma janela de oportunidade para o discurso vigoroso, ultraconservador, místico e doutrinário.

Olavo de Carvalho, ao final, se sentia derrotado. Amargurado, ele mesmo percebia que não tinha tido o sucesso que a grande imprensa brasileira lhe conferia.

A extrema-direita bolsonarista era mais rude e menos orientada por valores. Havia certa boa intenção da família Bolsonaro, segundo Olavo de Carvalho. Porém, possivelmente, Jair Bolsonaro seria um homem "no tempo", tal como Steve Bannon sugeria ser o papel de Trump: líderes que não tinham consciência plena de seu papel, mas se apresentavam como instrumento político para a mudança necessária. Para condução da energia política da mudança antissistêmica.

---

[360] Idem, ibidem, p. 227.

Os líderes completos, definidos pelo Tradicionalismo, são fanáticos, inspirados por valores superiores, muitas vezes orientados para guiar o mundo pela escuridão do ciclo das sombras. Esses homens são "contra o tempo", nesta leitura esotérica, mística e perigosa[361].

O início do século XXI se viu estilhaçado. Fragmentado no mercado de trabalho, nas ideologias e religiões, na profusão de informações, nos coletivos e tribos que se estruturam em uma miríade de organismos comunitários. Os vínculos entre diferentes se afrouxaram. A ideologia da intimidade ganha expressão pública e de massas.

Mas, exatamente porque esta onda de fragmentação parece envolver a todos que há uma busca generalizada por algum sentido humano. E é por esta fresta que se insinua esta nova extrema-direita, difusa, mística, ardilosa e que se atualizou tecnologicamente.

O discurso da extrema-direita do século XXI se propaga a partir da fragmentação e dos nichos, não contra o mosaico comunitarista. É o discurso do ódio que gera excitação e sentido num mundo complexo e cheio de alternativas e frustrações.

O discurso da extrema-direita do século XXI se consolida a partir do uso das tecnologias e organização de dados. Coleta de informações e comunicação política se dão por meio da manipulação dos algoritmos captados no mundo virtual. O mundo virtual, novo e, portanto, mal ou desregulamentado, ele próprio uma anarquia de relações que se aproxima da anomia social, se apresenta como base ideal para geral uma centralização política imperceptível. Daí o discurso demagogo do líder que se diz um igual, e que se sacrificaria para que os despossuídos e sofridos cheguem ao poder. O objetivo é chegar ao poder para destruí-lo, maculá-lo, para fragmentá-lo. Para que o centro político antissistêmico se expresse a partir do ressentimento, frustrações e desorientações do homem comum, trabalhador, despossuído de bens e poder. O poder se apresenta como possibilidade, afinal, pelo discurso do líder fanático e por sua estrutura tecnológica que opera no nível mais básico e primário das relações sociais comunitárias. Dialoga cotidianamente com a ideologia da intimidade.

Assim é a extrema-direita do século XXI... que veio para ficar.

---

[361] Esta é a justamente a base do elogio à Hitler formulado por Savitri Devi que considerava que Hitler assumia a responsabilidade de exibir uma "incomparável violência, de maneira que uma nova criação floresça na inocência e no esplendor da Idade da Verdade". Savitri era adepta do nazismo e é citada, segundo Teitelbaum, em muitos círculos Tradicionalistas como referência ao culto ariano. DEVI, Savitri. The lightning and the sun. Calcutá: Temple Press, 1958, p. 41, citado por TEITELBAUM, Benjamin. Guerra pela Eternidade, op. cit., p. 115.

pólen soft 80 gr/m2
tipologia palatino linotype
impresso no outono de 2022